تعليم التفكير

بسم الـلـه الرحمن الرحيم

قال تعالى :

{قُلْ سِيرُوا فِي الأَرْضِ فَانْظُرُوا كَيْفَ بَدَأَ الْخَلْقَ}

[العنكبوت : 20]

وقال تعالى :

{إِنَّ فِي خَلْقِ السَّمَوَاتِ وَالأَرْضِ وَاخْتِلافِ اللَّيْـلِ وَالنَّهَـارِ لآيَـاتٍ لأُولِي الأَلْبَابِ * الَّذِينَ يَذْكُرُونَ الـلـه قِيَاماً وَقُعُوداً وَعَلَى جُنُوبِهِمْ وَيَتَفَكَّرُونَ .... }

[آل عمران : 189، 190]

وقال تعالى :

{إِنَّ فِي ذَلِكَ لآيَاتٍ لِقَوْمٍ يَتَفَكَّرُونَ. . . }

[الرعد : 3]

تعليم التفكير

الدكتور
إبراهيم بن أحمد مسلم الحارثي

الطبعة الرابعة
1430هـ - 2009م

دار المقاصد للنشر والتوزيع

الروابط العالمية للنشر والتوزيع

الكتاب : تعليم التفكير

المؤلف : الدكتور إبراهيم بن أحمد مسلم الحارثي

مراجعة لغوية : قسم النشر بالدار

رقم الطبعة : الرابعة

تاريخ الإصدار : 2009 م

حقوق الطبع : محفوظة للناشر

الناشر : الروابط العالمية للنشر والتوزيع

العنوان: 82 شارع وادى النيل المهندسين ، القاهرة ، مصر

تلفاكس : 561 33034 (00202) 012/1734593

البريد الإليكتروني: J_hindi@hotmail.com

رقم الإيداع : 16813 / 2008

الترقيم الدولى : 4 - 03 - 6316 - 977 - 978

تحذير :

الإهداء

- إلى كل أب و أم..
- إلى كل معلم و معلمة ..
- إلى كل من يهمه مستقبل الأمة الإسلامية و العربية ..
- إلى كل من يهمه أمر بناء شخصية أجيال المستقبل ..
- إلى كل مسؤول يهتم بتعليم أبنائنا كيف يفكرون ، و كيف يحكمون العقل و يعملون الفكر ، و كيف يحلون المشكلات التي تواجههم في الحياة ..
- إلى كل طالب علم ..

أهدي هذا الكتاب و أدعو اللـه سبحانه و تعالى أن ينفع بـه من قرأه وأن يجعله في ميزان حسناتي يوم القيامة إنـه سـميع مجيب .

المؤلف

الفهرس

*** *** ***

مقدمة الطبعة الرابعة

الحمد لله أولاً وآخراً حمداً يوافي نعمه ويكافئ مزيده، والصلاة والسلام على إمام المرسلين وقائد الغر المحجلين سيد العرب والعجم، الذي أرسله الله سبحانه وتعالى هادياً للأمـم، ورحمـة للعـالمين سيدنا وحبيبنا محمد صلى الله عليه صلاة تتجدد على مـر الـدهور والأيـام، لا يـنقضي أمـدها، ولا يحصى عددها، وعلى آله وصحبه والتابعين لهم بإحسان إلى يـوم الـدين وعلينا معهـم وفيهم وسلـم تسليماً كثيراً وبعد:

فقد لاقت الطبعة الأولى والثانية والثالثة مـن هـذا الكتـاب رواجـاً كبيراً وانتشرت في أوسـاط التربويين سريعاً، وتلقيت طلبات كثيرة بإعادة طبع الكتاب بعد أن نفذت الطبعـات السـابقة، ولكـن كثرة الأشغال حالت دون ذلك، وأخيراً عندما منَّ الله علي بوقت من الفراغ، قمت بإعـادة النظـر في الكتاب فأجريت عليه بعض التعديلات، وأضفت إليه فصلاً في تعليم الأخلاق وتعديل السـلوك وذلك لارتباط هذا الأمر بتعليم التفكير بل هو النتيجة العملية لنجاح عملية تعليم التفكير.

أرجو من الله سبحانه وتعالى أن يجعل فيه النفع والبركة لكل من قرأه أو اطلع عليه.

هذا ويسعدني أن أتلقى أية ملاحظات أو مقترحات من الإخوة المعلمين والتربـويين بشـأن رفع مستوى الكتاب خدمة لأبنائنا وبناتنا من الأجيال الصاعدة.

اللـهم اجعل أعمالنا خالصة لوجهك الكـريم، ولا تؤاخـذنا إن نسـينا أو أخطأنـا، واغفر زلاتنـا واستر عوراتنا وآمن روعاتنا ووفقنا لما تحبه وترضاه آمين.

والحمد لله رب العالمين ،،،

د. إبراهيم بن أحمد مسلم الحارثي

الرياض 1429هـ - 2008م

Ibrahim@harithi.net

الديباجة

لقد حرصت مدارس الرواد على أن يكون تعليم التفكير من أهم محاور برنامج التطوير التربوي والنمو المهني المستمر لمعلميها ، وأعدت تلبية لذلك برنامجاً خاصاً متكاملاً استخدمت فيه وسائل متعددة ، وآليات عمل مختلفة كالحلقات التدريبية والمشاغل التربوية ، والمواد التعليمية المساعدة ، والحصص النموذجية ، والبرامج المتلفزة، والتدريبات المنهجية، وقد استعانت المدارس لتنفيذ هذا البرنامج بعدد من الخبراء التربويين المختصين .

ولضمان انتقال أثر التدريب للطلاب لتنمية مهارات التفكير عندهم، قامت المدارس بإعداد تدريبات خاصة ، أجريت في المواقف الصفية تحت إشراف المعلمين الذين اكتسبوا هذه المهارات ، كما نظمت للطلبة دورات في النادي العلمي في مجال الكهرباء والإلكترونيات والفلك والجيولوجيا والعلوم الفيزيائية ، والصناعات الكيميائية، وقد استخدم أسلوب حل المشكلات كاستراتيجية تدريبية لتنمية التفكير وترقيته عند الطلبة والمعلمين للمساهمة في إعداد علماء المستقبل .

ولتعميق هذه الاستراتيجية ، عمدت المدارس إلى الاتفاق مع أحد الخبراء في هذا المجال وهو الدكتور إبراهيم مسلم الحارثي لإعداد مرجع متخصص في هذا الموضوع يركز على الجانب العملي التطبيقي الذي يساعد المعلم والطالب في الوصول إلى التفكير المنتج ، والعقل المبدع .

وإنه ليسر المدارس أن تقدم هذا المرجع تحت عنوان (تعليم التفكير) للهيئة التدريسية فيها ، وللوسط التربوي العربي ، للإفادة منه، والرجوع إليه عند الحاجة تدعيماً للاتجاه التربوي الحديث الذي يركز على أهمية تنمية مهارات التفكير العليا عند المتعلمين ، باعتبار أن هذا الأمر أصبح من الضروريات

اللازمة للإنسان المعاصر ، حتى يتمكن من رسم طريقه في هـذا الخضـم الواسـع مـن الثقافات التـي تمطره بها وسائل الإعلام والاتصال ، وليكون قادراً على تمييز الغث من السـمين ، والنـافع مـن الضـار ، والحق من الباطل ضمن منظوره الثقافي والحضاري .

وإيماناً من مدارس الرواد بأن تعليم مهارات التفكير هو شعار التربية المعاصرة ، لتأمل أن يكون هذا المرجع خطوة رائدة في سبيل خدمة أبنائنا الطلبة ، وإخواننا المشرفين التربويين والمعلمين وأوليـاء الأمور المهتمين بإعداد أولادهم لمستقبل حياتهم.

وإن المدارس وهي تقدم الشكر الجزيل للمؤلف على ما بذله من جهد في إعداد هذا الكتـاب ، وإخراجه بالصورة اللائقة لتعد أبناءها الطلبة والمعلمين فيها بمتابعة هذا الموضوع بخطوات مدروسـة ، لضمان استمرارية العطاء والنماء على درب الخير والتقدم .

والله تعالى نسأل أن يجعل هذا العمل خالصاً لوجهه الكريم .

المشرف العام على مدارس الرواد بالرياض

عبدالله بن إبراهيم الخلف

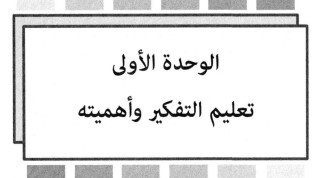

الوحدة الأولى

تعليم التفكير وأهميته

الفصل الأول : أهمية تعليم مهارات التفكير

الفصل الثاني : أنواع الذكاء

الفصل الثالث : التدريس من أجل تنمية التفكير

الفصل الأول

أهمية تعليم مهارات التفكير

تمهيد :

الحمد لله الذي علم بالقلم علم الإنسان ما لم يعلم والصلاة والسلام على معلم الأمم و موقظ الهمـم النبي الأمي المبعوث رحمة للعالمين سيدنا محمد صلى الـله عليه وعلى آله و صحبه وسلم، وبعد :

فإن من أبرز أهداف التربية والتعليم هو رفع سوية التفكير عند المتعلمـين ليصلـوا إلى الـتمكن مـن ممارسة عمليات التفكير المجرد. والتفكير كما يعرفه بعض التربويين هو استخدام معرفتنا السابقة في حل المشكلات التي تواجهنا. وبناء على هذا التعريف فإن الفرد يحتاج إلى المعرفة حتى يستطيع أن يفكـر جيداً ويتعامل بطريقة صحيحة مع المشكلات. ولكن كثيراً من الناس لا يجيدون التفكير رغم توفر المعرفة لديهم. ويعود السبب في ذلك إلى عدم قدرتهم على استخدام مخـزونهم المعـرفي اسـتخداماً مناسـباً. ومـن هنا برزت الحاجة إلى تعليم الفرد كيف يتعامـل مـع المعلومـات المخزونـة في دماغـه وكيـف يـتعلم مـن خبراته السابقة. وإن من أهم واجبـات المدرسـة أن تهيـئ الظـروف للطـلاب لـكي يتعلمـوا مـن خـبراتهم ويستعملوا عقولهم في التفاعل مع الأنشطة والخبرات التي تعرض لهم في مواقف تستدعي التفكير ؛ لأن التفاعل مع الأشياء والأحداث والأشخاص يشكل إحدى قواعد التفكير المهمة.

وثمة سؤال مهم يطرح على المربين والمسؤولين عن نظام التعليم في أي بلد كان وهو: ما نوع الإنسـان الذي يجب أن يخرجه النظام التعليمي ؟ أو ما هي مواصفات الإنسـان الذي تسعى المدرسـة إلى تخريجـه ؟ إن الإجابة عن هذا السؤال قد تختلف من بلد إلى آخر في الأمور التفصيلية. ولكن هناك أمورا جوهرية يكاد يتفق عليها المربون في الأقطار المختلفة ومنها [1] :

---

(1) Suffolk Education Authority (1985) Teachers Appraisal Study, HMSO, London, U.K.

1. ينبغي أن يتعلم الطلبة مواد علمية تتكون من معلومات، ومهارات.
2. يجب أن يساعدوا في التعرف إلى كفاياتهم المتنامية.
3. يجب أن يشعروا باحترامهم لأنفسهم وأن يقدروا إنجازاتهم.
4. ينبغي تنمية مهارات التعاون والعمل بروح الفريق واحترام آراء الآخرين.
5. ينبغي تنمية مهارات حل المشكلات.
6. يجب أن يساعدوا في تنمية ثقتهم بأنفسهم وإحساسهم باستقلاليتهم وتنمية شعورهم بالمسؤولية.
7. يجب إعدادهم للحياة الواقعية.

وبعبارةٍ أخرى يجب على المدرسة أن تخرج متعلمين مستقلين فعالين قادرين على التعلم الذاتي، وعلى تنظيم شؤونهم الحياتية الخاصة، كما ينبغي أن يكونوا أفرادا منتجين في المجتمع، متعاونين، ومبادئين، ويتمتعون بالقدرة على اتخاذ القرارات الصائبة، وبالقدرة على الابتكار والإبداع والتفكير في الخيارات المتعددة.

هذه الأمور لا مشاحة فيها عند أرباب الاختصاص في التربية والتعليم . ولكن عندما نصل إلى مرحلة التنفيذ نجد اختلافات كثيرة في طرق التنفيذ وفي العمليات التي ينبغي أن تؤدي إلى المخرجات السالف ذكرها .وكثيراً ما نجد أن العمليات التدريسية التي تستخدمها المدرسة غير متناسقة ولا تؤدي إلى تحقيق الأهداف التي ذكرناها آنفاً. وقد دلت أبحاث كثيرة على أن المشكلة تتركز غالباً في ضآلة معرفة المعلمين لعمليات التدريس الفعالة وخاصة تلك التي تتعلق بالتعليم الذاتي (Bentley&Watts,1989) فالتعلم لا يحدث في فراغ ؛ إنه يحتاج إلى بيئة تعليمية سارة ومناسبة. كما يحتاج إلى مواد تعليمية ومصادر تعليم ومعلومات. وقبل ذلك كله يحتاج إلى قوى بشرية مدربة ، واستراتيجيات تدريسية مناسبة للتعليم الإيجابي.

يلاحظ المرء أن الجهد الأعظم لعملية التعليم في المدارس المعاصرة موجهٌ إلى تعليم المعلومات و المهارات الأساسية وهذا أمرٌ طيب . ولكن الانهماك فيه يجب أن لا يؤدي إلى إغفال تنمية الطاقات الداخلية للفرد . والسؤال الذي يطرحه دعاة تعليم التفكير هو: ألا يمكن تعليم الطلاب ليكونوا أكثر ذكاء ، وليكونوا مفكرين فعالين ؟

إن حركة تعليم مهارات التفكير المعاصرة تنطلق من افتراض مفاده أنه يمكن تعليم التفكير ويمكن تعلُّمه. وأنه بالإمكان رفع مستوى ذكاء الطفل من خلال تعامل الوالدين والمعلمين السوي معه. لذا نجد البحث التربوي المعاصر اهتم كثيراً بمجال تعليم التفكير.

وثمة سؤال آخر يطرح نفسه على نظم التعليم المعاصرة وعلى المربين والمعلمين، وهو: ماذا بعد تعليم الطلاب المهارات الأساسية؟ وكيف نقوي قدراتهم على التفكير وحل المشكلات؟

إحدى طرق الإجابة عن هذه التساؤلات كانت من خلال البحث عن الأساليب التي ترفع مستوى الذكاء عند الفرد، والتي تسرّع التطور المعرفي، وتزيد من قدرته على التفكير والتعلم. ولذلك اتجه بعض المربين إلى بناء برامج خاصة منفصلة عن المناهج الرسمية تهدف إلى تعليم مهارات التفكير. ولكن البحث في الذكاء وطرق تدريس مهارات التفكير مستمر. وقد أفرز البحث طرقاً أخرى لتعليم مهارات التفكير منها تعليم مهارات التفكير عبر المناهج الدراسية. وسوف نتعرض لها في ثنايا هذا الكتاب. وقد يتمخض البحث عن طرق جديدة بالإضافة إلى هذه وتلك.

تركز النظريات الحديثة في التعليم على تعليم عمليات التعلم وتعليم مهارات حل المشكلات. كما تركز على تعليم القراءة ذات المعنى وعلى تعليم المحاكمات العقلية في الكتابة وتعليم مهارات التعلم الذاتي. كل هذه الأمور تحتاج إلى تعلم مهارات التفكير. وتستند النظريات الحديثة في ادعائها ذلك إلى التغيرات التكنولوجية والاجتماعية التي حدثت في المجتمعات المعاصرة. وما زالت هذه التغيرات تحدث باستمرار بطريقة متسارعة تجعل من الصعب التنبؤ بالمعلومات اللازمة للفرد في المستقبل. ولذلك اتجه المفكرون التربويون إلى تعليم الطلاب المهارات التي تمكنهم من السيطرة على أمور حياتهم، مثل: مهارات التفكير ومهارات التعلم الذاتي، والمهارات المتعلقة بتطوير طرق الحصول على المعرفة والانفتاح العقلي على المستقبل لأن التعلم لانهاية له.

إن أسس مهارات التفكير يجب أن توضع منذ الطفولة المبكرة لتنمو مع الأطفال. فقديماً قال علماؤنا العلم في الصغر كالنقش في الحجر. فكلما كبر الطفل قل انفتاحه العقلي وعندما يتجاوز مرحلة الطفولة والمراهقة ويصل إلى مرحلة النضج يزداد عنده الميل نحو الانغلاق العقلي، حيث تبدأ (الأنا) والاعتقادات الخاصة بالتحكم فيه ونقل قدرته على التكيف والمرونة والاستيعاب. فيرى الذين يخالفونه في الرأي متحيزين وغير قادرين على التعمق في مناقشة الموضوع ...إذن ينبغي تعليم الطلاب أساسيات المنطق منذ الصغر كما ينبغي تعليمهم كيفية استخدام أساسيات التفكير المنطقي في التعلم وكيف يتعلمون من الآخرين، وكيف يطرحون الأسئلة.يجب إعطاؤهم الفرص لتحويل أفكارهم إلى كلام،كما يجب إعطاؤهم الفرصة لتجريب أفكارهم. إنهم بحاجة لاكتشاف أنفسهم ومشاعرهم وتفكيرهم. كثيرةٌ هي المدارس وأنظمة التعليم التي تضع في قائمة أهدافها ضرورة تنمية مهارات التفكير؛ وقليلة هي المدارس التي تصف بوضوح كيفية تحقيق ذلك ولو أخذنا مثلاً بريطانيا وهي من أكثر الدول تقدماً في مجال التربية والتعليم نجد أن المنهاج الوطني national curriculum ينص على أهمية تعليم التفكير ، ففي مجال تعليم اللغة الإنجليزية ينص المنهاج على أن القدرة على التفكير بوضوح تعد أول شرط لتعلم اللغة الإنجليزية الجيدة وفي مجال العلوم ينص المنهاج الوطني على تنمية الاتجاهات التالية في جميع المراحل الدراسية وهي:حب الاستطلاع، واحترام الأدلة و إرادة التسامح والتفكير الناقد والمثابرة أو المواظبة على أداء الواجب والإبداعية والانفتاح العقلي والحس البيئي السليم والتعاون مع الآخرين (Department of education, HMSO, 1995). بينما نجد تقارير المفتشين الملكيين (HMI) عن واقع التعليم في المدارس البريطانية تدل على أن مهارات التفكير والقدرة على المحاكمات العقلية والمناقشات لا تعطى من الوقت شيئا يذكر عبر المنهاج وأن تركيز المدارس ينصب على تعليم الطلاب المهارات والمعلومات في مجال العلوم والرياضيات والفن والأخلاق. وأن مساعدة الطلاب في مجال تطوير آليات التفكير الناقد والتفكير المنطقي المستقل تكاد تكون معدومة (Fisher , 1990).ويتضح من ذلك الفرق بين الأهداف المعلنة وما يتم

تحقيقه على أرض الواقع. فتعليم المحتوى العلمي للمواد الدراسية أمر طيب ولكنه لا يكفي ، و إذا أردنا أن نخرج أفرادا قادرين على التفكير السليم باستقلالية لا بد من تعليمهم التفكير المنطقي واستراتيجيات حل المشكلة في مجالات الخبرة المختلفة للمنهاج. فتعليم التفكير أهم من أن يترك للصدف. و إذا كان هذا هو الحال في بريطانيا فكيف يكون الحال في مدارسنا يا ترى؟

أخطاء في فهم مهارات التفكير

هناك بعض الأخطاء التي يرتكبها بعض المفكرين التربويين في مجال تعليم التفكير. إحدى هـذه الأخطاء يكمن في اعتبار التفكير أحد المهارات الأساسية مثله مثل مهارات القراءة والكتابـة والحسـاب. في حال أن التفكير ليس مجرد مهارة رابعة أو خامسة تضاف إلى المهارات الأساسية الأخرى، بـل هـو أساس المهارات التعليمية جميعها. فجميع أعمال الإنسان منطوية في أفكاره. وقد يكون قسم كبير مـن هذه الأفكار كامناً في منطقة اللاوعي. فلا يوجد عمل إلا ووراءه فكر يقود إليه. نخلص من هـذا إلى أن تعليم التفكير ينبغي أن يكون أساس المهارات الأساسية. ومن الشبهات التي تقع في فهم معنى التفكير اعتبار عملية التفكير مثل عملية التنفس وعملية الكلام وعملية المشي أو الإبصار أو السمع. وينتج عـن هذا الفهم أن مهارات التفكير تنمو بالضرورة كما تنمو المهارات الأخرى مع تقدم العمـر والخبرة . قد يكون هذا الفهم صحيحاً إلى حدٍ ما ولكن الإنسان الـذي لا يُطـور مهـارات تفكيره قـد يجمد عـلى استخدام أنماط من التفكير تعوَّد عليها منذ الصغر. وفي هذا انحسار لنموه العقلي.

ولتوضيح هـذا الأمـر قـد يكون مـن المناسب تشبيه استخدام مهارات التفكير في عمليـات التعليم باستخدام الميكانيكي لمهارات التعامل مع الأدوات والأجهزة في تصليح السيارة. فالميكانيكي إنسان يملك مهارات استخدام الأدوات مثل المفكات ومفـاتيح الشـق والرافعـة وغيرهـا، وقسـم كبـير منا يمتلك هـذه المهارات.

الميكانيكي يستطيع أن يصلح بها السيارة بينما نحن لا نستطيع ذلك. فما الفرق بين معرفتنا ومعرفته ؟! إنه يعرف كيف ينظم هذه الأدوات بتتابع معين، بينما نحن نجهل ذلك التتابع والتنظيم. إنه يستخدم هذه الأدوات بطريقة محسوبة وباستراتيجية معينة لحل المشكلات الميكانيكية في السيارة؛ أما نحن فلا توجد لدينا استراتيجية محسوبة لإصلاح السيارة .وهو فضلاً عن ذلك يعرف كيفية عمل محرك السيارة؛ أي أنه يعرف الأفكار الكامنة و راء طريقته في حل المشكلة، بينما نحن لا نعرف ذلك. إن معرفته لمحرك السيارة واستخدامه لمهاراته وفق استراتيجية منظمة هي التي كونت عنده فهم المشكلات الميكانيكية للسيارة، وهذا هو الفرق بين معرفتنا ومعرفته. إن هذا المثال يوضح لنا مهمة المدرسة في تعليم التفكير. فالواجب إذن هو تعليم الأطفال كيف يستخدمون مهاراتهم التفكيرية من خلال مرورهم في خبرات عملية تؤدي إلى تنمية مهارات التفكير العليا لديهم. كما ينبغي أن يعرفوا ما وراء المعرفة أي الأفكار الكامنة وراء استخدامهم لأسلوب معين.

ومن الشبهات الأخرى في فهم تعليم مهارات التفكير اعتبار عملية تعليم مهارات التفكير عملية خالية من المشاعر والإحساسات أي اعتبارها عملية عقلية جافة. بيد أن تعليم مهارات التفكير لا يستلزم بالضرورة تجاهل العواطف الإنسانية في مناحي الحياة.

كما أنه لا ينبغي أن يكون هناك تلازم بالضرورة بين تعليم التفكير والعواطف والإحساسات أيضاً. ولكن من الواضح أن التفكير لا ينمو في فراغ عاطفي. فالتفكير عملية تستدعي وجود هدف وقوة دافعة تحرك الفرد نحو تحقيق الهدف. إن العواطف والمشاعر والأحاسيس تحتل قلب السلوك الإنساني وتشكل القوة الدافعة لتوجيه السلوك نحو تحقيق الهدف. إن ما ينبغي أن نحرر أنفسنا منه هو التحامل المسبق والإجحاف وإلحاق الضرر بالآخرين والتحيز واتباع هوى النفس

وليس العواطف على إطلاقها. إن الربط بين العواطف والتفكير المنطقي يشكل أكبر دافع على التعليم وتطوير الذكاء.

هل يمكن زيادة الذكاء ؟

لقد أثير جدل كبير في هذا القرن بين علماء النفس حول هل الذكاء مكتسب أم موروث ؟ و كانت قمة الخلاف في المعركة الفكرية التي دارت في مطلع الثمانينات بين هانز ايزنك الذي يمثل المدرسة الوراثية وليون كامن الذي يمثل المدرسة البيئية وطبعت في كتاب بعنوان الذكاء معركة العقل (Intelligenee The Battle for The- Mind) وقد قام الدكتور عمر الشيخ مشكوراً بنقل هذا الكتاب إلى العربية ونشره عام 1983م بعنوان (الذكاء طبيعته وعواقبه الاجتماعية) وهو كتاب قيم غفل عنه كثير من التربويين في البلاد العربية.

فما هو الذكاء هل هو قدرة عامة واحدة أم يتكون من عدة قدرات ؟ وهل الذكاء صفة مستقرة، أي غير قابلة للزيادة، أم أنه صفة قابلة للزيادة ؟ وهل لفوارق الأفراد في الجنس أو العرق أو الطبقة الاجتماعية أثر في فوارق الذكاء بينهم ؟ وهل يمكن زيادة ذكاء الفرد أو التدخل فيه ؟ وكيف يتم ذلك ؟ ثم ما هي العواقب الاجتماعية والتربوية والسياسية المترتبة على ذلك ؟ (عمر الشيخ، 1983م،ص5).

إن كثيراً من القرارات التربوية والاجتماعية والسياسية تتوقف على نظرتنا في الذكاء بقطع النظر عن كون هذه النظرة صائبة أم لا ؟فقد يترتب على نظرة المدرسة الوراثية للذكاء التخلي عن التدابير التي تتخذ لرفع مستوى الذكاء عند أفراد الفئات الفقيرة أو المحرومة ثقافياً أو النظر إلى بعض الأعراق البشرية أنها غير مؤهلة للذكاء بحجة أن الذكاء ذو موروثية عالية. كذلك قد تتضمن نظرة المدرسة الوراثية تكريس التمييز العنصري والفوارق الاجتماعية والمهنية بحجة أن

مردها إلى درجة كبيرة من الرصيد الوراثي من الذكاء. وقد يستدل المرء بهذه التضمنات أن الوراثيين ينادون بدوام اللامساواة الاجتماعية وبهيمنة فئة معينة على سائر الفئات. وهذه التضمنات هي بالفعل ما يثير سخط البيئيين وعدد كبير من التربويين والعاملين الاجتماعيين. إذا بموجب هذه النظرة الوراثية يصبح العمل التربوي والعمل الاجتماعي جهداً ضائعاً لا نفع يرجى منه. (عمر الشيخ، 1983م،ص6).

وقد رأينا بعض آثار المدارس الفكرية السياسية التي بنيت على المدرسة الوراثية مثل نظرية تفوق الرجل الأبيض أو تفوق العنصر النازي أو الفاشية أو نظرية شعب الله المختار وما ترتب على ذلك من حروب وويلات قاست منها شعوب البشرية في العالم وبخاصة في جنوب أفريقيا وفلسطين المحتلة.

وقد بدأت المدرسة الوراثية تتراجع عن كثير من أفكارها فيما يختص بالذكاء وتنميته. وقد بدأها عالم بارز ينتمي إلى المدرسة الوراثية هو آرثر جنسن (Arther jensen) بمقالتين نشرهما عامي 1968،1969م: الأولى في مجلة البحث التربوي الأمريكية (Am.J.E.R) والثانية في مجلة هارفارد التربوية (Harvard Ed.Rev) تركزت في امكانية تنمية الذكاء وبالتالي التحصيل المدرسي بالبرامج التعويضية التي صممت خصيصاً للطلبة غير المحظوظين ثقافياً والقابلية للتعلم. (عمر الشيخ،1983، ص7).

ومما يدعو للاستغراب أن كثيراً من الإيديولوجيات الاجتماعية التي يؤمن بها بعض الباحثين تؤثر على نتائج بحوثهم وقد تدفعهم إلى تزوير الحقائق العلمية وإلى توجيه مسارات البحث لخدمة إيديولوجيتهم بغير وجه حق. وقد تدفعهم إلى تسويق أفكارهم الخاصة على أنها أفكاراً علمية، مثلما دفعت باحثاً بارزاً هو سرل بيرت إلى التلفيق والتزوير (عمر الشيخ،1983،ص6). وقد لا تستغرب من حماس هانز أيزنك للمدرسة الوراثية فهو من مواليد برلين في ألمانيا عام 1916م وهذا يعني أنه عايش الفترة التي سيطر فيها الفكر النازي على ألمانيا. ويقدر الوراثيون المعتدلون

أن أهمية البيئة تبلغ ربع أهمية الوراثة. إذ تفسر العوامل الوراثية في رأيهم 80% من الفوارق في الذكاء في حين أن البيئة تفسر20% منها. (عمر الشيخ،1983م، ص8-13).

وإن هذا الرأي يقود إلى تناقص شقه الخلاف بين الوراثيين والبيئيين، بحيث ينحصر الخلاف بينهما في النسبة المئوية للعوامل الوراثية وللعوامل البيئية في تفسير فوارق الذكاء. وتقترب المدرستان مما روى عن الامام علي بن أبي طالب كرم الله وجهه أنه قال: " العقل عقلان مطبوع ومسموع، ولا ينفع مسموع إذا لم يك مطبوع كما لا تنفع العين وضوء الشمس ممنوع " أي أن لكل من العوامل الوراثية والعوامل البيئية أثرها على نمو الذكاء. ويرى فيشر (Fisher) وهو كما يبدو من أنصار المدرسة البيئية أن النظرية القائلة بأن الذكاء مقادير محددة وزعت على الأطفال بكميات متفاوتة أصبحت نظرية قديمة. وقد عارضها كثير من نتائج الأبحاث الميدانية... وأصبح هدف كثير من الأبحاث معرفة الطرق التي يرفع بها مستوى الذكاء من خلال تعليم مهارات التفكير (Fisher,1990,P.5-13). فنحن ندرس الأطفال مجموعة من المهارات مثل مهارات التعبير والمهارات الرياضية والاجتماعية والقرائية والكتابية فلماذا لا ندَرِّسهُم مهارات التفكير ؟ كثير من الأبحاث الميدانية المعاصرة منصبة على معرفة التفكير، وهي في الغالب تسعى للإجابة عن أسئلة مثل :

ما هي خصائص السلوك الذكي ؟

ما هي الإستراتيجيات التي يمتاز بها المفكر الناضج الناجح ؟

ما هي نقاط الضعف في التفكير ؟ وكيف نجنب الأطفال هذه النقاط ؟

ومن الأسئلة التي ينبغي أن يعتاد عليها الآباء والمعلمون للأطفال هو: لماذا لا تفكر...؟.

فإذا استطعنا تنمية المهارات التي يتكون منها الذكاء نكون قد نمينا الذكاء.

وإذا لم يشجع الأطفال على التفكير بأنواعه منذ الصغر سوف يتوقفون عن التفكير والتأمل، في حال أنهم في حاجة ماسة للتفكير الإبداعي والتفكير الناقد ليحضروا أنفسهم للتكيف في عالم سريع التغير ويتمكنوا من حل المشكلات التي تواجههم. فماذا نقصد بهذه المصطلحات ؟ وما هو التفكير الإبداعي ؟ وكيف يمكن تشجيعه ؟.

يمكن القول بكثير من الثقة: إن التفكير الإبداعي هو إعادة ترتيب ما تعرفه بطريقة تؤدي لمعرفة مالا تعرفه. والتفكير الإبداعي هو القدرة على أن تنظر نظرة جديدة إلى المستقرات والأشياء التي تعتبرها من الأشياء المسلم بها. إن التفكير الإبداعي يمثل السياق اللازم للاكتشافات وتوليد النظريات والفرضيات. أما التفكير الناقد فهو السياق اللازم لتوليد الاختبارات والتبريرات وقبول المنطق والبرهان.

والمقصود بالتفكير الناقد في سياق تعليم التفكير ليس ذلك التفكير الذي يبحث عن الأخطاء أو الجوانب السلبية فقط ولكنه التفكير الذي يقدر العقل والمنطق. إن الطالب الذي يفكر تفكيراً ناقداً لا يقبل الأفكار والمعتقدات أو يرفضها بدون إجراء تقويم شامل ومحاكمات عقلية لها. وأما أسلوب حل المشكلات فهو أسلوب يتماشى مع الحياة الواقعية. فالحياة عبارة عن سلسلة من المشكلات. إن استخدام هذا الأسلوب في التدريس ينمي المهارات في مجال البحث عن الحقائق واستخدامها. كما ينمي مهارات التفكير في أثناء البحث عن حلول للمشكلة، ونظراً لأهمية كل من التفكير الإبداعي والتفكير الناقد وتفكير حل المشكلات أفردنا وحدة خاصة لكل منهما. ويرى الخبراء أننا إذا استطعنا تنمية المهارات الجزئية لأنواع التفكير المذكورة فإننا نكون قد رفعنا معدل الذكاء عند الفرد.

ما هو التفكير؟

يغص الأدب التربوي بتعريفات كثيرة للتفكير منها تعريف ماير الذي يرى أنه النشاط الذي يقوم به الدماغ عندما يحاول الفرد حل المشكلات (Myer, 1983) ومنها تعريف كروبلي الذي يرى بأن التفكير مكون من تراكيب معرفية وآليات ضبط تتفاعل جميعها مع العالم الخارجي لإنتاج الفكرة (Croopley, 2001). أما ديوي فقد عرف التفكير بأنه ذلك الإجراء الذي تقدم به الحقائق لتمثل حقائق أخرى لاستقراء معتقد ما. أما دي بونو فقد عرف التفكير بطرق مختلفة، منها أنه عملية واعية تحدث في العقل وتُخضِع المواقف للمحاكمة العقلانية للوصول إلى نتيجة، وعرفه أيضاً بأنه المهارة الفعالة الذي تدفع بالذكاء الفطري للعمل. وعرفه كذلك بأنه رؤية داخلية توجِّه نحو الخبرة للقيام بعملية تقصي مدروسة من أجل غرض ما. وعرفه مرة أخرى بأنه استكشاف للخبرة من أجل الوصول إلى الهدف الذي قد يكون اتخاذ قرار أو حل مشكلة (DeBono, 1976) وعرفه عصر بأنه الوظيفة الذهنية التي يَصنع بها الفرد المعنى مستخلِصاً إياه من الخبرة (عصر، 2003) وعرفه جروان بأنه نشاط عقلي يقوم به الدماغ عندما يتعرض لمؤثر حسي (جروان،1999). ونحن نرى أن التفكير عبارة عن عملية التفاعل التي تجري بين الأبنية العقلية للشخص وبين العالم الخارجي، فالتفاعل بين ما هو بداخل النفس وما هو بخارجها هو الذي يولد أفكاراً. ويمكن القول أيضاً بأن التفكير عبارة عن النشاط الذهني الذي يقوم به الدماغ استجابة لمتطلبات الحياة. وقد حضَّ الله سبحانه وتعالى على التفكر في الظواهر الكونية الخارجية كما في قوله تعالى: **﴿إِنَّ فِي خَلْقِ السَّمَاوَاتِ وَالأَرْضِ وَاخْتِلاَفِ اللَّيْلِ وَالنَّهَارِ لآيَاتٍ لِّأُوْلِي الأَلْبَابِ * الَّذِينَ يَذْكُرُونَ اللّهَ قِيَامًا وَقُعُودًا وَعَلَىَ جُنُوبِهِمْ وَيَتَفَكَّرُونَ فِي خَلْقِ السَّمَاوَاتِ وَالأَرْضِ رَبَّنَا مَا خَلَقْتَ هَذا بَاطِلاً سُبْحَانَكَ فَقِنَا عَذَابَ النَّارِ﴾**[آل عمران: 190-191]. كما حضَّ سبحانه وتعالى على التفكر في مكونات

النفس وآياتها الداخلية كما في قوله تعالى: ﴿وَفِي أَنفُسِكُمْ أَفَلَا تُبْصِرُونَ﴾ [الذاريات: 21] معنى ذلك أن التفكير يمكن أن يحدث من المثيرات الحسية الخارجية ويمكن أن يحدث أيضاً من التفكر في آيات النفس البشرية وأسرارها الداخلية، أي أن التفكير لا ينتج عن المثيرات الحسية فقط بل هنالك النوازع الداخلية للفرد التي يمكن أن تثير التفكير أيضاً. وهكذا فالتفكير إذن هو نتاج التفاعل بين الأبنية الذهنية للشخص وبين المثيرات الخارجية والداخلية.

وبصفة عامة فإن معلوماتنا عن التفكير تشتق من حقلين من حقول المعرفة عادةً هما الفلسفة وعلم النفس، والحقل الثالث الذي ظهر حديثاً هو علم جراحة الأعصاب وعلم أبحاث الدماغ (Neuroscience). وقد اعتبر الفلاسفة العقل بمثابة قاعدة للمنطق وأكدوا على دراسة التفكير الناقد من خلال التحليل الجدلي للأمور وتطبيق المنطق عليها. أما علماء النفس فقد اشتغلوا بدراسة آلية عمل الدماغ وأكدوا على دراسة التفكير الإبداعي وكيفية تولد الأفكار في الدماغ.

بيد أن عملية التفكير تشمل الجانبين كليهما: الجانب الناقد والجانب الإبداعي من الدماغ أي أنها تشمل المنطق وتوليد الأفكار كذلك.

إن أي نشاط عقلي سواءً كان في حل المشكلة أو اتخاذ قرار أو محاولة فهم لموضوع ما يتضمن تفكيراً. فالتفكير هو ذلك الشيء الذي يحدث في أثناء حل المشكلة وهو الذي يجعل للحياة معنى. وهو أي التفكير عملية واعية يقوم بها الفرد عن وعي وإدراك ولكنها لا تستثني اللاوعي أي أن عملية التفكير يمكن أن تتم في اللاوعي أحياناً. ورغم أن التفكير عملية فردية لكنها لا تتم بمعزل عن البيئة المحيطة. أي أن عملية التفكير تتأثر بالسياق الاجتماعي والسياق الثقافي الذي تتم فيه.

ويمكن القول في ضوء ذلك: إن تعليم التفكير لا يتم بمعزل عن التفاعل مع الآخرين فالطفل المفكر إذن هو الطفل الاجتماعي.

وبالإضافة إلى البعدين الاجتماعي والثقافي و أثرهما في التفكير فإن هناك البعد الفيزيائي أي البيئة المادية التي يتعامل معها الفرد فهي التي تشكل المثيرات التي تدعو إلى التفكير. ولهذا البعد أثر لا ينكر في توجيه عملية التفكير. وهناك البعد الفسيولوجي كذلك وأثره الذي لا ينكر. فالتفكير يحدث ضمن البيئة الفسيولوجية للفرد فالعقل السليم في الجسم السليم. وكلما زادت معرفتنا بوظائف الدماغ زاد فهمنا لعملية التفكير. وقد ساهمت جراحة الأعصاب في الآونة الأخيرة في زيادة المعرفة بفسيولوجية التفكير وأثارت توقعات مهمة بالنسبة لطبيعة الذكاء البشري.

التفكير والذكاء

أعتقد علماء النفس في القرن العشرين بأن الذكاء صفة موروثة وأن المتفوق في مجال متفوقٌ في جميع المجالات. وكان فرانسيس جالتون (Francis Galton) من رواد هذه المدرسة. وتعتبر هذه المدرسة أن الذكاء صفة كلية للدماغ وأن هذه الصفة الكلية موروثة وتشتق منها كافة القدرات التفكيرية. وإذا كان الوضع كذلك فهل من الممكن زيادة القدرات التفكيرية للمتعلمين ؟ وهل ممكن تنمية الذكاء ؟ حاول إلفرد بينيه (Alfred Binet) أن يجيب عن هذا السؤال وصمم أداة لقياس القدرات العقلية التي سميت فيما بعد اختبارات الذكاء (IQ tests). وكان قصده من ذلك إثبات أن الذكاء يتكون من وظائف مختلفة مثل: الانتباه، والملاحظة،والتميز، والتذكر، والتحليل، . . . معارضاً في ذلك مدرسة جالتون في الذكاء. وإذا كان الأمر كذلك فإنه بالإمكان تنمية الذكاء من خلال تحسين أداء الفرد في الوظائف المذكورة.

وكان في الطرف المقابل بعض علماء النفس من مدرسة جالتون مثل شارل سبيرمان (Charles Spearman) الذين يعتقدون أن التفكير يشتق من قدرة واحدة في الدماغ تسمى الذكاء. ومازال الجدال محتدماً بين أنصار المدرستين مع تغير في وجهات النظر أدى إلى التقارب نوعاً ما. ونجد هانس ايزنك (Eysenck) من

علماء النفس المعاصرين يعتقد أن 80% من عوامل الذكاء تعود إلى الوراثة، و20% تعود إلى عوامل البيئة. كما نجد آرثر جينسن (Arthur Jensen) يرى أن التعليم والبيئة ليس لها أثرٌ كبير في تنمية الذكاء وأنها يمكن أن ترفع من أداء الفرد على اختبارات الذكاء (IQ test scores) بمقدار قليل فقط. بناءً على فهم هذه المدرسة للذكاء فإن تعليم التفكير لا يحسِّن من أداء المعلمين إلا قليلاً (Fisher,1990,P.6)

ولكن نجد في المقابل علماء نفس آخرين مثل فايغوتسكي (Vygotsky) وليون كامن (Leon Kamin) يعتقدون أن الذكاء والقدرات التفكيرية تنمو من خلال الخبرات والتفاعل مع الكبار. ولذلك يرون أن الذكاء قوة ديناميكية وليس قوة ثابتة. وبذلك يقللون من أثر الوراثة على الذكاء إلى حدٍ بعيد. وقد كان لفكر بياجيه (Piaget) أثر كبير في دعم أنصار المدرسة الأخيرة. فهو يرى أن القدرات العقلية تشتق من الإرث البيولوجي وتفعَّل بالخبرة الاجتماعية والتعليم والثقافة التي يتعرض لها الطفل في البيت والمدرسة.

لقد ابتعد علماء النفس المعاصرون عن "موضة" اختبارات الذكاء (IQ) التي تقيس ما يعرفه الطلاب، وأخذوا يركزون على معرفة كيفية اكتساب المعرفة وأسبابها. وقد كان بياجيه من رواد هذه المدرسة؛ مع أنه بدأ حياته العلمية في دراسة أجوبة الطلاب على اختبار بينيه. ولكنه توصل في النهاية إلى أن الأهم من معرفة دقة استجابة الطلاب على فقرات الاختبار معرفة طرق استدلالهم والأسباب الكامنة وراء استجاباتهم. وقد وجد على سبيل المثال أن أطفال سن الرابعة يعتقدون أن المطرقة تشبه المسمار أكثر من المفك الذي يدخل البرغي في الخشب. وعند سؤالهم عن سبب هذا التشبيه أجابوا: لأن المطرقة تكون بجانب المسمار. لقد توصل بياجيه من استقراء الدوافع التي تقود الأطفال إلى إجاباتهم أنهم لا يستطيعون التفكير في الأشياء المجردة وأنهم يفكرون في هذا السن في الأشياء المادية المحسوسة.

أعتقد بياجيه أن التفكير الإنساني موجه نحو فهم العالم. ولذلك لم يهتم بأنواع المعرفة التي تركز على الحفظ والاستظهار،مثل التعريفات. وفي المقابل ركز على الأفكار الكبيرة التي ركز عليها الفلاسفة عبر العصور، على اعتبار أنها تمثل العمود الفقري للفكر الإنساني، مثل: مفهوم الزمان والمكان ومفهوم العدد والعلاقات السببية (السبب والنتيجة). وقد اعتبر بياجيه أن التفكير المنطقي هو العامل الرئيسي في الذكاء. ويؤخذ على افتراضه هذا إهماله القدرات الإبداعية الأخرى التي لا تحتاج إلى تفكير منطقي، مثل: الأمور الذوقية والجمالية والفنية والسياسية. ونظراً لخلفيته العلمية باعتباره أحد علماء البيولوجيا فقد اعتبر التفكير انعكاساً لمراحل النمو الجسمي. أي افترض أن التفكير لابد أن يتكون من مراحل محددة كما يتكون النمو الجسمي من مراحل محددة ومبرمجة بطريقة لا يمكن تغييرها. وقد دلت كثير من الأبحاث العلمية التي أجريت مؤخراً أن مراحل النمو العقلي تحدث بطريقة مختلفة عما نادى به بياجيه (Fisher,1990,P.8).

وقد أصبحنا نعرف الآن أن القدرات العقلية لا تنضج عند جميع الأطفال في سن معينة بل يمكن أن تنضج في أوقات مختلفة. وقد تبين أنه لا يوجد نمط واحد في حدود معلومتنا لمراحل النمو العقلي عند جميع الأطفال، بل إن لكل طفل نمطه الخاص في التطور.

وقد دلت نتائج الأبحاث أن طرق تعليم الأطفال لها أثر بالغ على تقدم نموهم.

ولكن رغم ما ذكر من جوانب القصور في نظرية بياجيه إلا أنها قدمت إضاءات مهمة على العوامل التي تؤثر في تعليم الأطفال كيفية التفكير، ومن أمثلة ذلك:

* الحاجة إلى البحث في الأسباب التي قادت الطفل إلى التفكير بهذه الطريقة.

* الحاجة إلى التذكر بأن التفكير عمل وممارسة وليس مجرد إخبار الطالب بما يجب أن يعمله. أي أن التفكير عملية إيجابية نشطة، وليس عملية سلبية متلقية.

* استثارة الطاقات الكامنة لديهم.

وسوف نتعرض لمزيد من هذه الأفكار في ثنايا هذا الكتاب.

ويرى ستيرنبرغ (STERNBERG) أن الذكاء يتكون من ثلاثة أقسام رئيسة هي:

1. مكونات اكتساب المعرفة (Knowledge acquisition components).

2. مكونات الأداء (Performance components).

3. مكونات الضوابط (Meta components) أي ما وراء المعرفة.

وأن هذه الأقسام الثلاثة تتعاضد في تكوين قدرتنا على التعامل مع المعلومات ومعالجتها.

ويمثل الشكل (2-1) مفهوم ستيرن بيرغ للذكاء (Fisher , 1990, P.11)

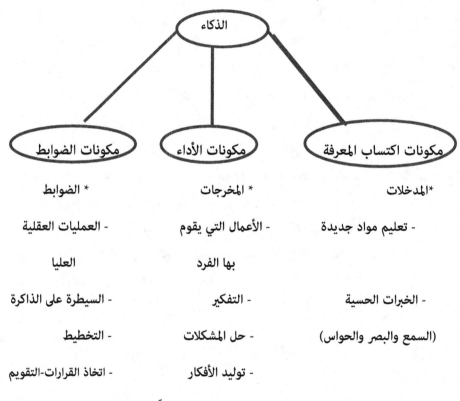

الشكل (1-1) يبين دور العقل باعتباره معالجاً للمعلومات.

وفي ضوء هذا الفهم فإن النجاح في عملية التفكير يقاس بالنجاح في العمليات الثلاث التالية :

1. اكتساب المعرفة (المدخلات) .
2. استراتيجيات استخدام المعرفة وحل المشكلات (المخرجات).
3. ما وراء المعرفة واتخاذ القرارات (الضوابط التنفيذية) .

ويرى كثير من علماء النفس أن جميع أقسام الذكاء وجميع العمليات المتضمنة في الذكاء مثل: استقبال المعرفة وتفعيل الأفكار وتوليدها، والسيطرة على التفكير وتوجيهه، يمكن تحسينها وتنميتها عن طريق التدريب. وإن جميع برامج تنمية التفكير التي نفذت في السنوات الأخيرة تهدف إلى تنمية القدرات في مجال إحدى العمليات المذكورة.

أما جيمس كيف فيرى أن للعملية التفكيرية أربعة مستويات هي :

1. مستوى الضوابط المعرفية التي تعد من القرارات الأساسية في عملية اكتساب المعرفة وتوجيه عمليات التفكير. وتشبه مهارات التفكير في هذا المستوى بمهارات التفكير التي سبق ذكرها في تصنيف ستيرن بيرغ، الذي أطلق عليها ما وراء مكونات المعرفة. أو ما سماه بعض علماء النفس التفكير فيما وراء التفكير. ومن المهارات في هذا المستوى التحليل والتركيب والتقويم والتخطيط والسيطرة على الذاكرة والقدرة على اتخاذ القرارات.

2. مستوى تعلم كيفية التعلم وهي الطرق التي تساعد المتعلم في تنظيم إجراءات كيفية الحصول على المعرفة وتعديلها. ومن خلال هذه الإستراتيجية أي إستراتيجية تعلم كيفية التعلم يستطيع المعلم أن يرتقي في مستويات التفكير العليا. أما امتلاك المتعلم لمهارات السيطرة والتحكم والضبط في المعرفة فإنه يساعده في نقل معرفته ومهارات استخدامها إلى مواقف جديدة وفي مجالات متعددة.

3. مستوى التفكير المرتبط بالمحتوى المعرفي: يستخدم المتعلم في هذا المستوى المهارات التي اكتسبها في المستويين السابقين وهي مهارات الضوابط المعرفية

والمهارات المتعلقة بإجراءات كيفية التعلم حيث يستخدم هذه المهارات في تحصيل المعرفة وفهم بنية المادة العلمية المتضمن في المحتوى . وكما يستخدمها في التعرف على الأنماط المختلفة والأفكار الجديدة وتنظيمها وربطها بالتعلم الأسبق ودمجها في بنيته المعرفية.

4. مستوى التفكير التأملي: حيث يتعدى المتعلم مستوى الأحكام والقواعد البسيطة والعلاقات الظاهرية بين المعلومات ويركز على تشكيل المعنى الحقيقي من خلال اكتشاف أوجه التشابه والاختلاف، ومن خلال تطبيق عمليات الاستقراء والتقويم والاستنتاج ليكوّن فهماً شاملاً متكاملاً لأجزاء المحتوى المعرفي للمادة الدراسية. ثم يستعمل ذلك كله في بناء قواعد معرفية جديدة وتوقعات مستقبلية مبنية على ذلك. (كييف،البابطين (مترجم) 1995، ص209-210).

وقد أوضح كثير من التربويين وعلماء النفس التربوي أن مهارة معالجة المعلومات ومهارات اكتساب المعرفة تتكون من سلسلة طويلة من المهارات. تبدأ بالمهارات الأساسية البسيطة. مثل: الملاحظة، والتفسير، والتصنيف ، والتحليل، وتمر بمهارات التعلم الذاتي، ومهارات تعلم كيفية التعلم، وصولاً إلى المهارات العليا للتفكير مثل مهارات التقويم والتفكير الناقد، والتفكير الإبداعي. وإن مجموع هذه المهارات هو الذي يكوّن مهارات التفكير، لذا إذا أردنا أن ننمي عملية التفكير ينبغي تنمية هذه المهارات جميعها.

ثمة رأي آخر يعتبر الذكاء صفة كلية للدماغ، أو قدرة عامة تنتظم على أساس مبدأ الاحتواء عدداً من القدرات الأقل منها عمومية. ومن أنصار هذا الرأي سبيرمان وإيزنك و ثيرستون (عمر الشيخ،19983م،ص22). وهناك فريق آخر لم يقبل فكرة كون الذكاء صفة كلية أو عاملاً كلياً واحداً ويستندون في هذا إلى معطيات جراحة الأعصاب. وفي رأيهم أن العقل مكون من مجموع لأنواع عدة من الذكاء منفصل بعضها عن بعض. وعلى رأس هؤلاء هاورد غاردنر (HowardGardener) الذي أطلق على أنواع الذكاء المختلفة " الأطر العقلية "

ويرى أنصار هذه المدرسة أن تعليم التفكير للأطفال ينبغي أن يوجه لتنمية كل نوع من أنواع الذكاء المتعددة.

ويختلف أنصار هذه المدرسة في عدد أنواع الذكاء فبينما يرى غاردنر أن هذا العدد غير معروف حالياً، نجد أن ثيرستون (Thurstone) يعتبرها سبعة أنواع وهي: الاستيعاب الشفوي، والطلاقة اللفظية، والطلاقة العددية، والمهارات المرئية، والتذكر، والفهم، والمنطق (المحاكمات العقلية). أما مارتن وينسكي فيشبهان العقل بمجتمع مكون من أفراد كثيرين يقوم كلٌ منهم بعملية صغيرة. وفي الوقت نفسه فإن كل واحد منهم لا عقل له على انفراد. وإن محصلة أعمال هؤلاء الأفراد هي التي تعطي الذكاء الحقيقي. وبعبارة أخرى فالذكاء في مفهومهم مكون من عمليات صغيرة لا يكون للواحد منها معنى على انفراد. ولكن عندما تجتمع هذه العمليات الصغيرة تُكوِّن الذكاء أو العملية العقلية الناجحة. وكما يبدو أن الرقم سبعة له بريق يغري الكثيرين في تقسيمات الأمور ومنهم الفيلسوف البريطاني بول هيرست (Paul Hirst) الذي اتفق مع ثورستون على تقسيم الذكاء إلى سبعة أقسام ولكنه اختلف معه في تسمية هذه الأنواع السبعة. ففي رأي هيرست أن المعرفة الإنسانية على سبعة أشكال هي: المعرفة العلمية، والمعرفة الرياضية، والمعرفة الجمالية أو الذوقية، والمعرفة الأخلاقية، والمعرفة الدينية، والمعرفة الفلسفية، ومعرفة التفاهم مع الآخرين. وأن أنواع المعرفة المذكورة التي تبدو منفصلة بعضها عن بعض هي في الواقع أنواع الذكاء السبعة. وبالإضافة إلى الأنواع السبعة هناك معالج مركزي للمعلومات في العقل وأن هذا المعالج المركزي له القدرة على الاتصال بأي نوع من أنواع الذكاء وله القدرة على استقبال المعلومات من المصادر المختلفة ويقوم بمهمة المنسق بين أنواع الذكاء المختلفة والموجه لعملية اتخاذ القرارات والضابط لعملية حل المشكلات. ومن أنصار هذه المدرسة غيلفورد (Gelford) الذي يرى أن البناء العقلي يتكون من قدرات عدة تصل إلى مائة وعشرين عاملاً. و قد صنف غيلفورد هذه القدرات في أبعاد ثلاثة. العملية الذهنية

المستخدمة، نوع المضمون المستخدم، نوع الناتج الحاصل. و تعرف القدرة عنده بأنها عملية ذهنية تستخدم نوعاً من المضمون للحصول على ناتج من نوع معين. (عمر الشيخ،1983/، ص23)، وكما يبدو فإن حكاية مفهوم الذكاء تشبه إلى حدٍ ما حكاية مفهوم الفيل عند العميان الثلاثة التي أوردها الإمام الغزالي في معرض مفهوم الفلاسفة للذات الإلهية واختلافهم في ذلك[1] ، وأن الحقيقة شيء آخر غير تلك التصورات والمفهومات جميعها.

وحتى لا نضيع بين تصورات مدارس الذكاء المختلفة فإننا نخلص إلى نتيجة واحدة مفادها أن كلاً من التصورات التي طرحت حول مفهوم الذكاء تكون فهماً ناقصاً للموضوع. ويجب النظر إليها على أنها تكمل بعضها بعضاً وليست مخالفة ومتعارضة بعضها مع بعض. فكل واحدة منها قدم خدمة للعملية التربوية في أحد المجالات.

ويرى عمر الشيخ أن هناك ثمة اتفاق على أن الأفراد يملكون قدرات مختلفة لحل المسائل العقلية، وأن القدرة الهامة من بينها هي الذكاء العام. وهناك قدرات خاصة مثل: القدرات اللفظية، والعددية، والبصرية، والذاكرة، يمكن أن تكون مهمة جداً في ظروف معينة. (عمر الشيخ،1983م، ص22).

*** *** ***

(1) تقول الحكاية أنه طُلِبَ من ثلاثة عميان لم يسبق لهم أن رأوا فيلاً أو سمعوا وصفة أن يصفوا الفيل بعدما سمح لأحدهم لمس خرطوم الفيل فقط وسمح للثاني لمس ناب الفيل فقط وسمح للثالث لمس رجل الفيل فقط . فكان وصف كل واحد منهم للفيل مطابق لوصف العضو الذي لمسه . ولكن وصف الفيل شيء آخر غير ما قاله الثلاثة.

الفصل الثاني

أنواع الذكاء

في نقاشنا السابق لمدارس الذكاء المختلفة رأينا أنها تتداخل بعضها مع بعض في كثير من الأمور وتوصلنا إلى أنه ينبغي النظر إليها باعتبار أن كلاً منها يناقش جانباً من جوانب الموضوع وأنها تتكامل بعضها مع بعض نحو تكوين مفهوم صحيح للذكاء والعمليات العقلية المختلفة. ويجب أن ننوه هنا أن الذكاء لا يتكون من مجموع هذه الآراء بل هو شيء أكبر من ذلك.

كما رأينا أنه لا يوجد تفسير مقبول للعمليات المعرفية المتضمنة في التفكير لدى علماء النفس جميعهم. وما زالت المحاولات جارية لرسم خارطة للمهمات التي يقوم بها الدماغ. وقد ذكرنا عدة توجهات لفهم الذكاء.

وبالنظر إلى هذه جميعا يمكن القول إن لدى العقل قدرة مركزية على معالجة المعلومات تقوم بمهمة ضبط وظائف الدماغ مثل: الفهم والتذكر والتعلم.

إن هذه القدرة تستطيع أن تطبق المهمات المختلفة في أنواع الذكاء المختلفة مثل الذكاء اللغوي والذكاء المنطقي ... وسوف نستعرض فيما يلي بعض أنواع الذكاء باختصار شديد:

الذكاء اللغوي

يعتقد كثير من المربين أن اللغة مؤشر قوي على الذكاء فهي مرآة العقل ووسيلة التعبير عن المعاني والتفاهم مع الآخرين ويرى بعض علماء النفس أن العقل مهيأ لتعلم اللغة منذ لحظة الولادة. ويرى تشومسكي (Chomsky) أن تعلم اللغة من قبل الأطفال لا يمكن أن يتم لولا وجود بنية معرفية داخلية ولدت معهم تختص بمعرفة قواعد اللغة وأحكامها. وإن لم يكن الأمر كذلك فكيف يمكن للطفل أن يكتسب القدرة على الكلام بهذه السرعة الفائقة. فهناك مشكلات كلامية

وتعبيرية معقدة يتعلمها الطفل قبل تعلم كثير من مهارات حل المشكلة في الأمور الحياتية الأخرى. ويعتقد أنصار هذا الاتجاه أن عقل الطفل مبرمج منذ الولادة لتعلم أنماط اللغة من خلال القدرة على إجراء عملية مسح للبيئة المحيطة بحثا عن المعاني. وأن هذه القدرة ذات أثر حاسم ليس في تعلم اللغة فحسب بل في تعلم مهارات كثيرة في الحساب والعلوم والفنون.

وهناك أدلة قوية على أن النصف الأيسر من الدماغ هو الجزء الذي أعده الله سبحانه وتعالى لاستقبال التراكيب اللغوية والصوتية وهو الجزء المسؤول عن التعبير الكلامي كذلك. وتدل بعض الأبحاث الميدانية أن الطفل يستجيب للأصوات حتى وهو في رحم أمه. وأن قدرة الطفل على استقبال الأصوات واستخدامها للتعبير عن مشاعره من خلال الحركات تنمو مع الطفل منذ ولادته.

وقد ورد في السنة النبوية المطهرة عن رسول الله صلى الله عليه وسلم استحباب الأذان في أذن الطفل اليمنى والإقامة في أذنه اليسرى منذ لحظة ولادته ليكون أول ما يسمعه ذكر الله تعالى وفي هذا دليل نقلي على أن الخلايا العصبية في الدماغ تكون قادرة على استقبال الأصوات والانفعال لها منذ لحظات الحياة الأولى.

وتعد الذاكرة إحدى مفاتيح الذكاء اللغوي. وإن تحفيظ الطفل المفردات اللغوية يسهم في إطلاق طاقاته المتنوعة. وإن تحفيظ القرآن للأطفال ينمي مهارة معالجة المعلومات كما يزودهم بنظام من القيم الإسلامية يوجه ثقافتهم. ويرى فيشر (Fisher) في معرض تعليقه على تحفيظ القرآن لأبناء المسلمين أن تزويد الطفل بالمهارات اللغوية منذ الطفولة المبكرة يسهم في تفوقه المستقبلي كما يرى أن التفوق في مجال الاجتماع والسياسة مقصور على الذين نشأوا في بيئة غنية لغوياً وتزودوا بالمهارات اللغوية مبكراً. (Fisher,1990,P.15).

إن الطلاقة اللغوية تشجع على التفكير المجرد كما تساعده في مزيد من الدقة في التعبير وتحديد المصطلحات. وتساعد صاحبها في التعبير بطرق مختلفة وتساعده في التفكير فيما وراء التفكير وتقوي الذاكرة، وتنظم النشاطات المستقبلة،

وتنمي التواصل والتفاهم مع الآخرين وتساعده على التعلم الذاتي. لذلك لا عجب إذا قلنا: إن الذكاء اللغوي عبارة عن مفتاح للنجاح في الدراسة وفي الحياة العملية على حد سواء. إن العمليات السيكلوجية التي تسهل الذكاء اللغوي متوفرة لجميع الأطفال ولكن الفروق الفردية فيها كبيرة ومتنوعة وخصوصاً في سرعة التعلم ومهاراته وطريقته. وفي جميع الحالات فإن الذكاء اللغوي مثل العضلات يحتاج الى تمرين يومي. ويبين الشكل (2-1) المهارات المكونة للذكاء اللغوي التي ينبغي مساعدة الأطفال في تنميتها وهي:

النطق، والاستماع، والقراءة والكتابة والتواصل الذاتي أو التفكير أو الكلام المخفي والمعرفة والأداء.

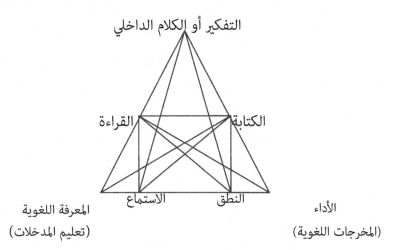

شكل (2-1) الذكاء اللغوي (حالات اللغة)

ويتبين من الشكل مدى الترابط والتداخل بين هذه المهارات بحيث أن كل مهارة منها تؤثر بجميع المهارات الأخرى وتتأثر بها.

فالتفكير اعتبر نوعاً من الكلام الداخلي والمخفي وعبر عنه بعضهم بالتواصل الذاتي على اعتبار أن الشخص عندما يفكر فكأنما يتحدث مع ذاته. وهو أي

التفكير يؤثر في جميع المهارات الأخرى من القراءة إلى الكتابة إلى سائر المهارات . كما أنه يتأثر بها فعندما يتعلم الطفل معلومات لغوية جديدة أو يقرأ مقالاً أو يستمع إلى محاضرة أو يؤلف قصة فإنها تؤثر على تفكيره ويتفاعل معها بالقبول أو الرفض أو التعديل.

وقديماً قال الشاعر العربي :

إن الكلام لَفي الفُؤادِ وإنما جُعلَ اللسانُ على الفؤادِ دليلاً

التفكير المنطقي - الرياضي : Logico -Mathmatical lntelligence

لقد اعتبر بياجيه التفكير المنطقي بمثابة العامل الرئيس للذكاء. وتقوم نظريته على اعتبار أن الذكاء المنطقي يتطور في مراحل تواكب مراحل النمو الجسمي للطفل منذ ولادته. واعتبر أن هنالك مفهومات مفتاحية تكون بمثابة معالم تشير إلى بداية مرحلة جديدة من النمو. فالطفل قبل السنة الثانية يظن أن الأشياء التي تختفي عن ناظريه لا تستمر في الوجود ولكنه بعد بلوغ 18 شهراً من عمره يبدأ يدرك أن اللعبة أو الجسم إذا غاب عن ناظره فإنه يستمر في الوجود. وقد اعتبر بلوغ الطفل إلى هذا المفهوم دليل على أنه دخل مرحلة جديدة من النمو العقلي. وفي المرحلة الثانية يبدأ الطفل في تمييز صفات الأجسام مثل أوجه التشابه وأوجه الاختلاف. كما يميز تحولات الأجسام واستمرارية وجودها. وفي هذه المرحلة يستطيع الأطفال تجميع الأجسام المتشابهة في مجموعات ثم يبدأ في إدراك مفهوم العدد ويصبح قادراً على إجراء عمليات الجمع والطرح من خلال التعامل مع الأجسام. ومن السابعة إلى العاشرة يدرك الطفل فكرة ثبات الكميات ويستطيع إجراء عمليات حسابية ولكن مع ربطها بأجسام مادية. لذلك أطلق عليها بياجيه مرحلة العمليات المادية -(Concrete) operations والمرحلة الأخيرة عند بياجيه هي مرحلة العمليات المجردة (Formal operations) التي يستطيع فيها الطفل استخدام الرموز والكلمات لتدل على الأجسام في العمليات التفكيرية. ويصبح

الطفل قادراً على إجراء عمليات التفكير المنطقية وعلى ربط المقدمات بالنتائج والأسباب بالمسببات.

الرياضيات والتفكير المنطقي

هنالك علاقة قوية بين التفكير المنطقي والرياضيات ففي معظم المعادلات الرياضية المعقدة توجد افتراضات منطقية ضمنية ويتضمن التفكير الرياضي كثيراً من عمليات التفكير الإبداعي والتفكير الناقد وحل المشكلات فالرياضي الناجح ليس بالضرورة أن يتحلى بسرعة فائقة في إجراء المحاسبات ولكنه يتحلى بقدرة على تطبيق العمليات الرياضية في البحث وحل المشكلات.

العلوم والتفكير المنطقي :

يمكن أن ينظر إلى العلوم على اعتبار أنها ميدان لتطبيق الرياضيات والمنطق في البحث من أجل فهم العالم الفيزيائي. هذا بالإضافة إلى استخدام عمليات عقلية أخرى مثل القدرة على التخيل ودقة الملاحظة وتكوين الأنماط وفرض الفروض وتكوين النظريات والاتصال.

الذكاء البصري/ أو الذكاء الفضائي (Visual \ spatial lntelligence) :

الذكاء البصري أو الذكاء الفضائي أو المكاني يتكون من القدرة على فهم العالم المادي المرئي والقدرة على إعادة تصور الخبرة المرئية في الذهن (Fisher,1990,P.14). إن رؤية الأشياء تساعد على فهمها. ويرى أصحاب هذا الرأي ومنهم رودلف ارنهايم أن أهم العمليات التفكيرية تأتي من فهم العالم الخارجي. فرؤية الأشياء وتخيلها في الحيز أو الفضاء عبارة عن مصدر التفكير الأول. ويشكل التفكير في المرئيات مفتاحاً لحل المشكلات. هذا بالإضافة إلى أن استخدام الذكاء المرئي يساعد الأطفال في الرؤيا الشاملة للخيالات المتناقضة. فالمعرفة المادية المرئية والحالة هذه أداة مساعدة في التفكير للأطفال جميعهم.

الذكاء الحركي : (bodily - Kinaesthetic Intelligence)

يطور الأطفال بين سن الخامسة والثانية عشر قدرات حركية تناسقية كما تتطور لديهم القدرة على ضبط حركاتهم واستعمال عضلاتهم، وتنمو مهاراتهم في التعامل مع الأشياء. ويمكن تصنيف المهارات التالية تحت عنوان الذكاء الحركي أو الجسمي:

1- مهارات التعامل مع الأشياء مثل القص والتركيب والرسم والخط والكتابة.

2- مهارات التركيب والبناء مثل بناء النماذج وإجراء أنواع من الترتيبات والتنظيمات.

3- مهارات المقذوفات مثل رمي الأشياء وركلها وقبضها والتقافها.

4- مهارات اللياقة البدنية مثل الجري والقفز والتدحرج والتسلق والسباحة والتوازن وحركات الجمباز.

5- مهارات الاتصال والتفاهم غير اللفظي ومهارة التحكم في الصوت.

وتسمى هذه المهارات أيضاً المهارات النفس حركية وفي الحقيقة لا توجد مهارة حركية واحدة تخلو من عملية واحدة أو عمليات عقلية متعددة. فالمهارة هي تعبير عن اكتساب معرفة كيفية عمل الأشياء وفي الغالب فإن معرفة الكيف لا يعبر عنها باللغة وحدها. ولذلك يقول التربويون: أفضل طريقة لتوضيح أمر ما هو عمل ذلك الأمر.

لقد أصبح من المعروف أن هناك ترابطاً بين المهارات العقلية والمهارات الحركية فكل منهما يحتاج إلى معالجة المعلومات كما يحتاج إلى إدراك مفهوم الزمن ومفهوم الاتجاه. إن الحاجة للتذكر والتقليد أمر لازم في معظم المهارات الحركية.

الذكاء الاجتماعي: Social or Inter personal Intelligence

عندما بنمو الطفل يحتاج إلى فهم ذاته وفهم علاقاته مع الآخرين وتظهر هذه الحاجة بطريقتين:

أولاً: في تطوير مفهوم الذات.

ثانياً: في القدرة على فهم مشاعر الآخرين وعواطفهم.

يمر نمو الذكاء الاجتماعي في عدة مراحل أولها العلاقة بين الطفل وأمه. وإن انعدام هـذه العلاقـة أو ضعفها يمكن أن يكون له آثار سيئة على قدرة الشخص على التفاهم مع الآخرين مستقبلاً. وقد أكد ذلك نتائج الأبحاث التي أجراهـا جـون بـولبلي وآخرون (Fisher,1990,P.22). وقد دلـت الأبحـاث أن الذكاء الاجتماعي يمر في مراحل عدة من التطور ابتداءً من مرحلة التركيز على الأنا أو الذات التي تظهر في سن الثانية حتى مرحلة المراهقة ومرحلة النضج الاجتماعي. وحتى يعبر هذه المراحل بنجاح يحتاج الطفل إلى:

أ. مستوى عالٍ من القدرات الطبيعية.

ب. كميات كبيرة من المثيرات من جهة الوالدين ومن جهة المعلمين.

ج. مجتمع ووسط ثقافيين مناسب لتنقيح قدراته وازدهارها.

ونظراً لأهمية النواحي الاجتماعيـة والعاطفيـة عـلى حيـاة الفـرد؛ نجـد أن التربويين المعـاصرين أولوهـا عنايـة خاصـة. وقـد أصدرت جمعيـة تطويـر المنـاهج والإشراف التربـوي الأمريكيـة في عـام 1997 دليلاً تربويـاً للمـدارس الأمريكيـة مـن أجـل تحسـين الـتعلم الاجتماعي والعـاطفي. وقـد عـرَّف الكتاب المـذكور (Elis,1997,p.2-5) الكفايـة الاجتماعيـة (Social & Emotional competence) بأنها القدرة على فهم الجوانب الاجتماعية والعاطفية للحياة الشخصية، والقـدرة عـلى إدارتها والتعبير عنها بطرق تمكن الفرد مـن أداء مهماتـه الحياتيـة بنجـاح. ومـن أمثلـة هـذه المهمـات: الـتعلم وبنـاء العلاقـات الاجتماعيـة مـع الآخرين، وحـل المشـكلات اليوميـة، والتكيـف

مع المتطلبات المعقدة للنمو والتطور، والوعي الشخصي، وضبط النفس، والعمل التعاوني، والاهتمام بالأمور الشخصية، والاهتمام بأمور المجتمع والأمة.

وإن المقصود بالتعلم الاجتماعي والعاطفي هو تلك الأنشطة والعمليات التعليمية التي تهيأ للطلاب من أجل تنمية المهارات والاتجاهات والقيم الضرورية التي تساعدهم في تحصيل الكفاية الاجتماعية التي سبق أن عرفناها آنفاً (Elias,1997,P.5).

تشير دراسة غولمن (Goleman,1995) إلى أهمية الذكاء العاطفي والاجتماعي في نجاح الفرد في معظم مجالات الحياة.

وقد أظهرت دراسات الدماغ أن الذاكرة ترمز إلى أحداث معينة وأن الأحداث تربط بمواقف عاطفية واجتماعية. وأن الربط العاطفي المذكور يشكل جزءاً رئيساً من وحدات أوسع تشكل مجموع ما تتعلمه وتحفظه بما فيه التعلم الصفي. ولكن إذا كان المناخ الاجتماعي والعاطفي مشحوناً بالتهديد أو التوتر والاضطراب النفسي فإن التركيز على عملية التعلم يتناقص كما أن التركيز على أداء الواجبات والمرونة في حل المشكلات تختزل وكأن العقل المفكر قد أخذ أو اختطف على حد تعبير غولمن. كما تعاق العوامل العاطفية الأخرى عن أداء مهماتها (Perry,1996) (Sylwester,1995).

وقد فحص سيلوستر Sylwestr ستة مجالات اجتماعية وعاطفية لابد من تكاملها لصالح الطلاب والمدرسة وهي :

1. قبول عواطفنا والسيطرة عليها في الوقت نفسه.
2. استخدام أنشطة ما وراء المعرفة.
3. استخدام الأنشطة التي تشجع التفاعل الاجتماعي.
4. استخدام الأنشطة التي توفر جواً عاطفياً.
5. تجنب الضغط العاطفي المكثف في المدرسة.
6. الاعتراف بالعلاقة بين النواحي العاطفية والصحية.

وقد أثار سيلوستر إلى أن الذكاء بأنواعه يستند إلى شبكة من الظروف الاجتماعية فمن الصعب على سبيل المثال التفكير في الذكاء اللغوي أو الموسيقي أو الاجتماعي في معزل عن السياق الاجتماعي والأنشطة التشاركية التعاونية (Sylwester,1995, p.75-77).

وسوف نلقي نظرة على مكونات الدماغ وطريقة عمله حسب ما توصلت إليه نتائج الأبحاث لعلها تساعدنا في فهم التفكير.

عجائب الدماغ

يقدر عدد خلايا الدماغ بعشرة مليارات خلية عصبية، كلٌّ منها يكون نبضات كهربائية إلى باقي الخلايا. وتسمى كل خلية من هذه الخلايا (نيورن) (neurn). وبين كل خليتين عصبيتين [أو بين كل نيورونين] فجوة ميكروسكوبية تسمى ساينابس (Synapse) تقوم بعمل المصفي للنبضات الكهربائية والرسائل المتبادلة بين الخلايا العصبية (النيورونات). وتنتقل النبضات بوساطة طاقة ذات طبيعة كيميائية كهربائية من نيرون إلى نيرون آخر خلال خيوط رابطة أو شعيرات رابطة تسمى أكسون (axons) ودندرايت (dendrits) يصل عددها إلى 10000 نقطة ارتباط للنيرون الواحد. فإذا علمنا بوجود ما يزيد على عشرة مليارات نيرون كانت نقاط الارتباط حوالي مائة ألف مليار نقطة تشبه النيرونات قطع السلكون (silicon chips) في الحاسوب من حيث استخدامها لتخزين المعلومات ومعالجتها. والدماغ يشبه الحاسوب أيضاً من حيث حاجته للبرمجة قبل التشغيل. فلابد من برمجة الحاسوب قبل التشغيل إذا أردنا أن يقوم الحاسوب بعمليات ناجحة وصحيحة. فالطفل يولد على الفطرة كما قال عليه الصلاة والسلام وإنما أبواه يهودانه أو ينصرانه أو يمجسانه؛ وهي عملية البرمجة للطفل. وهذا يوضح أهمية التربية في مرحلة الطفولة المبكرة، حيث تتكون الأطر الفكرية المرجعية التي يستمر الطفل في الرجوع إليها في تفسير الأحداث طوال حياته. وإن دماغ الطفل

يبرمج من خلال المثيرات التي تنتقل من خلال الشعيرات الرابطة بين النيرونات. ولكن من أين تأتي هذه المثيرات ؟ هذه المثيرات تأتي من خلال الحواس الخمسة أو من خلال عمليات التفكير الذاتية التي يقوم بها الطفل. ويضطلع المنهج المدرسي والبيت بدور كبير في توفير المثيرات وتنميطها.

وتعتبر نقاط الارتباط التي تقع على القشرة الخارجية للدماغ قاعدة التفكير ومركز الوعي للإنسان وهي الجزء المخصص لمعالجة المعلومات. ويحدث التعلم عندما تكرر النيرونات أنماطاً من أنشطة معالجة المعلومات. ويمكن أن تبنى على هذه الأنماط البسيطة أنماط أكثر تعقيداً حتى ينمو الطفل من البداية إلى مرحلة التربص (التدريب) ثم إلى مرحلة الخبرة. وكلما زادت ممارسة الطفل لتنشيط أنماط التعلم تزداد قدرة الدماغ على القيام بعمليات ذكية.

ويمكن تلخيص الوضع على النحو التالي :

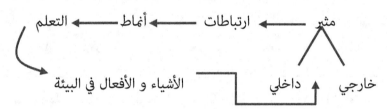

شكل (2-2)

ذكرنا أن الوعي يتركز في القشرة الخارجية للدماغ. وقد توصلت الأبحاث في مجال جغرافية الدماغ إلى وجود أجزاء شاغرة من حيث الوظائف أي أن الله سبحانه وتعالى تركها للإنسان لكي يطورها ويبرمجها ويخصص لها الوظائف التي تلزمه في حياته العملية والأخروية. وهذا القسم الشاغر هو الذي يعطي الإنسان المرونة في أوسع حالاتها عند الأطفال. وتقل المرونة مع مرور العمر وكبر السن نظراً لتناقص القسم الشاغر مع مرور الإنسان في خبرات الحياة بسبب ملئه أو انشغاله بالخبرات التي يمر بها الإنسان. ومن الثابت لدى علماء الأعصاب أن هناك حدوداً لقدرة الدماغ على التكيف ولكننا لا نعرف حدود تلك القدرة. مصداقاً لقولة

تعالى: {كُلُّ نَفْسٍ بِمَا كَسَبَتْ رَهِينَةٌ}[المدثر: 38]، فإذا ملأ الإنسان ذلك القسم الشاغر من دماغه بأمور معينة فإنه يصبح مأسوراً لتلك الأمور ومرهوناً بها، لأنها أصبحت جزءاً من الدماغ ولعل هذا هو الذي يفسر أثر البيئة على تكوين الذكاء. والله أعلم.

يبين الشكل (2-3) رسماً تخطيطياً للدماغ حيث يتكون من شقين أيمن وأيسر. مرتبطين بعضهما مع البعض.

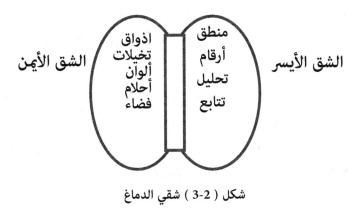

شكل (2-3) شقي الدماغ

وتشير الأبحاث إلى أن الشق الأيمن يختص بالأمور الذوقية والجمالية والموسيقى وإدراك الألوان واستيعاب الفضاء والحيز والحجوم. كما يختص بقدرات التخيل والإبداع وأحلام اليقظة. أما الشق الأيسر فتتركز فيه قدرات الكلام والنطق والقدرات العددية الحسابية والربط بين الأمور وتتابعها والقدرة على التحليل والتفكير المنطقي. ويرى بعض الباحثين أن الشق الأيسر هو المسؤول عن الشق الأيمن. ويسمي بعضهم الشق الأيسر (الشق العلمي) والشق الأيمن (الشق الأدبي أو الفني والذوقي). وفي حالة الشخص الأعسر تنعكس وظيفة الشقين أي يتبادلان الوظائف. ولكن الأبحاث الحديثة تحدت هذا التقسيم لوظائف الدماغ، ورفضت هذا التقسيم الحاد في الوظائف بين شقي الدماغ. وبينت أن كثيراً من عمليات التفكير تشمل الشقين. بل إن التفكير الناجح هو الذي يستفيد من خصائص

الشقين ويربطهما معاً ويوظفهما لخدمة عملية التفكير. ولكن هـذا لا يمنـع أن يكـون بعـض عمليـات التفكير مركزه في أحد الشقين أكثر من الآخر.

ويمكن إجراء التجربة التالية لبيان ذلك :

1. اسأل شخصاً ما عملية حسابية تتضمن عمليات من الجمع والطرح والتقسيم والضرب وراقـب عينيه. ستجد غالباً أنه ينظر إلى اليمين ربما ليحجب المشوشات عن الشـق الأيسر للـدماغ حتى يتفرغ للعمليات العددية.

2. اسأل شخصاً ما سؤالاً يتعلق بالفضاء أو المكان مثل: صـف الأشياء التي تقـع خلفـك في هـذه اللحظة. وراقب عينيه هل ينظران إلى جهة اليسار. بعض الأشخاص ربما يغمض عينيه ليزيد من قدرتـه على التركيز.

إن الفترة الزمنية الواقعة بين لحظة الولادة والبلوغ هي فترة النمو السريع للدماغ فوزن الدماغ في سن الخامسة يبلغ 90% من وزنه عند البلوغ وهي الفترة التي يكون فيها الإنسان مهيأً للـتعلم أكـثر من أي فترة أخرى في حياته. وتكون أعضاء حواسه الخمسة البصر والسمع والذوق واللمس والشـم قـد تطورت وأصبحت مهيأة لامتصاص الخبرات التي تكون المادة الخام لعمليات التفكير والتعلم. ولذا فـإن نوعية البيئة التعليمية التفكيرية التي يعيشها الطفل في هـذه السنوات ذات أهميـة بالغـة في بنـاء قدراته العقلية. إن عملية تنمية التفكير عملية بطيئة وليست سريعة . وإن إطالة فـترة الطفولـة مـن حكمة اللـه ورحمته بالإنسان وذلك حتى يتيح له فرصة تكوين الأنماط الذهنية والتفكيرية وتثبيتها.

ومن الضروري التنويه إلى أن الأطفال لا يستطيعون التعلم بمفردهم وأن هناك لحظات حساسـة في مراحل نموهم العقلي يحتاجون فيها بشكل خـاص إلى وسيط تعليمـي ويحتاجون بصـفة عامـة إلى مساعدة الكبار ودعمهم مثل الآباء والمعلمين والأقران والرفقاء. بالإضافة إلى المثيرات المناسبة لتطوير قدراتهم الداخلية وطاقاتهم الكامنة. هناك جوانب كثيرة جداً غامضة في عمل الدماغ . وإن الأبحاث في مجال عمل الدماغ لا تزال في بدايتها.

الفصل الثالث

التدريس من أجل تنمية مهارات التفكير

لقد تبلور في الأدب التربوي المتعلق بتنمية مهارات التفكير اتجاهان :

الأول: ينحو إلى تصميم برامج خاصة لتنمية التفكير. ومن البرامج التي صممت في هذا الاتجاه ما يلي:

أ- برنامج تسريع التفكير

أو تدريس العلوم من أجل مسارعة نمو مهارات التفكير العلمي الـذي طبق في بريطانيا ويعرف ببرنامج CASE أي الاسم المشتق مـن عنـوان المشروع Cognetive Acceleration Through Science Education ويقوم هذا المشروع على افتراض ضمني فحواه أننا إذا استطعنا تنميـة مهـارات التفكير في مجال العلوم فإن الطالب يستطيع أن ينقل استخدام هذه المهارات إلى المجالات الأخرى أي أن تحسـن مستوى التحصيل في العلوم سوف يؤدي إلى تحسين مستوى التحصيل في المواد الأخرى.

ويتكون البرنامج من 30 نشاطاً يعطى كل منها في حصة إضافية مدتها ساعة ونصف موزعـة عـلى سنتين بمعدل نشاط واحد كل أسبوعين. ومن الجدير بالذكر أن من يريد تطبيق هذا البرنامج يجب أن يضع نصب عينيه أن الهدف هـو تنميـة مهـارات التفكير وليس تحصيل المعرفة. ولذا كان أسـلوب التـدريس هو أهم مكون من مكونات البرامج وتتكون فلسفة التـدريس في هـذا البرنامج مـن أربعة عناصر على النحو التالي :

1. المناقشـات الصـفية: وهـي المناقشـات التي يجريهـا المـدرس مـع الطلبة

حول النشاط المعني وطرق تنفيذه بهدف توضيح المصـطلحات وتكوين لغة تفاهم مشـتركة بـين المعلم والطلاب. ويكـون دور المعلم هـو دور المـيسر والمسـهل لعملية

التعلم والموجه للأنشطة والمناقشات التي تؤدي إلى تنمية التفكير. وهي (أي المناقشات) الصفية على ثلاثة أنواع : قبلية وبعدية وفي أثناء النشاط.

2. **التضارب المعرفي:** ويقصد به تعريض الطلاب إلى مشاهدات من خلال النشاط تكون بمثابة مفاجأة لكونها متعارضة مع توقعاتهم أو مع خبراتهم السابقة أو مع مشاهدات يتعرضون لها في بداية النشاط. يتولد نتيجة لهذه المفاجأة حالة من الاندهاش تدعو الطالب لإعادة النظر في بنيته المعرفية وطريقة تفكيره لكي يتكيف مع الأدلة التجريبية الجديدة. وفي هذه اللحظة يحدث النمو في مهارة التفكير ويحدث التعلم الجديد. أضف إلى ذلك أن حالة الاندهاش التي تتكون لدى الطالب تدعو إلى الإقبال على تنفيذ النشاط بحماسة وشوق لحل إشكالية التضارب المعرفي الذي واجهه.

3. **التفكير فيما وراء التفكير:** ويقصد بذلك التفكير في الأسباب التي دعت إلى التفكير في المشكلة بطريقة معينة. وتهدف هذه المرحلة إلى إيجاد مرحلة من الوعي عند المتعلم تجعله يدرك معنى ما يقول وما يعمل وتجعله يدرك لماذا يعمل بهذه الطريقة ولماذا يفكر بها. فإن إدراك الطالب ووعيه لنوع التفكير الذي استخدمه في حل المشكلة يسارع في نمو مهارات التفكير لديه (Adey, 1989, P.4-5).

4. **التجسير:** يقصد به ربط الخبرات التي حصل عليها الطالب في هذا النشاط مع خبراته في الحياة العملية وفي المواد الأخرى. إن بناء الجسور الفكرية بين الأنشطة والحياة العملية أمر ضروري لإخراج الخبرات التعليمية من الإطار النظري إلى ميدان التطبيقات في الحياة العملية (مسلم،1993، ص120). كما أن ربط الخبرات الجديدة بالمواد الدراسية الأخرى يساعد في نقل خبرات التعليم إلى مجالات الدراسة المتنوعة ويساعد كذلك في تكوين صورة متكاملة للمعرفة.

ب- برنامج تحسين التفكير بطريقة القبعات الست

أو طريقة إدوارد دوبونو(دوبونو،الخياط (مترجم)،1993) يتركز هذا البرنامج على تقسيم التفكير إلى ستة أنواع أعطي كل منها لوناً خاصاً ليدل على نوع التفكير المطلوب وهذه الأنواع هي :

1. **تفكير القبعة البيضاء:** وهو التفكير الذي يستند إلى الحقائق والأرقام والإحصائيات ولكن يجب عدم المبالغة في طلب المعلومات بل الاكتفاء بالمعلومات المفيدة حتى لا نغرق في المعلومات. إذن ينبغي تحديد الحاجة من المعلومات وطرح التساؤلات حول جدوى المعلومة والكميات اللازمة منها .كما يجب التمييز بين نوعين من الحقائق، النوع الأول هو الحقائق الواقعية والنوع الثاني هو الحقائق التي نعتقدها أو نرغب في وجودها .وفي هذا النوع من التفكير يعمل الإنسان فيه مثل الحاسب الآلي. أي لا يكون هناك مجال للعواطف فيه.

2. **تفكير القبعة الحمراء:** وهو طريقة لإخراج العواطف والانطباعات والحدس والخرص والتخمين ولكن ضمن المراقبة والملاحظة والضبط لكي تصبح العواطف جزءاً من عملية التفكير الكلية الشاملة للموضوع. إن العواطف والأحاسيس والمشاعر جزء من الكيان الإنساني ولا يجب إبعادها بحجة الموضوعية كما يدعي بعضهم . بل يجب الاعتراف بها وإخراجها كي نراها بوضوح، فالعواطف هي الخلفية التي يحدث في جوها النقاش في المنزل أو في العمل. فعندما نجلب هذه الخلفية إلى منطقة الوعي يسهل التحكم بها . لأننا إذا أخفيناها (كما يقول دوبونو) فإنها تفعل فعلها بطريقة مختلفة لا يمكن السيطرة عليها. ولكن يجب النظر إلى التفكير في العواطف والأحاسيس على أنه أحد أصناف التفكير فقط ولا يجوز أن نجعله مسيطراً على أصناف التفكير الأخرى كما لا يجب إلغاؤه بالمرة.

3. تفكير القبعة السوداء: إنه التفكير الناقد الذي يبرز النواحي السلبية في الموضوع. فهو من جهة تفكير منطقي ومن جهة أخرى تفكير سلبي. ويجب التمييز بينه وبين تفكير القبعة الحمراء فالنقد في القبعة الحمراء يستند إلى انطباعات شعورية وعواطف وحدس وأحاسيس وأما النقد في القبعة السوداء فيستند إلى أسباب ومبررات منطقية. وهذا النوع من التفكير يرتاده الناس في معظم الأوقات لأنه يحميهم ويريحهم من عناء التنفيذ والمسؤولية. فعندما نقول: إن هذا المشروع لا يستند إلى الحقائق والدراسات الميدانية ولا يتفق مع الأنظمة والقوانين المرعية أو لا ينسجم مع الخطة فإننا نكون قد قتلنا فكرة المشروع في المهد واسترحنا من عناء ملاحقته ومتطلبات تنفيذه وأزحنا عن كاهلنا تحمل مسؤوليته. إن هذا النوع من التفكير هو تفكير القبعة السوداء يبحث دائماً عن الأمور التي تجعل الفكرة غير مجدية. ويبحث عن الحكم السلبي على الفكرة أو المشروع ولكن بناءً على أسباب منطقية.

إن الإغراق في هذا التفكير يقتل المشروع كما أن تركه يقتل المشروع أيضاً. فالتفكير الناقد جزء مهم من عملية التفكير لأنه يساعد في جعل صورة الموضوع واقعية ومتكاملة ولكنه ليس كل التفكير بل هو صنف واحد من أصناف التفكير. لا نلغيه ولا نجعله مسيطراً علينا.

4. تفكير القبعة الصفراء: وهو التفكير الإيجابي المتفائل وهو عكس تفكير القبعة السوداء. فهو يبحث عن الجوانب الإيجابية في المشروع أو الفكرة. فهو موقف عقلي متفائل إيجابي يجعل الفرد يبصر الجوانب الإيجابية التي ستحدث في المستقبل. إن المبالغة في هذا النوع من التفكير قد تقود إلى أحلام اليقظة. ولذا ينبغي التنبيه إلى أن هذا النوع من التفكير لا يجوز اعتباره كل التفكير بل هو صنف واحد من أصنافه يعطى بقدر حجمه فقط من عملية تفكير شاملة، تشمل الأنواع الأخرى جميعها. وإن تفكير القبعة السوداء هو الذي يؤدي إلى إيجاد نوع من التوازن مع تفكير القبعة الصفراء.

5. تفكير القبعة الخضراء: هو التفكير الابتكاري الإبداعي وهو الذي يطرح البدائل المختلفة والأفكار الجديدة غير العادية. فالعادة هي التي تجعلنا نقبل الحل الذي يظهر لنا من أول وهلة. والمطلوب أن نبحث دائماً عن البدائل والحلول الأخرى. ونختار منها ما يوافق حاجاتنا وإمكانيتنا. ويرتكز هذا النوع من التفكير إلى أن الإبداع يمكن تنميته وتعلمه وأنه ليس مجرد موهبة. ويركز هذا النوع من التفكير على التنمية المقصودة للإبداع.

6. تفكير القبعة الزرقاء: إنه تفكير في التفكير. وهذا النوع من التفكير يكون بمثابة الضابط والموجه والمرشد الذي يتحكم في توجيه أنواع التفكير الخمسة السابقة الذكر وهو الذي يقرر الانتقال من نوع إلى آخر ويقرر متى يبدأ نوع ما من التفكير ومتى ينتهي. وليس بالضرورة أن يبدأ التفكير بتسلسل معين بل يمكن استدعاء القبعة المناسبة أو نوع التفكير المناسب حسب الحاجة.

ج- برنامج مهارات التفكير Thinking Skills

وهو برنامج ظهر في أمريكا عام (1995) يهدف إلى تنمية مهارات التفكير في المرحلة الابتدائية ويركز على مهارات التعلم الذاتي من خلال تنمية مهارات الاستنتاج والتصنيف، وتكوين الأنماط، والاكتشاف، ومهارات التلخيص، والتوقع العلمي. كما يسعى البرنامج إلى تعريف الطلاب في المرحلة الابتدائية بمصادر المعرفة وتنمية مهاراتهم في الحصول عليها مثل مهارة استخدام المكتبة والاستفادة من المراجع والموسوعات والقواميس (Gerber,1995).

الثاني : منحى تنمية مهارات التفكير عبر المنهج: أما المنحنى الثاني لتنمية مهارات التفكير فهو منحنى دمج تدريس مهارات التفكير عبر المناهج الدراسية جميعها. ويتم ذلك بتصميم الأنشطة في المادة الدراسية بطريقة تؤدي إلى تنمية مهارة من مهارات التفكير. وقد توزع المهارات على المواد الدراسية بحيث تنمي كل مادة دراسية مجموعة من المهارات بطريقة تكاملية عبر المواد الدراسية المختلفة. ويستدعي الولوج بهذا المنحنى أن نأخذ كل مادة

دراسية على حدة ونرى كيف يمكن أن تسهم في تنمية مهارات التفكير من خلال أنشطتها وطرق التدريس فيها. وهذا الأمر يحتاج إلى تفصيل خاص سوف نتعرض له في فصل لاحق من هذا الكتاب. ونواجه في هذا المقام عدداً من الأسئلة التي تحتاج إلى إجابات واضحة ومحددة وقابلة للتنفيذ ومنها:

1. ماذا يعني منحى التدريس من أجل تنمية مهارات التفكير بالنسبة لواضعي المناهج ومؤلفي الكتب الدراسية ؟
2. ماذا يعني هذا المنحنى للإدارة التربوية سواءً في المركز أم في الميدان ؟
3. ماذا يعني هذا المنحنى للمعلمين في كل من المدرسة الأساسية والمدرسة الثانوية؟
4. ماذا يعني هذا المنحنى لكليات إعداد المعلمين ولهيئات التدريب في أثناء الخدمة ؟
5. ماذا يعني هذا المنحنى للطلاب وأولياء الأمور ؟ وما هي الأدوار المتوقعة منهم؟

إن الإجابة عن هذه التساؤلات منوطة بالفئات المعنية في كل منها .وإن مدى النجاح يتقرر بمقدرة تلك الفئات على فهم عملية تنمية مهارات التفكير واستيعاب مفاهيمها ومعرفة متطلباتها والقيام بالدور المتوقع منها لإنجاح تلك العملية.

وسنحاول في الفصول القادمة من هذا الكتاب بيان المقصود بمهارات التفكير وطرق تنميتها وما تتطلبه عملية تنمية التفكير من شروط ومن بيئة تعليمية و تربوية سليمة سواء على مستوى الأسرة أو مستوى المدرسة. ونرجو التوفيق من الله سبحانه وتعالى.

الوحدة الثانية

التفكير الإبداعي

الفصل الرابع   : الإبداع و تنميته
الفصل الخامس : التعليم من أجل الإبداع
الفصل السادس: تحويل الإبداعية إلى ممارسات واقعية

الفصل الرابع

الإبداع و تنميته

يرى بياجيه أن الهدف الأول للتربية والتعليم هو تخريج رجال قادرين على إنتاج أشياء جديدة وليس إعادة عمل ما أنتجته الأجيال السابقة؛ رجال مبادرين، مبتكرين، ومستكشفين. أما الهدف الثاني للتربية في رأي بياجيه فهو تربية العقول الناقدة التي تستطيع أن تبحث في الأشياء وتحاكمها محاكمات عقلية ولا تقبل كل ما يقدم إليها دون بحث وتمحيص.

وإن من أهم الأمور التي تساعد في تحقيق هذين الهدفين تشجيع التفكير والتأمل والتحليلات والمبادرات عند الأطفال وعدم قمعها أو رفضها أو الاستهانة بها أو عدم الاكتراث لها. ويرى علماء النفس أن أكبر تغيير ضار يحدث عند الطفل هو في سن الثالثة أو الرابعة من العمر عندما يتعلم الطفل وقف تأملاته وتخيلاته ومبادراته بسبب رفضها من الكبار أو قمعها والاستهانة بها. فإن الرفض المكرر لأفكاره وأجوبته وأسئلته يحدث عنده هذا التغير الضار الذي يستمر معه مدى الحياة. إن قمع الطفل في هذه المرحلة من العمر ورفض أفكاره تجعله يخشى من إبداء تخيلاته ومبادراته وطرح أفكاره خوفاً من الانتقاد ويلجأ بعدها إلى طرح أسئلة مثل: ما هذا؟ وما اسم هذا أو ذلك ؟ أي أنه يتحول من العقل المبادر المتفتح إلى العقل المتلقي المنغلق. إن الطفل المقموع يتعلم أن الإجابة على التساؤلات لا توجد في تفكيره وعقله وإنما توجد في عقل الوالدين أو المعلمين أو الكبار بصفة عامة. فبدلاً من تحسين قدراته على استرجاع المعلومات والربط بين الأحداث والأشياء والمقارنة بينها فإن الطفل يعتمد على سلطة الآخرين في الإجابة فلا يبادر إلى تفسير مشاهداته بل يفضل الانتظار حتى يفسر الآخرون له تلك المشاهدات. مثال: لو افترضنا وجود طفل لم ير في بيته أو في بيئته غير القطط من الحيوانات الأليفة

وخرج مع العائلة إلى البر فرأى كلبا فقال لوالديه هذا قط كبير: فكيف تكون استجابة الكبار لهذا القول من الطفل ؟

قد تكون متنوعة ويمكن تمييز نمطين رئيسين للإجابة :

الأول : نمط العقل المتلقي. وهو النمط السائد الذي يخطئ إجابة الطفل ويعطي الجواب الصحيح مثل: لا، إن هذا ليس قطاً، هذا كلب.

الثاني : نمط العقل المتفتح. وهو نادر ولا يعمل به إلا العلماء والمتفتحون عقلياً. مثل : هذا ليس قطاً. لكن ما وجه الشبه بينه وبين القط ؟

له أربعة أرجل.

له عينان.

. . . .

ماذا يختلف عن القط ؟ يختلف عنه في كذا . . . هذا الحيوان كلب. ثم يطرح تساؤلات أخرى على الطفل مثل: هل توجد حيوانات أخرى تشترك مع القطط والكلب في بعض الصفات ؟ وهكذا يتعلم الطفل كيف يطرح التساؤلات وكيف يبحث عن نقاط التشابه و نقاط الاختلاف.

في النمط الأول أعطينا الجواب مباشرة للطفل ولم نتح له فرصة تحسين قدراته التفكيرية والتخيلية. أما في النمط الثاني فقد شجعنا الطفل على التأمل والتفكير وعلى إيجاد روابط متعددة بين فكرته و بين كثير من الأشياء. أي أن النمط الأول أعطى بديلاً واحداً للإجابة بينما أعطى النمط الثاني بدائل متعددة وفتح أمام عقل الطفل خيارات كثيرة تجعله يفكر ملياً قبل إصدار الحكم على مشاهداته.

لقد كانت عملية نقل التراث أهم وظيفة للتعليم حتى أن بعضهم عرف التربية بأنها عملية نقل التراث. وفي ضوء هذا الفهم فإن أساليب التعليم التقليدية تكفي لتحقيق هذا الغرض. فالمطلوب أن يتعلم الطالب مجموعة محددة من المعارف

والمعلومات ومجموعة محددة أخرى من المهارات، وأن ينظر إلى الأمور بنظرة خاصة ضمن مجموعة من الأنظمة والتعليمات بغرض تصحيح الوضع الراهن في المجتمع من أجل الحفاظ على المجتمع القائم واستمراريته. ويمكن من خلال هذا النظام تحسين قدرات المتعلم على حل المشكلات وتنمية عدد محدود من مهاراته في هذا المجال. لقد استطاع التعليم التقليدي بأساليبه ومحتواه أن يلبي الحاجات الأساسية للفرد والمجتمع في الماضي بدرجة مقبولة. ولا زال هذا النوع من التعليم هاماً وضرورياً للحياة والمجتمع ولكنه لم يعد كافياً. ولا بد من إدخال أنواع جديدة من التعلم والتعليم لتلبية حاجات الفرد والمجتمع في المستقبل. إننا بحاجة إلى التعلم الابتكاري أو الإبداعي الذي يوفر لأبنائنا القدرة على التكييف مع المتغيرات المستقبلية. وليس هذا فحسب، بل نريد تعليماً يزود أبناءنا بالقدرة على التحكم في المستقبل وتشكيله من خلال الأخذ بالأسباب المؤدية إلى ذلك. فإذا قبلنا بأن أهم التحديات التي تواجه التربية والتعليم هو إعداد الأطفال للعيش في عالم سريع التغير والتطور فإن هذا يرتب علينا ضرورة الأخذ بالتعليم الإبداعي. أرجو أن لا يفهم من كلامي هذا الحط من قيمة نقل التراث. لا بل إن هدف نقل التراث يبقى من أهم أهداف التربية والتعليم وكل ما أريد قوله: إن هناك أهدافاً أخرى هامة ينبغي مراعاتها.

تشير الدراسات الميدانية في كثير من البلدان إلى أن معظم المدارس قد فشلت في تحقيق التعليم الإبداعي لتلاميذها وبخاصة للمتميزين منهم. لقد نجحت كثير من المدارس في تزويد تلاميذها بالمعينات التعليمية أو تقنيات التعليم مثل الحاسوب والتلفزيون والفيديو . . . وكذلك فعل قسم كبير من الآباء والبيوت حيث وفروا لأبنائهم مثل هذه التجهيزات. ولكن يجب أن نميز بين معطيات تكنولوجيا التعليم وبين تنمية التفكير. إن توفر هذه التجهيزات لا يغني عن التفكير بل إن التفكير هو الذي يجعل لهذه التجهيزات معنى. فهي لا تعدو كونها أدوات للتعلم شأنها في

ذلك شأن القلم والمسطرة والممحاة والورق. نعم إنها أدوات تعلم متطورة أكثر من الأدوات التقليدية ولكن العقل هو الذي يسخرها لخدمة العملية التعليمية، وبدون ذلك ستبقى أدوات صماء. فما هو التعليم الإبداعي الذي يسخر هذه المعطيات التكنولوجية لتنمية مهارات التفكير والذي يساعد على تفتح القدرات الكامنة في النفس البشرية؟.

ما هي مميزات الشخص المبدع ؟

إن التعرف على مواصفات الشخص المبدع خطوة مسبقة للتعرف على التعليم الإبداعي ومعرفة طريقة تنفيذه. فما هي مواصفات الشخص المبدع ؟ لقد وصف الأدب التربوي الشخص المبدع بعدد من الصفات منها :

أنه شخص يتميز بالشجاعة الأدبية فهو إنسان يحقق ذاته ولا يحرص أن يكون كما يريده الناس أن يكون، ولا يهتم برأيهم فيه، وانطباعهم عنه بل يريد أن يكون كما هو أي كما خلقه الله بدون أي " روتوش " صناعي فهو شخص مستقل استقلالاً أصلياً. وتتجلى شجاعته في انفتاحه على خبرات حياته الداخلية أي على صراحته في معالجة المشكلات والتعبير عن المشاعر والأحاسيس، وفي انفتاحه على المحيط الخارجي في الوقت نفسه. ويتصف الأشخاص المبدعون بعدم التزامهم بآراء المجتمع كما يتصفون بالمرونة الفكرية والعفوية في المبادرات والآراء. كما أنهم يميلون إلى الاهتمام بالأمور الجمالية والذوقية والنظرية. وتجدهم في الغالب انطوائيين وانعزاليين وحدسيين مع كونهم أذكياء.

وقد وجد ما كينون وزملاؤه أن الأشخاص المبدعين لا يركزون كثيراً على الأشياء الحسية. بل إنهم يدركون المعاني العميقة وأنهم حدسيون ينتبهون إلى الروابط والجسور التي تربط بين ما هو موجود وبين ما هو غير موجود. حيث وجدوا أن 90% من المبدعين أظهروا تفضيلاً للحدس. وأنهم لا يهتمون بالأحداث والأشياء

من أجلها، وإنما يهتمون بها من أجل المعاني المرتبطة بها، كما وجدوا أنهم في الغالب فضوليون عقلياً وغير معنيين بمراقبة اندفاعاتهم وصورهم أو صور الآخرين وسلوكاتهم، وأنهم يهتمون بالقيم النظرية والجمالية.

ويرى كوستلر أن عملية انتزاع شيء أو مفهوم من سياقه العادي والنظر إليه في سياق جديد جزء أساسي من العملية الإبداعية . . . وذلك لأنه يتطلب كسر عادة عقلية وصهر عناصرها معاً من أجل تركيب جديد (فاخر عاقل،1983م، ص55-ص78).

أما كوبي فيرى أننا لو حررنا أنفسنا من كبتنا لأمكن أن نكون مبدعين. لقد عزت الأبحاث التربوية الإبداع إلى واحد أو أكثر من العناصر الأربعة التالية:

* الفكرة المنتجة.

* عملية إنتاج الأفكار.

* الشخص المبدع.

* البيئة الإبداعية.

والإبداع في رأي فيشر عبارة عن شيء ما يستخدمه الأشخاص المبدعون في إنتاج أشياء بديعة أو مبتدعة. وتتضمن المنتجات البديعة أعمالاً أو فنوناً أو نظريات عملية كما تتضمن أشياء غير ملموسة مثل أفكار خيالية أو تصورات مبتكرة. أما إعادة إنتاج أنماط تقليدية مهما كانت متقنة فلا تعد من الإبداعية في شيء. فالإبداعية عبارة عن مجموعة من القدرات والاتجاهات تؤهل الشخص لإنتاج أفكار جديدة مبتكرة. وإن جزءاً من الإبداعية يكمن في استخدام الحدس والتخريص أو الخرص (التخمين) والاستبصار بحيث يستطيع الشخص أن يصل إلى استنتاجات معقولة من الحد الأدنى من المعلومات والأدلة.(Fisher,- 1990,P.31).

ولقد كتب أنشتين عالم الفيزياء المعروف مرة يقول : " لا، إنني أؤمن بالحدس والإلهام . . . أحياناً أشعر أنني على صواب دون أن أعرف الأسباب ... إن التخيل أهم

من المعرفة؛ لأن المعرفة محدودة أما التخيل فيمكن أن يشمل العالم بأكمله " (Fisher,1990,P.31). ويبدو الحدس والجوانب الظنية الأخرى للإبداعية غامضة لأنها ترتبط بجانب اللاوعي عند الإنسان. يشبه فيشر العقل الإنساني بجبل جليدي لا يبدو إلا جزء يسير منه وأما القسم الأعظم فمغمور غير مرئي. فنحن لا نعرف من العقل إلا الجزء البسيط الظاهري وهو جزء الوعي فقط أما الجزء الأعظم المغمور فهو جزء اللاوعي الذي يشمل مساحات واسعة من الأنماط المخفية والمعلومات والأنشطة غير الواعية. وقد يكون جانب اللاوعي عند الإنسان مرتبطاً بما عبر عنه علماء المسلمين بالعلوم الدينية والعلوم الوهبية مصداقاً لقوله تعالى : ﴿**وَاتَّقُوا اللـه وَيُعَلِّمُكُمْ اللـه**﴾[البقرة: 282]. ويبدو لي أن هناك نوعين من العمليات الفكرية للإنسان أحدهما اختياري يعتمد على بذل الجهد والوعي، والثاني آلي غير واع ولا يحتاج إلى مجهود. ويمكن ربط هذا التصور مع قسمي الدماغ الأيمن والأيسر على النحو التالي :

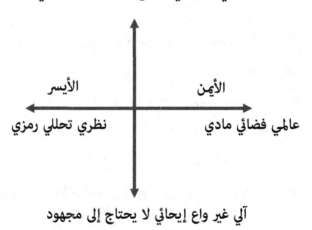

واعي اختياري يحتاج إلى مجهود (كسبي)
الأيمن
الأيسر
عالمي فضائي مادي
نظري تحللي رمزي
آلي غير واع إيحائي لا يحتاج إلى مجهود

شكل (1-4) ربط التفكير الواعي واللاوعي مع قسمي الدماغ

يميل الناس في الغالب إلى الاعتماد على الجزء الآلي من العمليات الفكرية لأنه لا يكلفهم جهداً. و لكن ثمة نقطتي ضعف لهذا النوع من العمليات الفكرية:

الأولى: تكمن في جعل الفكرة نتيجة لمميز ما.

الثانية: في الاعتياد على نوع معين من التفكير.

ففي حالة الأطفال مثلاً فإنهم لا يستجيبون إلا لما يرون أو يسمعون أو يشعرون أو يحسون، وأما ما غاب عن الأنظار فهو غائب في العادة عن العقل. وإن الخدمة التي يمكن أن يقدمها الكبار للصغار هي في إحضار ذلك الشيء للعقل أي إلى ميدان الفكر ولكن ليس عن طريق إخبارهم به بل عن طريق تحفيزهم للتفكير وإثارة التساؤلات وإبداء الاقتراحات. ويتطلب هذا الأخير النظر في ما وراء الأشياء والبحث عن الأنماط المخفية وتخطي حدود المكان والزمان، وتخطي حدود العالم المادي إلى عالم المعاني العميقة.

ويرى ثورستون (Thorston) أن الذكاء يكمن في القدرة على تقديم مسارات العمل الممكنة دون الدخول فيها فعلاً. وإن قيمة التفكير الإبداعي هي في قدرته على الوصول إلى مرونة في الاختيارات، وقدرته على كسر الحدود التي تفرضها العادات والفهم التقليدي للأمور وفتح مجالات جديدة للعقل. أما جوان فريمن (Joan Freeman) فترى أن التفكير الإبداعي يتضمن الشخصية والعاطفة معاً، بما في ذلك الثقة بالنفس والشجاعة الكافيتين للنظر في المشكلات من منظور جديد، بدلاً من الاختباء الآمن وراء طرق التفكير المعتادة والمقبولة. إن التعارض يحدث في النفس البشرية بين الحاجة إلى التحكم العاطفي في التفوق الأكاديمي والحاجة إلى منحى التفتح العقلي الحر. لقد وجد أن الأطفال المتفوقين جداً في النواحي الأكاديمية يمنعون أو يعاقون عن الإبداع بسبب تركيزهم الضيق على المادة الدراسية وبسبب الضغط النفسي الذي يمارسه المنهج المدرسي عليهم. ومن هنا فإن المهمة الصعبة التي تتحدى المعلمين هي في تمكينهم

الطلاب الموهوبين والمتفوقين أكاديمياً من ممارسة دور إبداعي في أعمالهم وفي نظرتهم العامة للحياة (Freeman, 1995, P.188-200).

إذن لا بد من توفير بيئة تعليمية متوازنة تمكن الطلبة المتميزين من تحقيق النجاح الشامل. وهذا يتضمن مزيداً من الوقت المخصص للتعامل مع الآخرين وللاشتراك في نشاطات اجتماعية وأنشطة أخرى متنوعة لتنمية مواهبهم المختلفة خارج نطاق المنهج المدرسي الرسمي. فالجو غير النقدي المتسامح ينمي الإبداع وقد تكون جلسات استمطار الأفكار أو ما يسمى أحياناً العصف الفكري من الأمثلة التطبيقية على إيجاد جو متسامح مريح .

ومن أخطر التصرفات على الإبداعية بل التي تؤدي إلى قتل الإبداع في النفس البشرية هي حين نقنع الطفل بأنه عاجز عن الإبداع فإنه يصبح بالضرورة كذلك. ولذلك إذا صنف المعلم طالباً ما في فئة غير المبدعين أو إذا صنف الطالب نفسه في تلك الفئة فإنه في الأعم الأغلب سيتقبل قدره ولا يبذل أي جهد من أجل الإبداع.

يرى كثير من المختصين في علم النفس في العصر الحاضر أن موهبة الإبداع ليست صفة وراثية يحملها الإنسان منذ ولادته ولا هي عمليات عقلية استثنائية؛ بل يرون أنها نتاج للمعرفة المناسبة للحال مع المهارات الملازمة المصحوبة بالرغبة في الإبداع، والموجهة نحو أهداف محددة. ولكن هذا التعريف أو بالأحرى الوصف للإبداعية لا يأخذ بعين الاعتبار الجوانب العاطفية والروحانية للإبداعية.

ويرى آخرون أن هذا الوصف للإبداعية جردها من المسحة العاطفية الإنسانية وحولها إلى قضية جافة أشبه بالقضايا الهندسية التي تتعامل مع الجامدات. وقد تطرف بعض مختصي ع لم النفس في النظرة الجافة للإبداعية إلى أبعد من التعريف السابق لها ومنهم وايز بيرغ الذي يرى أنه يمكن تحديد العمليات الفكرية التي تؤدي إلى الإبداعية بدقة مضبوطة إلى حد ما. (Weisberg,1992,P.264).

ويرى ساذر لاند (Sutherland) أن هذه النظرة للإبداعية أدت إلى الخلط بين

مفهوم الإبداعية وبين القدرة على إنتاج أشياء غير عادية ولكنها بلا معنى. ويرى ساذر لاند أن من الذين وقعوا في هذا الخلط بين المفهومين ادوارد دو يونو (DeBono). فالإبداعية ليست التفكير في (100) استخدام للآجر؛ إنها القدرة على حل المشكلات الجديدة، و القدرة على إنتاج نظريات جديدة والقدرة على بناء أفكار استكشافية. والإبداعية ليست خلط الألوان على اللوحات عشوائياً لإنتاج أشكال بدون أي نظام. ولكن الإبداعية أن نرسم صورة تأخذ بألباب الناظرين وتحرك مشاعرهم .(Sutherland,1992,P.124).

والإبداعية في رأي كثيرين من مختصي علم النفس شيء أكبر من مجموع مكوناتها.

نخلص من هذا النقاش إلى أن الإبداعية ليست صفة وراثية فحسب بل هناك جانب كبير من الإبداعية يمكن تنميته و تعليمه و تعلمه. وأن الإبداعية ليست حكراً على عدد محدود من البشر؛ بل إن عدالة الله سبحانه ورحمته اقتضت توزيع الطاقات الإبداعية على جميع خلقه. وأن كل إنسان لو فتش في نفسه لوجد أنه يمكن أن يبدع في شيء ما.

مفاهيم خاطئة عن الإبداعية

ينبغي التمييز أولاً بين نوعين من التفكير:

النوع الأول : التفكير الإبداعي أو التفكير الاكتشافي.

النوع الثاني : التفكير الناقد أو التفكير المنطقي التحليلي.

وفيما يلي مقارنة بين النوعين المذكورين للتفكير :

التفكير الإبداعي	التفكير الناقد
استكشافي	تحليلي
إنتاجي ، توليدي	اشتقاقي ، استنباطي
يكون نظريات	يختبر نظريات
تفكير غير رسمي	تفكير رسمي
تفكير مغامر	تفكير مغلق
تفكير يساري	تفكير يميني
تفكير تشعيبي	تفكير تجميعي
تفكير غير تقليدي	تفكير عمودي

جدول (4-1) مقارنة التفكير الإبداعي و التفكير الناقد

إن خطر الجمود على النصوص والشعارات التي نرفعها يهدد تفكيرنا بحيث يحول تلك الشعارات إلى حدود لا ينبغي تجاوزها. إن التقسيم السابق لا يعني بأية حال عزل الإبداعية عن التفكير الناقد. فالتفكير الناقد أحد الأساليب التي يستخدمها المبدعون. وينشأ نتيجة الجمود على التعريفات. مفهومات خاطئة عن الإبداعية نذكر منها :

1- الإبداعية غير مرتبطة بالتفكير الناقد :

إن تقسيم التفكير إلى أنواع يقصد منه تبسيط مناقشة الموضوع وربطه بنصفي الدماغ ولا يقصد منه عدم الارتباط بين هذه الأقسام. وقد يقصد منه التمييز بين عملية تحليل عناصر المشكلة بطريقة منطقية (التفكير المنطقي) وبين إعادة تركيب عناصر المشكلة والنظر إليها من زاوية جديدة (التفكير الإبداعي). ومن الخطأ اعتبار هذين المنحيين للتفكير غير مرتبطين. بل إن حل المشكلات يستدعي استخدام نوعي التفكير معاً. فالإبداعية ليست مجرد اكتشاف حلول جديدة للمشكلات، بل إنها أيضاً إيجاد حلول أفضل لهذه المشكلات الأمر الذي يستدعي استخدام التفكير الناقد للمقارنة بين الحلول واختيار الأفضل منها. وإن التعليم الذي يبنى على نوع واحد من نوعي التفكير يعد تعليماً ناقصاً غير متوازن.

2- الإبداعية موجودة في بعض المواد الدراسية و غير موجودة في مواد أخرى:

يعتقد كثير من التربويين أن الإبداعية مرتبطة بالتربية الفنية والآداب، وأنها غير موجودة في الرياضيات والعلوم. على اعتبار أن الرياضيات والعلوم تعتمد على التفكير المنطقي والتفكير الناقد. بيد أن أي نشاط يتضمن خيالاً واسعاً وحداثة في الإنتاج يمكن اعتباره نشاطاً إبداعياً.

3- الإبداعية والمثابرة :

يبدو العمل الإبداعي أحياناً عملاً بسيطاً وكأنه نتج عن مجهود قليل. بيد أننا لو تأملنا في الأمر لوجدنا أن العمل الإبداعي حصيلة معاناة طويلة أخذ من صاحبه جهداً كبيراً ووقتاً طويلاً. فقد عمل الفردوسي ثلاثين عاماً حتى أنتج الشاهنامه. وقد كان تومس أديسون (Adeson) يعمل عشرين ساعة يومياً في تجريب ما يزيد على1800 مادة حتى اكتشف المادة المناسبة. وعندما سئل الرسام ويسلر لماذا يطلب ثمناً غالياً على رسوماته التي لا تستغرق عملاً أكثر من يومين؛ أجاب أن فيها خبرة

عمره وليس مجرد عمل يومين فقط.

فالتفكير الإبداعي يحتاج إلى دافعية عالية كما يحتاج إلى مثابرة على العمل بلا ملل لسنوات طويلة وبجهود مكثفة غالباً فالصبر والمصابرة والمثابرة من أهم أسباب نجاح العمل الإبداعي.

4- الإبداعية تتطلب معامل ذكاء عال:

لقد دلت الدراسات أن الإبداعية لا تتطلب معاملات ذكاء عالية فهناك فرق بين الذكاء وبين الإبداع. إن الأطفال جميعهم لديهم القدرة على الإبداع في مجال أو آخر بمستويات مختلفة، ومن الضروري تنمية هذه القدرات منذ الطفولة المبكرة. إن الاتجاهات الإبداعية تظهر منذ الطفولة المبكرة مثل حب التعرف على المجهول، وحب الاستطلاع، و تقديم مبادرات ذاتية أو حلول فريدة للمشكلات فإذا لاقت الرعاية والتشجيع فإنها تنمو و تثبت. وإذا أسست في الصغر فإنها في الغالب تستمر في العمل مدى الحياة. وكل ما يحتاجه الأطفال هو وجود الظروف الملائمة لنمو الإبداعية.

المناخ الإبداعي

ما هو المناخ الإبداعي الملائم للطفل ؟ وكيف ننمي الإبداعية لديه ؟ وهل صحيح أن الأطفال جميعهم مبدعون ؟ هذه أسئلة هامة لتشكيل البيئة الملائمة للإبداع.

إن غالبية المختصين التربويين المعاصرين يعتقدون أن الأطفال يولدون ولديهم القدرة على الإبداع. وإن الأمر بعد ذلك يترك للكبار ليدعموا هذه القدرة بالمناخ المناسب للإبداع وتنميته أو يقمعوها ويخمدوا أوارها. ويرى بعض المختصين في علم النفس أن الأطفال يحتاجون إلى شرطين لكي تنمو قدراتهم الإبداعية :

الأول: الأمن النفسي، الثاني: الحرية النفسية. ولتحقيق هذين الشرطين لا بد من وجود العمليات الثلاث التالية :

1. قبول الطفل كما هو بجميع صفاته الحالية وبلا شروط ومنحه الثقة بصرف النظر عن حالته الحاضرة.

2. تجنب التقويم الخارجي أو النقد الخارجي وتشجيع التقويم الداخلي.

3. الشعور مع الطفل . ومحاولة رؤية العالم من الزاوية التي ينظر إليها الطفل وفهمه وقبوله وقبول أفكاره.

يستطيع الكبير المسؤول عن تربية الأطفال أن يعرب للطفل عن استيائه من تصرف معين أو عدم رضائه عنه بعبارات لا تؤدي إلى تقويم شخصية الطفل وإصدار حكم عليه. ومن أمثلة هذه العبارات أن يقول له: أنا لا أحب تصرفك الفلاني. ولكن لا ينبغي أن يوجه له عبارات مثل: أنت سيئ أو كسول، أو لئيم. إن الفرق بين الأسلوبين فرق شاسع فيما يتعلق بمناخ الإبداعية. فالإبداعية عند الأطفال تنمو في جو من الود والعطف والحنان والرحمة والاحترام لشخصية الطفل وشعوره وأفكاره والمساندة الإيجابية له من قبل الأشخاص البارزين في محيطه الحيوي. فالأطفال مثل الكبار يحبون أن يقدموا شيئاً جميلاً ويحبون أن يبدعوا من أجل الأشخاص الذين يحبونهم و يحترمونهم.

إن الحرية النفسية تنمي الإبداعية من خلال منح الحرية للأطفال للتعبير عما يجيش في خواطرهم. إن هذا لا يعني تشجيع الطلاب على التمرد على قيم المجتمع وأخلاقه، فمما لا شك فيه أنه ينبغي أن يربى الأطفال على احترام القيم الاجتماعية والتكيف معها. ولكن ينبغي إعطاء الطلاب الشعور بالأمن لعمل ذلك وتحريرهم من عقدة الخوف والتهديد وتشجيعهم على التعبير الحر. فالأصل هو دعم محاولات الطفل وليس المحافظة على أمور معينة مع إهمال تام لشعور الطفل وشخصيته ومحاولاته للتعبير عن أفكاره. لا نود التركيز على تنمية الشخصية المبدعة مع إهمال المحافظة على القيم والتكيف الاجتماعي وفي الوقت نفسه لا نريد التركيز على تنمية الشخصية المحافظة مع كبت الجانب الإبداعي. بل نريد جانبي

الشخصية في آن واحد .وفيما يلي مقارنة بين الشخصية المحافظة والشخصية المبدعة:

الشخصية المحافظة	الشخصية المبدعة
يقف موقف المتشكك من الأمور الجديدة	متفتح على الخبرات الجديدة
حذر	متسائل و محب للاطلاع
يلتزم بالطرق التقليدية المعروفة	يتأمل و يتطلع للاكتشاف
يحب اتباع القوانين و التنظيمات	إيحائي حدسي
تقليدي	غير تقليدي
يعتمد على الآخرين	يظهر استقلالية
يعاقب على الأخطاء	لا يكترث إذا أخطأ
يتجنب المخاطر	يجازف و يخاطر
منتبه للأخطار المحتملة	يبحث عن أنماط جديدة
يتجنب الوقوع في الخطأ	يقوم بأعمال يأمل فيها النجاح
يخاف من التتابعات أو المترتبات المستقبلية على العمل	يحب اللعب
جدي و ملتزم	يرى الجوانب الهزلية في الأشياء و الأعمال
يتجنب الاندهاش	يحب الاندهاش
يبحث عن الأمن	يستخدم خيالاته و تصوراته
يحتفظ بمشاعره الخاصة	يشارك الآخرين في أحلامه و مشاعره

جدول (4-2) مقارنة بين الشخصية المحافظة و الشخصية المبدعة

إن الحفاظ على المناخ الإبداعي يتم من خلال التعامل والتفاهم مع الآخرين. لكن عملية التفاهم نفسها ليست محايدة فقد تؤدي إلى تخريب المناخ الإبداعي وقد تؤدي إلى إنعاشه وتشجيع تبادل الأفكار والتأملات في جو آمن يخلو من

التهديد والانتقادات الجارحة. ليس الأقوال هي المهمة فقط في إيجاد المناخ الإبداعي فقط ولكن الطريقة التي يقال فيه الكلام مهمة أيضاً. وفيما يلي قائمة بالعبارات التي تؤدي إلى تخريب الجو الإبداعي وقائمة أخرى بالعبارات التي توفر المناخ الإبداعي وتنميه :

عبارات تخريب المناخ الإبداعي	عبارات تهيئ المناخ الإبداعي و توفره
من أين لك بهذه الأفكار السمجة ؟	إن هذه فكرة مثيرة .
لا تسأل مثل هذه الأسئلة الغبية ؟	أخبرني عنها أو صف لي ما عملته .
ألا يمكن أن تعمل عملاً صحيحاً و لو لمرة واحدة ؟	كيف توصلت إلى هذه النتيجة ؟
اعمل في مستواك العمري فقط .	إنه لشيء جميل ! كيف استطعت أن تفكر فيها وحدك ؟
إنها ليست سهلة مثلما تتخيلها .	إنما تقرره لنفسك شيء جميل بالنسبة لي .
لماذا لا تستخدم عقلك ؟	حاول عملها بنفسك أولاً و إذا احتجت إلى مساعدة فأنا جاهز لمساعدتك .
هل هذا كل ما تستطيع قوله أو عمله أو التفكير فيه ؟	هذه فكرة تدل على سعة الخيال وسعة الأفق.
كم مرة يجب علي أن أخبرك لتعمل ..؟	هذا سؤال جيد .
لا يوجد أحد يفكر في هذه الطريقة ، ويعمل بهذه الطريقة .	أنا متأكد أنك تستطيع أن تعملها بإتقان .
لماذا لا تفكر قبل أن تتكلم ؟	هل فكرت في بدائل أخرى .

جدول (3-4)

ينبغي أن نواجه الأطفال بكرم وسخاء في فهم مشاعرهم وأفكارهم على أمل التقليل من أخطائهم والثناء على مجهوداتهم. لقد دلت الأبحاث الميدانية أن توقعات

الكبار من الصغار لها أثر كبير على تفكيرهم وتعليمهم سلباً أو إيجاباً. ومـن الضروري تزويـد الصـغار بالتغذية الراجعة وبالمثيرات لكي تتواصل استجاباتهم الإيجابيـة. كـما أنـه مـن الضروري أن نـترك لهـم مساحات من الحرية في العمل ليحققوا النجاح؛ فلا شيء ينجح أكثر من النجاح. فـإذا أردت أن يـنجح الطفل باستمرار فتربص به الفرص حتى تجده متلبساً بعملية ناجحة لتكافئه عليها وتثني عليـه أمـام زملائه وأمام الكبار فإن ذلك سيكون أكبر حافز له على الاستمرار في النجاح. ولنتذكر دائماً أن أكثر شيء يؤثر في سلوك الأطفال القدوة الحسنة. ولأهمية القدوة الحسنة في تعليم الإبداع أورد فيما يلي بعـض الصفات السلوكية للمربي الذي يشجع عـلى الإبـداع وبعـض الصـفات السـلوكية للمـربي الـذي يعيـق الإبداع.

المربي الذي يشجع الإبداع وينميه

* يحترم الأفكار الإبداعية ويشجعها.

* يشجع اللعب.

* يستخدم الأسئلة التشعيبية ذات النهايات المفتوحة.

* يرى أن التعلم يحصل نتيجة لارتكاب الأخطاء.

* جاهز للمساعدة دوماً.

* يتعامل مع الطلاب بالمساواة (بدون فوقية).

* يشارك الطلاب في تأملاتهم ويطرح نظريات وتصورات.

* يتتبع اهتمامات الطلاب.

* يقبل قرارات الطلاب.

* يتحدى الأطفال ليجربوا أفكارهم.

* يتقاسم معهم المخاطرة، ولا يحملهم مسؤولية الفشل وحدهم.

* يفترض أنه بالإمكان القيام بعمل ما.

* يظهر اهتماماً حقيقياً بالقضية المطروحة.

* يصغي بانتباه.

* متفائل بالنتائج.

* يؤكد على ضرورة الاستقلالية.

* يميز بين الأحكام.

* يركز على تفكير الطالب.

* يعطي الوقت الكافي للأطفال ليعبروا عن أفكارهم.

المربي الذي يعيق الإبداع

* لا يعطي تغذية راجعة.

* يعطي اختبارات تقويمية للطلاب.

* قليل الصبر.

* يقاطع الأطفال.

* يسيطر على المحادثة.

* لا يحترم الاقتراحات التي يقدمها الأطفال.

* يحافظ على روتين ثابت في التعامل.

* يحدد الوقت.

* يفرض القرارات.

* غير مهتم ولا يبدي اهتمامه.

* يرفض الأفكار الجديدة.

* يقرر الاستجابة سلفاً.

* يسخر من سلوك الأطفال.

* يظهر فوقية في التعامل.

* لا يؤيد السلوك.

* ناقد أي ينتقد سلوك الأطفال باستمرار.

* يشجع الاعتماد على الآخرين.

* متشائم.

* يستخدم سلطاته.

* غير مكترث أي لا يعطي انتباهه للطفل.

*** *** ***

الفصل الخامس

التعليم من أجل الإبداع

بدايةً يجب الاعتراف أن التعليم في النظم التربوية الحالية ليس له إلا أثراً ضعيفاً في تنمية المواهب الإبداعية عند الطلاب. وهناك عدة أسباب تكمن وراء هذه الحقيقة لعل من أبرزها جهل المعلمين للطرق التعليمية التي تؤدي إلى تنمية الإبداع، والاتجاهات السلبية للمعلمين وأولياء الأمور نحو الأطفال الموهوبين. والنمط السردي التلقيني الذي يسود المناهج والنظام المدرسي الحالي.

يشكل التفكير الإبداعي جزءاً من أي موقف تعليمي يتضمن أسلوب حل المشكلات؛ لأن حل المشكلات يستدعي معرفة كافية بالمشكلة كما يستدعي مرونة كافية في إعادة النظر إلى المشكلة من زاوية جديدة في ضوء الخبرات الجديدة المكتسبة. ولكن التفكير الإبداعي _ في الوقت نفسه _ يمكن أن يعاق أو يوقف تماماً نتيجة للاعتقادات المسبقة أو للمفهومات المقررة سلفاً التي يمارسها المعلمون أو أولياء الأمور على الأطفال عند قيامهم بحل المشكلات. فإن منع الأطفال من التفكير خارج حدود المقررات الرسمية يعيق الإبداع ويقضي عليه. فإذا عاملنا الطلاب على أن الرياضيات مثلاً هي تلك المقررة في المناهج الرسمية فقط وأن العلوم هي تلك التي يحويها الكتاب المقرر فقط وهكذا دواليك؛ فإن هذا التصرف من شأنه أن يعيق الإبداع.

يجب أن يعرف المعلمون وأولياء الأمور أن تنمية التفكير الإبداعي عند الأطفال لا يقتصر على تنمية مهارات الطلاب وزيادة إنتاجهم، وإنما يشمل أيضاً تنمية درجة الوعي عندهم، وتنمية إدراكهم وتوسيع مداركهم وتصوراتهم وتنمية خيالهم وتنمية شعورهم بقدراتهم وبأنفسهم. ومن الملاحظ وجود تضارب في المواقف التعليمية غالباً بين هذين الاتجاهين: الأول الميل نحو الانفتاح الشجاع على العالم

الداخلي للطفل، والثاني الميل نحو الأمن والسلام الذي يتمثل في العالم المغلق للتفكير التجميعي الـذي ينضبط بالأفكار السائدة في المجتمع مما يضطر الأطفال المبدعين إلى قمع بعض المواهب الإبداعيـة لديهم أو كبتها حتى يكونوا مقبولين في المجتمع.

ويرى بعض التربويين أن أفضل جو للتعليم هو الجو الآمن الـذي تتـوفر فيـه الحريـة للإنسـان ليكون هو نفسه كما خلقه اللـه. الجو الذي يبني قدراً كافياً من الثقة بالنفس عند المتعلم بحيـث تمكنه ثقته بنفسه من حمل المخاطرة لارتياد المجهول بالتفكير الإبداعي (Rogers,1964).

وقد ركز تقرير اليونسكو " تعلم لتكون " "Learning to be" على هذه الناحية. كـما ركـز عليهـا تقرير اليونسكو عن التربية في القرن الواحد والعشرين الذي جاء بعنوان "التعلم ذلك الكنز المكنون " (Delor,1996). فالناس غالباً ما ينصبون حواجز نفسـية ليحمـوا أنفسـهم مـن الصـدمة الناشـئة عـن مواجهة الأشياء الجديدة نتيجة لخوفهم العميق وتشككهم في كل جديد.(Jung, 1964).

إن المواهب الكامنة في النفس الإنسانية تحتـاج إلى إتاحـة فرص مناسبة لانطلاقها. وإن ذلك يتضمن توفير مواد تعليمية ليتعلم بها الأطفال، كما يتضمن أساليب تـدريس مناسبة، وتشجيع عـلى العمـل والممارسـة، وتجـارب أصـيلة. ومـع هـذا فـإن الأمـور قـد لا تسـير كـما نحـب (Freeman,1995,P.197).

إن الهدف الأساسي للتربية والتعليم ينبغي أن يكون إتاحة الفرص للطلاب ليستمروا في تعلمهم وتمكينهم من التفكير الإبداعي. وإن أفضل ما يمكن أن يعمله المربون هـو تعليم الأطفال المهارات اللازمة للتفكير الإبداعي. وتمكينهم من ممارسة قدراتهم استعداداً لمواجهة الحياة. مع ضرورة التـوازن بين الإبداع والحياة الاجتماعية من خلال إعطائهم الوقت الكـافي للمشاركة في الأنشـطة الاجتماعيـة وتكوين العلاقات الاجتماعية.

وفيما يلي مقارنة بين ممارسات التعليم العادي أو المألوف وبين ممارسات التعليم الإبداعي في بعض المجالات المحددة لعلها تعطي مثالاً عملياً يساعد في توضيح المقصود.

نقطة البداية	التعليم المألوف	التعليم الإبداعي
تنتج الصحة عن التغذية الجيدة والرياضة	حضر جدولاً أو شكلاً يبين أثر أنواع الأغذية وأنواع الرياضة على الصحة.	حضر مناقشة أو أجر حواراً يبين أثر الغذاء على الصحة الجيدة والرياضة على المستوى العالمي.
الخلافات الدولية	صف كيف تطورت الخلافات الدولية التي أدت إلى نشوب الحرب العالمية الثانية.	صف الأسباب التي أدت إلى نشوب الخلافات الدولية. وكيف كان من الممكن السيطرة عليها وحلها .
ممارسة الكتابة	حرر خطاباً إلى مؤلف كتاب.	حضر مقابلة مع مؤلف الكتاب.
تعلم التاريخ	اقرأ فصلاً من كتاب التاريخ و صف المحتوى بعباراتك.	لو كنت أنت مؤلف كتاب التاريخ كيف يمكن أن تكتب ذلك الفصل؟
تعلم العلوم	صف سلسلة الغذاء.	ماذا يمكن أن يحدث لو كسرت سلسلة الغذاء ؟
العمل في مشروع	حضر مشروعاً في رياضتك المفضلة.	استخدم المشروع الذي تحضره في دراسة العلاقة بين رياضتك المفضلة والأنشطة الأخرى.

جدول (5-1) مقارنة مبدئية بين التعليم المألوف و التعليم الإبداعي

التعليم الإبداعي والفروق الفردية

يراعي التعليم الإبداعي الفروق بين الطلاب. فالطلاب المتفقون ينتهون من الأعمال المكلفين بها قبل بقية الطلاب .وفي هذه الحالة يمكن أن يقوم المعلم بتكليفهم بأنشطة أخرى أعلى مستوى من الأنشطة السابقة. ومن الأساليب المناسبة لذلك أن تعقد اتفاقية بين المعلم والطالب بإنجاز عمل ما في مجال محدد وفي ظروف

محددة وأن يتم الإشراف عليه من قبل المعلم بطريقة متفق عليها كذلك. ومن البنود المناسبة لهذه الاتفاقية ما يلي :

* أن تتضمن الاتفاقية أن يعمل الطالب على تحقيق فكرة من أفكاره هو وأن يصف ما يمكن أن يعمله.

* العمل في مؤخرة الصف أو في غرفة أو مكان آخر.

* عدم مقاطعة المعلم أثناء تدريسه بقية الطلاب.

* أن يقدم تقارير منتظمة للمعلم عن تقدم العمل.

* الاتفاق على ظروف العمل الأخرى حسب نوع النشاط.

العملية الإبداعية

إن التفكير الإبداعي طريقة لتوليد الأفكار التي يمكن أن تطبق في الواقع. وتتضمن هذه العملية غالباً أسلوب حل المشكلات الذي يستخدم نوعاً خاصاً من الذكاء الاجتماعي. وتعد العملية في حد ذاتها أكثر أهمية في تشجيع الإبداعية من الحل أو الناتج النهائي لها. إن نواتج العملية الإبداعية سريعة الأثر غالباً ولكن التدريب أثناء العملية هو الذي يبقى أثره طويلاً.

بما أن الإبداعية طريقة تفكير وطرق التفكير عادة تشكل الاتجاهات. فالإبداعية إذن تعد طريقة لتشكيل الاتجاهات. فالاتجاه الذي ينمو مع استخدام العملية هو الذي يولد الأفكار الإبداعية في مجرى حياة الطفل مستقبلاً. وقد استطاع الأدب التربوي أن يبلور خمس خطوات في العملية الإبداعية على النحو التالي :

1- المثير.   2- الاستكشاف.   3- التخطيط .

4- النشاط.   5- المراجعة .

ويمكن لهذه الخطوات أن تتداخل بعضها مع بعض كما يمكن أن يدخل

الطالب أو يخرج من أي خطوة منها. ويمكن أيضاً أن يتوقف الطالب عند أي خطوة من الخطوات و لا يجاوزها إلى غيرها. أي ليس بالضرورة أن يتم الشخص المبدع الخطوات الخمسة بل يمكن أن يقتصر الإبداع على بعض الخطوات دون غيرها. وفيما يلي وصف موجز لهذه الخطوات :

1- المثير : (Stimulus)

لا يحدث التفكير الإبداعي في الفراغ بل يحتاج إلى مثير أو محتوى ليعمل فيه. لا بد من وجود أرض خصبة ليحصل النمو. وإن تناقضية التفكير الإبداعي هي "حتى تفكر إبداعياً لا بد من وجود مثير من تفكير الآخرين ". لا بد من إيقاظ القدرة الإبداعية في الطفل المتمثلة في حب الاستطلاع والرغبة في البحث والتساؤلات ومن أمثلة التساؤلات التي يمكن إيقاظها في عقل الطفل لتصبح بمثابة المثير الذي يحرضه على البحث وطلب المعرفة ما يلي :

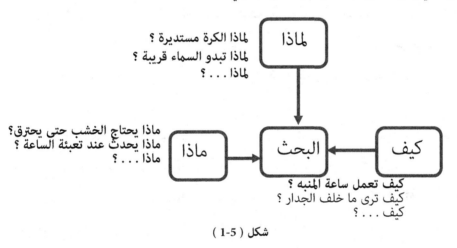

شكل (5-1)

إن المثير الأولي للتفكير قد يكون الإحساس بوجود مشكلة تحتاج إلى حل أو الشعور بوجود فكرة غامضة تحتاج إلى توضيح. عادة يقدم المثير من قبل المعلم أو الوالدين ويعرض على الطفل بشكل يتحدى تفكيره. إن الدور الأساسي للتعليم هو

توليد شرارة الإبداع أو توليد نبضة الإبداع الأولى في عقل الطفل ثم دعم عملية الاستكشاف التي يقوم بها الطفل فيما بعد.

2- الاستكشاف : (Exploration)

تقول إحدى تعريفات الإبداعية بأنها عبارة عن إعادة ترتيب ما نعرفه لكي نتعرف على ما لا نعرفه. إن كثيراً من الأطفال يخفقون في عملهم الإبداعي لأنهم يتمسكون بأول فكرة أو أول حل يعرض لهم. وينبغي مساعدة الأطفال لتجاوز الفكرة الأولى والبحث عن بدائل أخرى قبل اتخاذ القرار النهائي. هناك عدد من الأساليب التي تزيد كمية الأفكار المتولدة ونوعيتها ومن هذه الأساليب :

* **التفكير التشعيبي** : وهو ذلك النوع من التفكير الذي يولد أجوبة متعددة وغير مقيدة بجواب واحد صحيح كما هو الحال في التفكير التقاربي.

* **تأجيل الحكم** : ويقصد به إعطاء مهلة للتفكير وفترة استراحة بعدها قبل إصدار الحكم والتصميم على القرار. وهو ما يسمى (فكر الآن وأصدر الحكم فيما بعد). إن هذه الأسلوب يستأصل القلق ويعطي مجالاً لسعة التخيل ويخفف الضغط النفسي بضرورة الوصول إلى الجواب الصحيح فوراً.

* **تطوير الجهود** : ويقصد به إعطاء الفرصة لتوليد أفكار كثيرة من أجل تحسين نوعية الأفكار. فإن أفضل طريقة للحصول على فكرة جيدة هي الحصول على أفكار كثيرة. ويحتاج الأطفال للمساعدة وإثارة الاهتمام وكثرة التساؤلات وتوفير المثيرات لكي يولدوا أفكاراً كثيرة. وتعد المشاورة التي حض عليها الإسلام من خير الطرق التي تؤدي إلى الحصول على أفكار متعدد.

* **إعطاء الزمن الكافي** : ويقصد به إعطاء الأطفال الزمن الكافي لكي تتخمر الفكرة في عقولهم. هناك فترة يشعر فيها الشخص أنه لا يعمل شيئاً قبل تولد الفكرة الإبداعية وهذه الفترة مهمة جداً لتنمية الإبداع. فعندما تتعقد الأمور اتركها للزمن ثم عد إليها نشيطاً. ولذا ينبغي الصبر على المتعلم فإن الله مع

الصابرين وفي التأني السلامة وفي العجلة الندامة.

* **تشجيع اللعب :** ويقصد به تشجيع اللعب بالفكرة؛ طبقها في مواقف جديدة، ابن عليها أفكاراً، مثلها بأشياء، جربها. انظر إليها من زوايا مختلفة، ابحث عن العلامات والروابط التي تربط بينها وبين أفكار أخرى متشابهة، ارسمها.

3- التخطيط :

إن الفرق بين الأشخاص العاديين والخبراء أن الخبراء يمضون وقتاً طويلاً في التخطيط. والتخطيط الجيد أمر ضروري حتى يكون المرء على بصيرة من أمره وتتضمن عملية التخطيط ثلاث مراحل:

❖ **تعرف المشكلة أو تحديد الواجب :**

أي معرفة الغاية من تفكيرنا وتحديد ما الذي نسعى لإنجازه. كثير من الطلاب لا يعرفون لماذا يعملون ما يعملون. ولمساعدة الطلاب في تبيان طريقهم اسألهم عما يعملون ولماذا يعملون واطلب منهم أن يصفوا ما يودون عمله.

❖ **جمع المعلومات :**

تساعد الحقائق والمشاهدات على التفكير وعلى رأي جون ديوي نستطيع الحصول على معلومات دون تفكير ولكننا لا نستطيع أن نفكر دون معلومات وحقائق. ويستطيع المعلم أن يساعد الأطفال في جمع المعلومات. فالمعلومات والمشاهدات والحقائق والبيانات تشكل المادة الخام للتفكير. وإن توفرها في عقل الطفل يفتح له مجالات من التفكير لم تكن لتفتح له دونها.

❖ **جعل التفكير مرئياً :**

بعض الأطفال ينتظرون أن يأتيهم الجواب ببساطة دون بذل جهد لأنهم لا يدركون أن التفكير عملية نشطة، وأن جميع الأعمال الإنتاجية بحاجة إلى تخطيط. ينبغي أن يساعد الأطفال ليتكون لديهم وعي بعملياتهم التفكيرية وذلك

من خلال التفكير بصوت مرتفع كما يقولون أي تحويل أفكارهم إلى رسومات وأشكال وكلمات مكتوبة أو مسموعة.

4- النشاط : (Activity)

تبدأ العملية الإبداعية بفكرة أو مجموعة أفكار. وإن الأفكار التي يحسب لها الحساب هي تلك الأفكار التي تتحول إلى أفعال، وإذا لم يبادر المرء للعمل بالفكرة فإنها تموت. والأفكار الحية هي تلك التي تتحول إلى عمل. يقول حجة الإسلام الإمام الغزالي رحمه الله: مازال العلم يهتف بالعمل وإلا ارتحل. ومن الأسئلة التي تساعد على تحويل الفكرة إلى عمل ما يلي :

* ماذا يمكن أن نصنع من هذه الفكرة ؟

* إلى ماذا تقود هذه الفكرة ؟

* كيف يمكن تحويلها إلى أفعال ؟

هذا ومن الضروري إعطاء الفرصة للأطفال لتجريب أفكارهم عملياً، وتشجيعهم على ذلك وإثابتهم عليه.

5- المراجعة : (Review)

ماذا بعد أن تتحقق الفكرة أو تحل المشكلة أو يجري البحث ؟

تظهر عادة تحديات جديدة قبل تحقق الهدف أو إنجاز الواجب وتستدعي هذه التحديات نشاطاً إبداعياً من الفرد لكي يتغلب عليها. وهكذا تستمر العملية الإبداعية. ولا بد من تخصيص وقت للتقويم والمراجعة ومحاسبة النفس كما كان يفعل أسلافنا العظام؛ حاسبوا أنفسكم قبل أن تحاسبوا. ومن الأسئلة التي يمكن أن يطرحها المرء على نفسه في هذه المرحلة ما يلي :

* ما العمل الذي تم إنجازه ؟

* ما مدى النجاح الذي تحقق ؟

* كيف يمكن تحسين نوعية العمل ؟

* هل حققنا الغاية التي نسعى إليها ؟

* ما مدى إخلاصنا في العمل ؟

* ماذا تعلمنا من هذا العمل ؟

في هذه المرحلة تخضع العملية الإبداعية كلها إلى التفكير الناقد. وهكذا يتبين لنا أن الفرد لا يستغني عن التفكير الناقد لإتمام العمل الإبداعي.

من أين يبدأ التفكير الإبداعي ؟

من الأمور المعروفة أن الحياة العقلية للإنسان جزء من الحياة الاجتماعية التي يعيشها. فالبيئة المحيطة والوسط الذي يعيش فيه الإنسان هما اللذان يقرران في الغالب نوع العمل الذي يقوم به و ردود فعله على الأحداث. فالتعلم ليس مجرد عملية معرفية إنه يتأثر بالعواطف الخاصة بالفرد ويتأثر كذلك بعواطف الأشخاص البارزين في الوسط الاجتماعي الذي يعيش فيه. ومن أبرز الأشخاص الذين تؤثر عواطفهم على الطفل الأم. فقد أثبتت دراسة كولينز و غنر،1990م (Collins & Gunnar,1990) ودراسة ليهوالد1990م (Lehwald,1990) أن الوضع العاطفي للأم منذ مرحلة الرضاعة له أثر كبير على تكوين البنية العقلية الأساسية للطفل وأن العواطف الإيجابية تسهل عملية التعلم.

وقد دلت دراسة بوكارتس1991م (Boekaerts.1991) أن كثرة تدخلات المعلم و مقاطعاته للأطفال الموهوبين تعيق عملية تنظيم التعليم الذاتية لديهم وتجعلهم يعتمدون على المعلم، ويخسرون قدراً من استقلاليتهم، كما يخسرون قدراً من دافعيتهم للاكتشاف (Freeman,J,1995,P.192).

إن إدراك القضايا الذوقية والجمالية يبدأ بتمييز الأنماط. وإن تعلم كيفية الإدراك يبدأ من الولادة ثم يتحول تدريجياً إلى عادة. وحيث أن الإنسان في حياته كلها لا يستطيع أن يرى الأشياء أو يسمعها بمعزل عن المحيط التي هي فيه وعن

السياق الثقافي والاجتماعي الذي تحدث فيه، فإن للسياق والبيئة والوسط الذي يكتسب الأطفال خبراتهم فيه أثراً عميقاً على إدراكهم للأمور. فالأطفال قد يعرفون الناتج النهائي الذي يرغبون فيه، ولكنهم لا يعرفون المهارات التي تلزمهم لإنتاج ذلك الشيء. لذلك قد يصاب الموهوبون منهم بالإحباط ذا لم يجدوا الدعم العاطفي الذي يساعدهم في تحقيق أفكارهم (Freeman,1995).

الإبداعية والتفوق الدراسي

هل هناك علاقة بين الإبداع والتفوق الدراسي ؟ وبعبارة أخرى هل المتفوقون في تحصيلهم الدراسي هم أشخاص مبدعون ؟ أو هل الشخص المبدع ينبغي أن يكون متفوقاً في تحصيله الأكاديمي ؟ قد يرى بعض التربويين أن الشخص المبدع ينبغي أن يكون متفوقاً في دراسته.

ولكن كثيراً من الدراسات المعاصرة بدأت تكشف عن وجود تعارض بين الإبداعية والتفوق التحصيلي في الدراسة الرسمية في النظام المدرسي الحالي.

ومن بين هذه الدراسات دراسة جين فريمن الطولية التي أنجزت عام 1991م (Freeman,1991) والتي أجريت على 169 تلميذاً في بريطانيا وقد استغرقت الدراسة مدة 14 عاماً تم خلالها تتبع هؤلاء الأطفال من خلال المقابلات والبحث المعمق في مراحلهم الدراسية جميعها وفي بيوتهم وعائلاتهم وقد بينت الدراسة كيف تغير عدد كبير من الأطفال من حالة العقل المتفتح وحب الاستطلاع إلى حالة الانغلاق العقلي والحزن وعدم الاكتراث بما يجري في العالم رغم حصولهم على علامات ممتازة في امتحاناتهم المدرسية. ففي مرحلة الطفولة كانوا يستمتعون بالمشاريع الإبداعية وبدأ هذا الميل يقل لديهم مع زيادة العبء الدراسي حتى وصل إلى حده الأدنى بين سن الثامنة عشرة والعشرين، ولم يبق من بين 169 طالباً يستمتع بالإبداع سوى 6.5% فقط. ولقد كشفت نتائج الدراسة عن وجود فروق واضحة بين فئة المبدعين وفئة المتفوقين دراسياً. فقد تبين أن معظم المتفوقين

تحصيلياً كانوا من الذكور ومعظم المبدعين كانوا من الإناث. كما أن فئة المبدعين حصلت على معدلات متدنية في الامتحانات النهائية بينما حصلت فئة المتفوقين دراسياً على معدلات عالية. وفي المستوى الاجتماعي كشفت الدراسة أن المتفوقين دراسياً يجدون صعوبات في التكيف الاجتماعي وفي تكوين الأصدقاء، بينما نجد فئة المبدعين كانت أكثر أصدقاء وأكثر شعبية وكانت محبوبة اجتماعياً، وأكثر قدرة على التكيف العاطفي. وفي اختبارات الذكاء (IQ) حصلت الفئتان على درجات عالية ومتساوية تقريباً.

وكشفت الدراسة أن أسر المتفوقين دراسياً تفضل التفوق الدراسي وبخاصة في مجال العلوم وتظهر إعجابها بالمتفوقين أكاديمياً. أما أسر المبدعين فقد كانت تفضل الأشياء الجمالية والفنية وكان أفراد الأسرة يصغون بعضهم لبعض في المحادثات العائلية.

وبالجملة فقد كشفت الدراسة عن الأثر السيئ الذي يتركه التفوق الأكاديمي على الإبداعية. فإن الضغط النفسي على بعض الموهوبين بضرورة التفوق الدراسي أدى إلى كبت مشاعرهم وأحاسيسهم الإبداعية وأعاق إنتاجهم الإبداعي وأن هذا الضغط كان يأتيهم من جهة المدرسة ومن جهة البيت في آن واحد. وكان أثر هذا الضغط على الذكور أكثر منه على الإناث. وكان على أخصائي العلوم أكثر منه على غيرهم . وفي بعض الحالات نتج عن هذا الوضع إعاقة اجتماعية دائمة عند بعض الموهوبين اللامعين. لقد كان للتفوق الأكاديمي المميز غالباً ثمناً باهظاً من الإبداعية (Freeman , J,1991).

ولقد دلت دراسة ايزنك سنة 1995 (Eysenck, 1995) على أن فئة المبدعين كانت متفوقة في المرحلة الابتدائية على فئة المتفوقين دراسياً بينما تفوقت فئة المتفوقين دراسياً في المرحلة الثانوية على فئة المبدعين وفي المرحلة الجامعية تفوقت كذلك فئة المتفوقين دراسياً على فئة المدعين. ولكنه توقع تفوق فئة المبدعين على

فئة المتفوقين دراسياً في مرحلة الدراسة فوق الجامعية على مستوى الدكتوراه ومستوى الأبحاث. كما أيدت دراسته نتائج دراسة فريمن في المجال الاجتماعي حيث تبين أن فئة المبدعين أكثر قدرة على التكيف الاجتماعي من فئة المتفوقين دراسياً.

*** *** ***

الفصل السادس

تحويل الإبداعية إلى ممارسات واقعية

استعرضنا بعض صفات التعليم الإبداعي بالمقارنة مع بعض صفات التعليم العادي أو المألوف. كما استعرضنا أيضاً بعض تصرفات وسلوكات المربي (المعلم أو الوالدين) التي تنمي الإبداع وبعض السلوكات التي تحبط الإبداع عند الأطفال. وسوف نستعرض فيما يلي بعض الآليات التي تساعد في تحويل الإبداعية إلى ممارسات عملية في البيئة المدرسية.

إن تحويل الإبداعية إلى ممارسات واقعية يستدعي استجابات تشمل التفكير والأحاسيس والمشاعر، كما يستدعي الاتجاهات الإبداعية مع المهارات العرفية. إن الاتجاهات الإبداعية و الخصائص العاطفية تشجع الطالب على حب الاستطلاع وارتياد المجازفات والمخاطر واستعمال الأفكار المعقدة والمغامرة في تجريب تخيلاته. أما المهارات المعرفية فسوف تتيح له فرصة توليد الأفكار ومعالجتها واللعب بها أو التعامل معها. ويمثل الشكل (6-1) رسماً توضيحياً للاستجابة الإبداعية. هذا وقد أوصت الأبحاث الميدانية بأربعة أوجه للتفكير الإبداعي باعتبارها مهارات مميزة له وهي: الطلاقة والمرونة والأصالة والتوسيع.

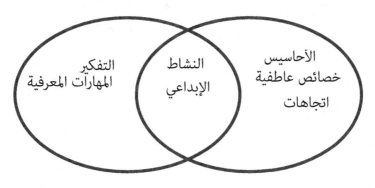

شكل (6-1) الاستجابة الإبداعية

الطلاقة : (Fluency)

يرى فيشر أن الطلاقة في التكفير عبارة عن القدرة على استخدام مخزوننا المعرفي عندما نحتاجه. بينما يرى غيلفورد أن الطلاقة عبارة عن قدرة الشخص على إنتاج عدد كبير من الأفكار في وحدة الزمن (Fisher,1990,P.44). ويرى كثير من التربويين أن العقل البشري مثل العضلات ينمو ويتطور ويقوى بكثرة التمرينات، فكلما زودته بمثيرات للتفكير وتحديته تزداد قدراته على معالجة المعلومات. وكلما ولَّد الطفل الأفكار في اللعب أو في مواقف غير رسمية تزداد طلاقته الفكرية كما تزداد قدرته على إيجاد الحلول للمشكلات الواقعية. وقد أمكن تمييز ثلاثة أنواع من الطلاقة وهي: الطلاقة الفكرية ويقصد بها نسبة توليد كمية من الأفكار في زمن معين. والطلاقة التعبيرية أو الطلاقة اللغوية وهي قدرة الفرد على بناء أكبر عدد من الجمل ذات المعاني المختلفة. والطلاقة الترابطية وهي القدرة على إكمال العلاقات مثل إيجاد المعنى المعاكس. ومن الأنشطة التي تنمي الطلاقة بأنواعها ما يلي :

عدد بقدر ما تستطيع الأشياء ذات اللون الأصفر، أو الكروية، أو الشفافة أو..

* اذكر الكلمات المرادفة لـ . . .

* اذكر الكلمات المناقضة لـ . . .

* عدد ما تستطيع من أفعال تبدأ بحرف . . .

* عدد ما تستطيع من أسماء تبدأ بحرف . . .

* كون جملة مفيدة تبدأ كل كلمة فيها بحرف من الأحرف التالية حسب الترتيب ح س خ (الحلم سيد الأخلاق) .

* كون جملة تبدأ كل كلمة فيها بحرف من أحرف اسمك .

هذه الألعاب الكلامية لها أثر قوي في تحسين مستوى الطلاقة الفكرية واللغوية عند الأطفال.

المرونة (Flexibility) :

يقصد بالمرونة مقدار استجابة الشخص للتغير أو التكيف حين يلزم ذلك. ويعرفها بعضهم تعريفاً إجرائياً بأنها قدرة الفرد على التغلب على المعيقات العقلية التي تعيق تغيير منحى تفكيره في حل مشكلة ما.

فالطلاب كثيراً ما يقعون في مأزق في بعض القوانين والمواقف التي لا تلائم أسلوب حل مشكلة ما وأن خروجهم من هذا المأزق يستدعي مرونة فكرية وقدرة على التفكير في بدائل أخرى متعددة.

وقد ميز غيلفورد بين المرونة العفوية والمرونة التكيفية فالمرونة العفوية لا يغير فيها الممتحن زمرة الاستعمال فإذا طلب منه أن يعطي قائمة بالاستعمالات الممكنة للآجر وذكر أنها تلزم لبناء البيت ولبناء المدرسة ولبناء المخزن فإن جميع هذه الاستعمالات من زمرة واحدة وهي زمرة البناء فالمرونة هنا مرونة عفوية. ولكن في الاستجابة التكيفية يقوم الفرد فيها ببعض التغيرات في طريقة الاستعمال أو تغيرات في الاستراتيجية أو في تفسير المهمة فيغير زمرة الاستعمال.

ومن أمثلة الأنشطة التي تنمي المرونة الفكرية ما يلي :

احذف أربعة عيدان كبريت فقط من الشكل (6-2) بحيث يبقى ثلاثة مربعات فقط [ليس مـن الضروري أن تكون المربعات متساوية].

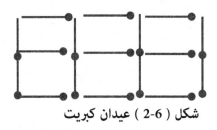

شكل (6-2) عيدان كبريت

استخدم 6 عيدان كبريت لعمل 4 مثلثات [تلميح : يمكن أن تكون المثلثات ذات ثلاثة أبعاد].

(3-6) 6 عيدان كبريت

ارسم 4 خطوط مستقيمة لتمر مـن النقاط التسع في الشـكل (4-6) [تلمـيح : يمكـن أن تمتـد الخطوط وراء النقط].

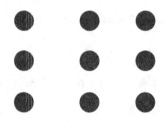

شكل (4-6)

الأصالة : (Originality)

تظهر الأصالة على شكل اسـتجابة جديدة غير عادية أو نادرة تنبـع مـن الإنسـان ذاتـه. يرى غيلفورد أن الأصالة تعني إنتاج ما هو غير مألوف فالمقصود بالجديد أن يكون الشيء جديداً بالنسبة لصاحبها. والأسئلة التي تكشف عن الأصالة هي تلك الأسئلة التي تستدعي استعمالات مثيرة لأشياء عادية. مثل :

* فكر في عدد الاستخدامات الممكنة لبطانية.

* ما عدد أنواع الاستخدامات لقطعة من الآجر، أو لمشبك ورق ؟

* ما عدد الأشياء التي يمكن إدخالها في علبة كبريت ؟ جربها.

* مـا هـي الإضافات التـي يمكن إضافتها علـى كـأس الشـاي لتحسـينه أو إلى

أي شيء آخر من الأشياء المألوفة الاستعمال؟

ويمكن تقدير الأصالة و سبر أغوارها من خلال التفكير في التتابعات المستقبلية لحدث ما، وتوليد الأفكار والتوقعات المترتبة على ذلك الحدث. فعلى سبيل المثال يمكن سؤال الطلاب عن الوضع الذي ستكون عليه الحياة في البيت بعد100 سنة من الآن. أو الطلب منهم أن يرسموا مخططاً للبيت الذي يحلمون به في المستقبل.

التوسيع : (Elaboration)

يعبر عن التوسع أو التوسيع بمقدار الإضافات التي يمكن إضافتها إلى مثير بسيط لتجعل منه شيئاً معقداً. كأن يعطي الفرد مخططاً بسيطاً ويطلب منه توسيعه وإضافة التفصيلات التي تجعله عملياً. وتتناسب الدرجة أو العلامة التي تعطى للشخص مع مقدار التفصيلات التي يضيفها.

ومن الأسئلة التي تكشف عن التوسيع عند الطلاب ما يلي :

* ارسم رسومات مختلفة مبنية على دائرة ذات حجم واحد.

* اختر لعبة ما . ثم فكر في الطرق التي يمكن أن تجعل منها لعبة مثيرة أكثر من ذي قبل .

* أضف إلى صورة ما في مجلة أو جريدة إضافات أو فقاعات كلامية لتجعل منها شيئاً آخر .

* اكتب كلمات متفرقة على بطاقات منفصلة وضعها في كيس ثم أخرج بعض هذه الكلمات وانسج حولها قصة.

لقد طورت بعض القوائم التي تساعد على توليد الأفكار . و من هذه القوائم القائمة التالية :

العمليـة	الأسئلــــة
التعويض	ما البديل الذي يقوم مقام . . .؟ أماكن أخرى . . . ؟ أوقـات أخـرى . . ؟ أشـخاص آخرين . . . ؟ مواد أخرى . . .؟ منحى أخر . . .؟
الربط	اربط بين . . . ، جمع بين . . ، كون علاقات . .؟ اربط بين أفكار... ؟
التكيف	ما الأشياء الأخرى المشابهة ؟ ما الأفكار التي تستوحى منها ؟ هـل يمكـن تعـديلها لخدمة الغرض ؟
التعديل	كبر ؟ صغر ؟ كثر أو اضرب ؟ اقلبها أو حولها إلى . .؟ اجمعها إلى.. غير اللون . . أو الشكل . . أو الحجم . . أو الحركة .؟ أو أي تغيرات أخرى ؟
الاســـتخدامات الجديدة	طرق جديدة للاستخدام ؟ أو استخدامات جديدة بعد التعديل ؟
الانتزاع	ما الذي تنتزعه ؟ ما الذي تحذفه ؟ ما الذي تتخلص منه جزئياً أو كلياً ؟
إعادة الترتيب	جرب نماذج جديدة أو أنماطاً جديدة ؟ اقلبها ، اعكسها ، أدرها ، حولها؟

جدول (6-1)

ويمكن أن يجرب الأطفال هذه القائمة أو غيرها على أشياء بسيطة ومألوفة مثل الألعاب المتـوفرة ومحاولة توليد أفكار جديدة حولها. اجعلهم يجمعون صوراً من المجلات مـثلاً أو أشـياء مختلفـة مـن البيئة ويسألون عنها ويولدون أفكاراً حول استخداماتها وفائدتها وصنفها وموادها وتطويرها . . .

شاركهم في أفكارهم وحاورهم فيها ولكن تجنب إصدار الأحكام عليها أو عليهم. وتـذكر دائمـاً أن الهدف هو توليد الأفكار وليس إصـدار الأحكـام عليهـا. فالهـدف هـو تعويـد الطـلاب أن ينظـروا إلى الأشياء من زوايا متعددة ومبتكرة وأن يفكروا بعمق وشمولية. فمتـى مـا امتلكـوا هـذه المهـارة فـإن بإمكانهم استخدامها في مناحي الحياة الأخرى.

ومن استراتيجيات توليد الأفكار الإبداعية طريقة القبعات الست التي ابتكرها المفكر المعروف ادوارد دو بونو وذكرناها سالفاً. ومنها أيضاً قوائم الأدوات التي توجه الانتباه إلى جوانب الموقف المختلفة. فهي إلى حد ما تشبه التوجيه الذي نعطيه لأطفالنا عندما يريدون قطع الشارع بأن يلتفتوا يميناً ويساراً قبل قطع الشارع للتأكد من خلو الشارع من السيارات كي يقطعوا الشارع بأمان. فالأدوات التي اقترحها دوبونو شبيهة بهذا التوجيه. فهي تجذب انتباهك إلى جوانب الموضوع المتعدد وتستحثك على التفكير فيها قبل اتخاذ موقف إزائها. ومن هذه القوائم ما يلي :

* الإيجابيات : ما هي الأمور الجيدة في هذه الفكرة أو الموضوع ؟ لماذا تحبه ؟

* السلبيات : ما هي الأشياء السيئة ؟ لماذا تكرهه ؟

* المثيرات : ما هي الأشياء المثيرة أو التي تجذب الانتباه في هذه الفكرة ؟

فبدلاً من أن تقول أحب هذه الشيء أو أكرهه دون بيان أسباب حبك له أو أسباب كرهك له يطلب منك تبيان الأسباب وبيان الأشياء المثيرة فيه فإنك إن فعلت ذلك ستكتشف شيئاً آخر وستغير رأيك فيه في الغالب. وقد وضح دوبونو هذا الأمر بتطبيق بسيط حيث سأل معلم ثلاثين طالباً هـل ترغبون أن تعطوا خمسة دولارات أسبوعياً بدل حضوركم للمدرسة. فأجاب الجميـع: نعـم. فبعضهم قال: أشتري بها حلوى و بعضهم قال: أستريح من الطلب مـن أبي يومياً. وعندها وضـح لهـم المعلـم كيفية استخدام قائمة الإيجابيات والسلبيات والمثيرات وقسمهم إلى مجموعات صغيرة وطلب من كـل مجموعة أن تدون الإيجابيات والسلبيات والمثيرات لهذه الفكرة وأعطاهم أربع دقائق لإنجاز ذلك. وبعدها دون الإيجابيات والسلبيات على السبورة فكانت النتيجة ما يلي :

الإيجابيات :

- نشتري حلوى أو أشياء أخرى بهذه الفلوس.

■ الحصول على النقود مثل الكبار.

■ عدم سؤال الوالدين لأخذ المصروف اليومي.

السلبيات :

■ سيتوقف الوالدان عن دفع المصروف اليومي لنا.

■ سوف يضرب الأولاد الكبار الأولاد الصغار ليأخذوا نقودهم.

■ ربما لا نحصل على الهدايا من أقاربنا بسبب هذه النقود.

وبعد أن سجل المعلم السلبيات والإيجابيات والمثيرات على السبورة سألهم ثانية كم واحد منكم يرغب في أخذ الخمسة دولارات أسبوعياً مقابل الحضور إلى المدرسة؟ ولم يرفع أحد يده إلا واحداً. أما البقية فقد غيروا رأيهم. ومن الأدوات الأخرى التي اقترحها دوبونو ما يلي :

1- أخذ جميع العوامل بعين الاعتبار (Consider, All, Factors)

خذ جميع العوامل بعين الاعتبار، فعندما نريد اختيار شيء ما فإن هناك عوامل متعددة تتدخل في عملية الاختيار ولا بد من اعتبارها جميعاً. وهذه العملية مختلفة عن قائمة الإيجابيات والسلبيات والمثيرات، فالأخيرة تتحدث عن إصدار الحكم على الشيء بأنه حسن أو قبيح أو أحكام أخرى. أما هذه فتتحدث عن جميع العوامل المحتملة ذات الأثر على الشيء.

* تمرين : طبق فكرة أخذ جميع العوامل بعين الاعتبار على المواضيع التالية:

شراء سيارة مستعملة ؟

شراء دراجة هوائية ؟

شراء لعبة ؟

2- التتابعات و المترتبات (Consequences)

ومن الأدوات التي اقترحها دوبونو أيضاً التتابعات أو المترتبات. فعندما نفكر في

عمل ما، ينبغي أن نفكر في التتابعات والمترتبات التي ستبني عليه. أو النتائج التي سيترتب حدوثها بناءً على حدوثه. ويجب أن يدرب الأطفال على التفكير في التتابعات والمترتبات ليس على أنفسهم فقط بل على الآخرين كذلك.

*** تمرين : ماذا يمكن أن يحدث في العالم عندما ينضب النفط ؟**

ماذا يمكن أن يحدث في المدينة عندما تتوقف الكهرباء ؟

ماذا سيحصل للناس في المدينة إذا تلوث أو انقطع مصدر الماء الذي يشربون منه؟

ماذا ستفعل إذا ربحت مليون دينار ؟

ماذا سيحصل إذا سمح للطلاب الذهاب للعمل بدل الذهاب للمدرسة ؟

3- الغايات ، الأغراض ، الأهداف : (Aims Goals objectives)

يعمل الأطفال أعمالاً لمجرد أن الآخرين يعملونها أو لأنها عادة أو استجابة لموقف ما. دون أن يكون لهم هدف واضح محدد من هذه الأعمال. وفي بعض الأحيان يكون هنالك هدف أو غرض معين يسعى الفرد لتحقيقه. ومن الضروري أن يكون المرء واعياً للهدف الذي يعمل من أجل تحقيقه. كما أنه من الضروري أن يعرف الأطفال أن أعمال الإنسان ذات أهداف وغايات وأغراض وأنها ليست أعمالاً فوضوية أو أعمالاً طائشة لا غاية لها أو أعمالاً عشوائية. فالإنسان ينبغي أن يكون له هدف وأن تكون أعماله هادفة ومنظمة.

*** تمرين :**

حدد الغايات والأغراض والأهداف لرجل الشرطة ؟ رتبها حسب الأولويات. إذا علمت أن الطعام الجيد ضروري لحياة الإنسان. حدد الغايات والأهداف والأغراض لكل من :

* الطباخ.

* الخباز.

* مصنع الأغذية.

* الدولة.

* المزارع.

4- تحديد الأولويات الأكثر أهمية :

بعد توليد عدة أفكار حول موضوع ما، فإننا بحاجة إلى تحديد أكثرها أهميـة أو ترتيبهـا حسـب درجة الأهمية.

* تمرين :

* ما هي الأمور التي تجعل برنامجاً تلفزيونياً أكثر جاذبية ؟

* ما هي الأولويات في رأيك التي ينبغي مراعاتها في إدارة المدرسة ؟

* رتب أولوياتك في العطلة الصيفية القادمة حسب الأهمية ؟

5- البدائل ، الاحتمالات ، الخيارات :

يوجد بدائل وخيارات عند اتخاذ القرارات أكثر مما يبدو لك لأول وهلة. وقد لا يكون الاحتمـال الواضح أحسنها. ولكن بشيء من التفكير والتأني والصبر يتبين لك بدائل متعددة وخيارات أفضل.

* تمرين :

* ما هي البدائل المتوفرة لديك إذا اكتشفت خيانة صديقك ؟

* ما هي الخيارات التي ستختار عملها إذا لقيت 20 ديناراً ؟

6- تفهم و جهة نظر الآخرين :

ينظر الناس إلى الأمر الواحد من زوايا مختلفة. حاول أن تنظر للشيء من الزاوية التي نظر منهـا الآخرون لتفهم وجهة نظرهم .

* تمرين :

افترض أن طالباً أساء الأدب مع المعلم ووقع في ورطة نتيجة لذلك. فكر في هـذه القضية وأجـب عن الأسئلة التالية :

* ما هي وجهات نظر الطالب المحتملة ؟

* ما هي وجهات نظر المعلم المحتملة ؟

* ما هي وجهة نظر ولي أمر الطالب ؟

* ما وجهات نظر الطلاب الآخرين ؟

إن الهدف من استخدام هذه الأدوات والقوائم هو تحسين القدرة على اتخاذ القرارات وتحسـين القدرة على التخطيط. فالطلاب بحاجة ماسة إلى تجريب هـذه الأدوات والقوائم في معرفة العوامـل المؤثرة والتتابعات المترتبة على أي عمل قبل الإقدام عليه. وقد أكد دوبونو في طريقته لتعليم التفكير على البحث عن البدائل الممكنة بدلاً من قبول البديل الذي يبدو ظاهراً لأول وهلة.

نشاطات تساعد على تنمية التفكير الإبداعي

الصور :

يحتاج الطفل إلى مثير ليركز تفكيره عليه وليصبح منطلقاً للتفكير والتعبير والتبصر والبحـث عـن الخيارات. وتعد الصور الفوتوغرافية التي يمكن الحصول عليها بسهولة من المجـلات الملونة والجرائد مصدراً ثرياً لهذا النوع من الصور. ومن الأسئلة التي يمكن طرحها على الأطفال عندما تريهم الصـورة ما يلي :

* صف ما يحدث في الصورة. هل يمكن أن يكون هناك تفسير آخر محتمل ؟

* صف ثلاثة أحداث أخرى ممكن حدوثها.

* تأمل في الصورة ثم صفها دون النظر إليها. احزر أسـباب الأحداث التي في الصـورة، ومـا هـي النتائج المترتبة عليها ؟.

* ضع عنواناً للصورة أو اقترح عنواناً بديلاً أو عنواناً أفضل.

* ضع أسئلة على الصورة.

* تخيل الأشياء التي يمكن أن تكون مخفية ولم تظهر في الصورة من ملاحظتك لأرضية الصورة أو لبعض ملامحها.

القصص :

تعد القصص أحد المثيرات الغنية للتفكير الإبداعي. ومن الأسئلة التي يمكن إثارتها حول القصة لتنشيط التفكير الإبداعي واقتراح البدائل ما يلي :

* ماذا حدث بعد . . . ؟

* ما هي وجهات النظر المختلفة التي وردت في القصة ؟

* كيف يمكن أن تنتهي القصة فيما لو حدث . . ؟

* لماذا صعد . . . على الجبل أو . . . ؟

* ما هو المكان المحتمل الذي قدموا منه ؟ أو ذهبوا إليه ؟ لماذا حدث . . . ؟

جلسات العصف الذهني :

إن جلسات العصف الذهني تعد وسيلة فعالة لتوليد الأفكار للأطفال والكبار على اختلاف أعمارهم . وتستخدم هذه الطريقة بخاصة للتغلب على نقد الآخرين وتشجيع الأطفال للبناء على أفكار بعضهم بعضا. فالأطفال يحتاجون إلى المساعدة لبناء أفكارهم وترتيبها وتتضمن هذه الطريقة ما يلي :

* الاستماع إلى أكبر قدر ممكن من الأفكار.

* الاحتفاظ بتعليقات على الأفكار المقترحة.

* البناء على الأفكار المطروحة.

* اختيار أفضل الأفكار .

ويشجع الأطفال على تقييد أفكارهم على الورق قبل أن تهرب أي قبل نسيانها.

الرسم :

يعد الرسم أحد الطرق الفعالة التي تجعل من التفكير شيئاً محسوساً. ربما لا يستطيع الطفل أن يعبر عن تفكيره شفهياً. وقد يكون من الأسهل أن يعبر عنه بواسطة الرسم. فالأطفال يدركون الأشياء المرئية أكثر من الشفهية. والإنسان بشكل عام يدرك الأشياء المرئية من غيرها. وقد أوضحت أعمال دوبونو أن لدى الأطفال قدرة كبيرة على توليد الأفكار من خلال الرسومات.

تمرين :

* ارسم ميزاناً لوزن الفيل .

* ارسم رسماً لوقف القتال بين الكلب و القط .

* ارسم رسماً يبين طرق حماية جسم الإنسان .

* صمم آلة لقص الشعر .

* صمم آلة لجني الثمار من . . .

* صمم آلة لفرز النقود .

ضع عدداً من النقاط على صفحة بيضاء واطلب من الأطفال أن يصلوا بينها ليكونوا أشكالاً مختلفة. ستكتشف أنهم يكونون أشكالاً عجيبة وغريبة ومتنوعة. إن الشيء الجميل في تفكير الأطفال أنه غير مقيد. فهم يعبرون عما يريدون بحرية تامة وبدون قيود، وهذا الوضع يشكل فرصة ذهبية لتنمية الطاقات الإبداعية لديهم.

اعط الأطفال مجموعة عشوائية من الخطوط، واتركهم معها ليكونوا أشكالاً مختلفة ستجد أنهم يكونون أنماطاً واحتمالات كثيرة ومتنوعة.

إطلاق النكت والحزازير :

لإطلاق النكت والحزازير دور أساسي في توسيع خيالات الأطفال وتصوراتهم. ويمكن أن ينظر إلى عملية "التنكيت" على اعتبار أنها نوع من التفكير الإبداعي،

فهي تفتح مجالات واسعة أمام تخيلات الأطفال. فالحزازير والنكت والفكاهات تشكل مثيرات للتفكير المتشعب والاستجابات الناقدة. فهي توضح المفارقات بين الظاهر والباطن أو بين المظهر والحقيقـة أو بين ما يجب حزره وبين ما يبدو لأول وهلة.

مثال : ما هو الشيء الذي كلما أخذت منه يكبر ؟ الجواب: الحفرة.

لاحظ الالتفاف حول الموضوع !

مثال آخر : ما هو الشيء الذي كلما أنفقت منه يزداد ؟ الجواب : . . . . ؟

وهذه فكاهة للأطفال :

وقف حمار على شاطئ نهر فرأى كومـة مـن الجـزر علـى الشـاطئ الآخر ولكـن النهر عـريض وعميق والحمار لا يستطيع أن يطير أو يقفز أو يسبح عبر النهر ولا يوجد قارب فكيف يقطع الحـمار النهر ؟ هل يئست من الوصول .. ؟. . . . . هكذا فعل الحمار.

إن مجرد تذكر النكتة وإعادة قولها إلى الآخرين. ينمي عند الأطفال الـذاكرة كـما ينمـي القـدرة على التعبير الشفوي. فإن إعادة ترتيب أفكار النكتة أو الحزيرة في الذهن بما يتطلب ذلك مـن مهارة في الحديث والحركات وطريقة الإلقاء واللـهجة وتعبيرات الوجـه وإعادة إلقائها بطريقـة مقنعـة للآخرين يشكل تمريناً جيداً للطفل. ويثير نوعاً من التنافس بينهم يؤدي إلى تنمية قدرتهم على الفهـم والاستيعاب والطلاقة اللغوية.

كثيراً ما يعتمد مزاح الأطفال على الحيل الشفوية، ويكون الأطفال الأكبر أقدر علـى التعامـل مـع هذه الحيل ممن يصغرونهم سناً. كما في تبادل المزاح الشفوي التالي بين طفلين في ساحة المدرسة.

طفل العشر سنوات: عايد وعيد كانا يمشيان في الطريق وقع عايد. من الذي لم يقع ؟

طفل السبع سنوات: عيد .

طفل العشر سنوات: عايد وعيد كانا يمشيان في الطريق وقع عايد. من الذي لم يقع ؟

طفل السبع سنوات: عيد.

وهكذا دواليك.

إن تأثير "النكتة" أو (الحزيرة) يعتمد على قدرتها على الربط غير المتوقع بين الأحداث والأفكار. وعند تعليم الأطفال ليكونوا مبدعين علينا أن نستفيد من الفرصة المتاحة لهم لتكوين ترابطات بين الحقائق والأفكار وخبراتهم.

ومن الألعاب التي تشجع الأطفال على عمل ترابطات فكرية وإبداعية أن يضمر أحدهم اسم شيء أو شخص في نفسه ويطلب من كل واحد من أفراد المجموعة أن يحزر ما هو الشيء الذي أضمره. وبعد أن يذكر كل منهم حزره، يعلن لهم اسم الشيء ويطلب من كل واحد عمل الترابطات اللازمة التي تقرب بين حزره و بين الشيء المضمر. أما التفسيرات التي تفشل في بيان العلاقة بين الحزر والشيء المضمر فإنها تخسر.

فالتفكير الإبداعي هو نشاط تخيلي ابتكاري يتضمن توليد أفكار جديدة. إن النشاط الإبداعي الذي يسعى لحل مشكلة يتطلب استخدام التفكير الناقد، لأن الأفكار الإبداعية يجب أن تكون ذات قيمة ولا يكفي أن تكون جديدة فحسب. والإبداعية ليست مجرد توليد حلول جديدة للمشكلات ولكن ينبغي أن تكون الحلول أفضل. فالإبداعية تتطلب استخدام التفكير الناقد. فمن خلال استخدام التفكير الناقد يستطيع الأطفال التعرف على أفكارهم الجيدة ويميزون بين الغث والسمين منها. وسوف نناقش التفكير الناقد في الفصل القادم.

*** *** ***

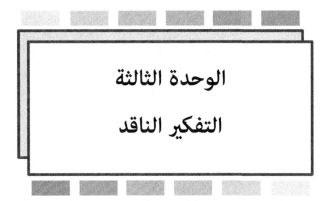

الوحدة الثالثة

التفكير الناقد

الفصل السابع : مفهوم التفكير الناقد و مهاراته

الفصـل الثـامن: البنـاء التتـابعي و بعـض العمليـات الأخرى .

الفصل السابع

مفهوم التفكير الناقد و مهاراته

من المعروف أن الأطفال يتشربون قيمهم واتجاهاتهم من البيئة التي يعيشون فيها وبخاصة من الأشخاص المهمين في حياتهم. ولذلك فإن اعتقادات الكبار وآراءهـم يمكن أن تفرض عـلى الأطفال. ويمكن تعليم الأطفال ليكونوا معتمدين في تفكيرهم على تفكير الكبار وهو ما عبر عنه القرآن الكريم في قوله تعالى حاكياً حال الكفار: ﴿إِنَّهُمْ أَلْفَوْا آبَاءَهُمْ ضَالِّينَ ۞ فَهُمْ عَلَى آثَارِهِمْ يُهْرَعُونَ﴾ [سورة الصافات: 69،70]. ومما يؤسف له أن هناك من يربي الأطفال على عقلية مغلقة وعلى التلقي للتنفيـذ فيحرمهم من نعمة العقل والاستفادة منه. وفي المقابل يمكن تشجيع الأطفال على التفكير وعلى تقدير إمكاناتهم وآرائهم وعلى احترام آراء الآخرين والاستماع إليها ومحاكمتها محاكمة عقلية. وإذا أردنـا أن نربي الأطفال على الانفتاح العقلي وعلى التفكير الناقد فإن التفكير يجب أن لا يـترك للصدفة. ولا بـد من توخي الأسباب التي تنمي التفكير وتعود الطفل على استخدام عقله.

ويتجاوز التفكير الناقد الأشياء الظاهرة ليصف كيف تـم التفكير فيها فهو تفكير فيما وراء الأحداث أو قل هو تفكير في التفكير. وإن تعلم التفكير الناقد يعني: تعلم كيف تسأل ومتى تسأل وعن ماذا تسأل، وهو تعلم كيفية استخدام المنطق أو المحاكمة العقلية للأحداث كما هو تعلم كيف تختار الوقت المناسب للمحاكمات العقلية وكيف تختار نوع المنطق الذي تحاكم به الأمور.

إن الإنسان الذي يرغب في أن يصبح مفكراً ناقداً عليه أن يتحلى بالصبر في البحـث عـن الحقيقـة أولاً، ثم عليه أن ينمي اتجاه التفكير المنطقي نحـو الأحداث وأن ينمي الرغبـة في التحـدي الـذهني بهدف اكتشاف الحقيقة.

الاستعداد للتفكير المنطقي

يحتاج الأطفال إلى أن تكون خبراتهم ذات معنى بالنسبة لهم. ويرغبون في المحاكمة العقلية الصحيحة وبخاصة في الأمور الهامة في حياتهم. ويتوقون إلى إثبات صحتها من خلال خبراتهم الشخصية عملياً. هذا بالإضافة إلى أن الميل الطبيعي للتركيز على" الأنا "عند الأطفال يبرز في اللاوعي بطريقة أخرى للتفكير العقلي مفادها أن ما أفكر فيه فهو صحيح. وبعبارة أخرى هناك ميل إلى عدم الرغبة في سماع أو رؤية الأشياء التي تتناقض مع اعتقاداتنا الراسخة في اللاشعور.

ولتشجيع الأطفال على المحاكمات العقلية الصحيحة أو المحاكمات المنطقية يجب أن نوضح لهم أن المحاكمات المنطقية تقود إلى النجاح وأن الخطأ في التفكير المنطقي أو المحاكمة المنطقية يؤدي إلى اتخاذ قرارات خاطئة وبالتالي يؤدي إلى الفشل. ومما يشجع الأطفال على التفكير المنطقي السليم وجود قدوة حسنة من الكبار ماثلة أمامهم في مجال التفكير المنطقي، قد يكون القدوة المعلم أو الوالد أو زميلاً لهم. وعلى سبيل المثال عندما تحل لغزاً أو مشكلة ناقش طريقة الحل، واشرح للطفل لماذا حللتها بهذه الطريقة ووضح له الجهود التي بذلتها والخطوات التفصيلية المنطقية التي اتخذتها مبيناً أسبابها وغاياتها. هذه المناقشة أدعى للفهم وأبعد عن التقليد الأعمى. قد يسيء الظن بعضهم ويعد ذلك من قبيل الشجار والمراء والجدل ويميل بسبب ذلك إلى الاختصار الذي يجعل الأمر غامضاً بالنسبة للطفل. و ينبغي أن نميز بين الشجار أو العراك الكلامي المشحون بالعواطف والغضب والانفعال الذي يقود إلى الإحباط والتشنج في المواقف وبين المناقشة والتوضيح الذي يقصد به التفهيم والإدراك الذي يؤدي إلى اكتشاف الحقيقة أو فهم الأسباب والغايات. إن من شأن النقاش الهادئ أن يخرج الاعتقادات الداخلية أو المفهومات الراسخة في منطقة اللاوعي إلى ضوء العقل الواعي ومن الأمثلة على أسئلة المناقشة ما يلي :

* ما هي الأسباب المؤيدة لها ؟

* ما هي النقاط التي تعارضها ؟

* هل يمكن أن تقنعني بوجهة نظرك ؟

* هل أقنعتك بوجهة نظري ؟

* ما هو الدليل الذي يمكن أن يقنعك ؟

الرغبة في التحدي :

إن من علامة المفكِّر الناقد استعداده لتحدي أفكار الآخرين. وهذا يعني تشجيع الأطفال على تحدي أفكارنا إذا أردنا أن يتعلموا التفكير الناقد. وفي الوقت نفسه ينبغي أن نشجعهم على تقبل النقد المنطقي لأفكارهم. وهذا الأمر الأخير صعب على نفوس الناس بعامة وعلى نفوس الأطفال بخاصة. لأننا في الغالب نعتبر أن أفكارنا امتداداً لأنفسنا وأن تحديها يشكل تحدياً لنا. ومن الأمور التي تتحدى عمليات تعليم التفكير للأطفال مساعدتهم لاكتشاف أن عملية تقويم أفكار شخص ما و قبولها أو رفضها هي عملية صحية وطبيعية. وإن عملية النقد الذاتي تقوي ثقة الشخص بنفسه. ومن جهة ثانية فإن الانفتاح العقلي عند الأطفال لا يعني أن لا يكون للطفل مبدأ أو أن لا يعتقد في شيء أو أن يكون إنساناً هلامياً بلا مبادئ ؟ بل إن الشخص الذي يتحلى بالانفتاح العقلي يعني أنه إنسان يستمع إلى الأدلة دون تحيز، وأنه راغب في تغيير اعتقاده إذا توفرت الأدلة الكافية لذلك مصداقاً لقول الصحابي الجليل عبدالله بن مسعود رضي الله عنه: " لا تكونوا إمعة فتقولون إن أحسن الناس أحْسَنا و إن أساؤا أسأنا ولكن وطنوا أنفسكم إن أحسنوا أن تحسنوا وإن أساؤا ألا تظلموا "، وفي هذا تأكيد على استخدام العقل وعلى عدم الظلم أي العدل في اختيار الأدلة. وباختصار فإن الانفتاح العقلي يعني :

1. اتخاذ القرارات المبنية على الأدلة و تقويم الأدلة .

2. تحدي الأفكار الشخصية و القرارات الشخصية .

3. الاستعداد لقبول تحدي الآخرين .

4. قبول إمكانية أن تكون الأفكار الشخصية غير صحيحة .

يجب أن يعلم الأطفال أن الانفتاح العقلي لا يهدد تكامل شخصيتهم ولكنه يؤكد القيمة البشرية للإنسان .مصداقاً لقول رسولنا محمد ﷺ: " **كل ابن آدم خطاء وخير الخطائين التوابون** " أو كما قال ﷺ .

الرغبة في الحقيقة :

يميل معظم الناس إلى الاعتقاد بأن آراءهم صائبة وغالبيتهم يعتقدون أنهم دائماً على حق. ومن الدروس الصعبة التي يحتاج الأطفال إلى تعلمها أنه ليس كل ما يعتقدون بصحته صحيحاً. وأن التفكير البشري يحمل نسبة من الخطأ في ثناياه. ومن الأشياء التي تساعد الأطفال في البحث عن الحقيقة هو تنمية الاتجاه القائل: أنا لست متأكداً. دعنا نجرب. فإن البحث عن الحقيقة يجب أن يدعم بمنحى الشك ولذلك دأب علماؤنا في الماضي على كتابة عبارة " والله أعلم " بعد كل قضية يبحثونها. ويقول الإمام على رضي الله عنه: " لا أدري نصف العلم " وقد حث القرآن الكريم على التفكر في خلق السموات والأرض والبحث عن الحقيقة فقال سبحانه: ﴿**قُلْ سِيرُوا فِي الْأَرْضِ فَانْظُرُوا كَيْفَ بَدَأَ الْخَلْقَ**﴾ [العنكبوت: 20] . فقد صرف آنشتين عشرين سنة من عمره وهو يفكر في نظريته النسبية، يختبر الأدلة التي تؤيدها وتلك التي تعارضها، قبل أن يقرر نشرها. إن التنظيم في عملية البحث واختيار أساليب البحث الفعالة واستخدامها بمهارة تساعد في الوصول إلى الحقيقة. ولكن النجاح غير مضمون في جميع الحالات. وبغض النظر عن النجاح في الوصول إلى المطلوب أو عدمه فإن عملية البحث نفسها وإثارة الدافعية عند الأطفال والرغبة لمعرفة الحق تستحق ما يبذل فيها من جهود.

تعريفات التفكير الناقد

توجد تعريفات كثيرة للتفكير الناقد في الأدب التربوي منها: تعريف واطسون جالسر الـذي يـنص على أنه فحص المعتقدات و المقترحات في ضوء الشواهد التي تؤيدها والحقائق المتصلة بها، بـدلاً مـن القفز إلى النتائج (قطامي، 1990، 706).

ومنها أنه " عملية استخدام قواعد الاستدلال المنطقي و تجنب الأخطاء الشائعة في الحكـم " (عبد السلام، 1982، ص7).

ويتضمن التفكير الناقد في رأينا ثلاثة جوانب :

1. الحاجة إلى الأدلة والشواهد التي تدعم الفكرة قبل الحكم على صحتها.

2. تحديد أساليب البحث المنطقي التي تساعد في تحديد موثوقية الأدلة والشواهد وتقدير مدى مساهمتها في الوصول إلى النتائج المقبولة.

3. مهارة توظيف الأساليب والأدلة والشواهد السابقة واستخدامها في تقـويم الفكـرة اسـتخداماً منطقياً.

ويرى بـول (Paul.1987.P.3) أن التفكير الناقد القـوي لا يكتفـي بمسـاعدة الفـرد عـلى إدراك وجهات نظر الآخرين بل يجعله يدرك أهمية وضع أفكاره تحت تصرف الآخرين ليقومـوا باختبارهـا وتفحصها.

ونحن نرى أن التفكير الناقد يهدف إلى تطوير تفكير الأشخاص لـكي يصبحوا موضوعيين وغـير متحيزين يراعون الدقة والوضوح والعدالة عند اتخاذ القرارات.

مهارات التفكير الناقد

جرت محاولات عديدة لتحديد المهارات اللازمة للتفكير الناقد. يعتبر روبـرت أنيس Roberts (Ennis) أحد قادة حركة التفكير الناقد في أمريكا الشمالية. وقد استطاع أن يعـرف اثنتـي عشر مهارة للتفكير الناقد. نوردها فيما يلي متبوعة بتساؤلات تساعد في نقد الفكرة و تحليلها (Ennis,1995).

المهـــارة	التساؤل الذي يساعد في نقد الفكرة
1- فهم معنى العبارة.	هل العبارة ذات معنى ؟
2- الحكم بوجود غموض في الاستدلال.	هل هي واضحة ؟
3- الحكم فيما إذا كانت العبارات متناقضة.	هل فيها ثبات ؟
4- الحكم فيما إذا كانت النتيجة تتبع بالضرورة .	هل هي منطقية ؟
5- الحكم فيما إذا كانت العبارة محددة بوضوح .	هل هي دقيقة ؟
6- الحكم فيما إذا كانت العبارة تطبق مبدءاً.	هل تتبع قانون معين ؟
7- الحكم فيما إذا كانت المشاهدة موثوقة .	هل هي دقيقة ؟
8- الحكم فيما إذا كانت النتيجة مبررة بقدر كافٍ.	هل هي مبررة ؟
9- الحكم فيما إذا كانت المشكلة معرفة .	هل هي مرتبطة ؟
10- الحكم فيما إذا كان الشيء عبارة عن افتراض.	هل هو مضمون ؟
11- الحكم فيما إذا كان التعريف محدداً بدقة.	هل هو محدد بدقة ؟
12- الحكم فيما إذا كانت العبارة نصاً مقبولاً.	هل هي حقيقة ؟

جدول (7-1)

هناك طريق صحيح واحد يوصلك الغاية وعدد لا نهائي من الطرق الخاطئة. كما يقول بعض الحكماء. إن الأسئلة السابقة من شأنها أن تجعلك تتجنب كثيراً من الطرق الخاطئة. أما في تدريس الأطفال فقد تكون العبارات السابقة غير مفهومة لهم ولكن تطبيق الأسئلة التابعة لها يمكن أن تساعد الأطفال كثيراً في محاكمة الأفكار التي يقرؤونها محاكمة عقلية.

ومن الأهمية بمكان أن يستثمر المدرس الفرصة لتوضيح المصطلحات المستخدمة في الأسئلة.

فإن كثيراً من الطلاب لا يعرفون المعنى المقصود من (ذات معنى) أو (واضحة) أو (الموضوعية) أو (دليل) أو (شاهد) أو(غير منحازة) أو(الثبات) أو (الدقة)..

إن توضيح المعنى المقصود بكل من المصطلحات السابقة وأشباهها وتفسيرها تفسيراً عملياً يمكننا من التفكير بدقة في تفكيرنا.

تعليم التفكير

ويرى بلوم أن التفكير الناقد عبارة عن رديف لمفهوم " التقويم " وهو أعلى مراتب المجال المعرفي التي أطلق عليها الأهداف المعرفية للتربية.

وفيما يلي توصيفاً موجزاً للمستويات الستة لمهارات التفكير في المجال المعرفي حسب تصنيف بلوم :

م	المهارة	العمليات الفكرية
1-	التذكر	قل ما تعرفه، ماذا تتذكر، صف، كرر، عرف، اذكر من، متى، أين، ماذا، ما هو؟
2-	الاستيعاب	صف مستخدماً عباراتك الشخصية، قل: كيف تشعر حول...، وضح المقصود به ... ، فسر ، قارن ، اربط...
3-	التطبيق	كيف يمكن أن تستعملها ؟ إلى أين تؤدي ... ؟ طبق ما تعرفه، استخدمها لحل مشكلة ...، وضح عملياً ...
4-	التحليل	ما هي أجزاء ... ، ما هو النظام ... ، ما هي الأسباب ... ، ما هي المشكلات ... ما هي الحلول ... ، ما هي المترتبات ...؟
5-	التركيب	كيف يمكن أن تكون مختلفة ؟ كيف ...، ماذا هو ... ؟ افترضه ...، طور ... صمم بطريقتك الخاصة .
6-	التقويم	كيف تحكم على ...، هل هي ناجحة ...، هل ستعمل...، ماذا تفضل ... ، من الذي تظن أنه يشبه ...؟

يمكن تنظيم كثير من الأنشطة التعليمية أو تحليلها حسب مستويات بلوم المعرفية. ولنأخذ مثالاً قراءة القصص للأطفال. كيف تسأل أسئلة عن القصة تغطي المستويات الست المذكورة ؟ نورد فيما يلي نماذج الأسئلة في كل من المستويات الستة :

المستوى	الأسئلة
مستوى التذكر	ماذا حدث في القصة ؟ ماذا فعل ... عندما ... ؟
مستوى الاستيعاب	لماذا حدث ... بهذه الطريقة ؟ لماذا أحب ... العصافير أو الطبيعة أو.. ؟ لماذا كره ... ... ؟
مستوى التطبيق	ماذا يمكن أن تعمل لو كنت مكانه ؟ ماذا يمكن أن يحدث لو أن ... عمل ...؟
مستوى التحليل	أي مقاطع القصة أحببته أكثر من غيره ؟ و لماذا ؟ أي مقاطع القصة كانت خيالية أو غير صحيحة ؟ و لماذا ؟ أي الأفكار التي وردت كانت غير واقعية؟ و لماذا ؟
مستوى التركيب	هل يمكن أن تقترح نهاية أخرى للقصة ؟ ماذا كنت ستفعل لو كنت كاتب القصة؟
مستوى التقويم	ما رأيك في القصة ؟ عدد السلبيات و الإيجابيات للقصة من وجهة نظرك ؟ و لماذا ؟ هل كان ... محقاً أو مخطئاً . و لماذا ؟

يحتاج الأطفال إلى مساعدة الكبار لتوجيه مركز اهتمامهم، و توجيههم لاستخدام مستويات التفكير المناسبة وإثارة التساؤلات التي تنظم طريقة تفكيرهم.هناك عدة طرق لمساعدة الأطفال على التفكير الناقد. وتختلف طرق المساعدة حسب نوعية المادة الدراسية ونوعية النشاط المطلوب. فيمكن أن يقوم المعلم بمجموعة بطاقات كل واحدة منها تتعامل مع مستوى من مستويات التفكير بحيث تشتمل البطاقة على الحقائق والأسئلة الرئيسة في ذلك المستوى . ولنأخذ في سبيل المثال تدريس وحدة الطقس في المرحلة الابتدائية؛ من الممكن تنظيم ست بطاقات علي النحو التالي :

تعليم التفكير

1- مستوى التذكر

حقائق للبحث :

تعريف الطقس، ما هو الطقس ؟ كلمات تستخدم في وصف الطقس: المطر، الرياح، العاصفة، الضباب، الرياح، الثلج، ... . مصطلحات ينبغي تعريفها: التجمد، الضغط الجوي، التوقعات الجوية، التبخر، منخفض جوي. أجهزة وأدوات: ميزان حرارة، مقياس الضغط (بارومتر)، خرائط جوية.

2- مستوى التحليل :

أسئلة للتفكير:

لماذا نحتاج إلى التعرف على حالة الطقس ؟ لماذا نحتاج إلى التوقعات الجوية ؟ أين ممكن الحصول على التوقعات الجوية ؟ ما مدى دقة التوقعات الجوية ؟ كيف يمكنك أن تتوقع حالة الطقس ؟

3- مستوى التطبيق:

مشكلات تحتاج إلى الحل :

هل التوقع الجوي لهذا اليوم كان صحيحاً ؟ هل تستطيع عمل خريطة جوية ؟ كيف تستطيع قياس معدل سقوط المطر ؟ هل يمكنك قياس درجة حرارة الجو ؟ كيف تستطيع المقارنة بين حالة الطقس في بلدان مختلفة ؟

4- مستوى التحليل :

ابحث في الأفكار التالية :

* الطريقة التي يؤثر بها الطقس علينا .

* إحصاءات الطقس ومسجلاته .

* أقوال وأمثال تتعلق بالطقس .

* الطقس والسلامة العامة: البرق والرعد، النظر إلى عين الشمس، التجمد على الطرق.

* درجة الحرارة، الضغط الجوي، دورة المياه .

5- مستوى التركيب :

تنمية المهارات :

* صمم محطتك الخاصة للتوقعات الجوية .

* اكتب تقريراً عن كارثة جوية : طوفان ، عاصفة ، صاعقة ...

* اكتب قصيدة تصف الحالة الجوية ، أو مقطوعة أدبية ...

* ألف كتابك الخاص بالطقس .

6- مستوى التقويم :

مراجعة التعلم :

* ماذا تعلمت عن الطقس ؟

* ما هو الطقس الرديء ؟ وما رأيك في هذا الاصطلاح أو المصطلحات المماثلة؟

* ما هي حسنات الطقس الرديء أو السيئ ؟

* ما هي حالة الطقس في أنحاء العالم المختلفة ؟

* ما هي الأشياء التي لم تفهمها عن الطقس ؟

وفي رأي أنيس (Ennis) أن الخطوات الإجرائية للتفكير الناقد خمس على النحو التالي :

1. معرفة الافتراضات .

2. التفسير .

3. تقويم المناقشات .

4. الاستنباط .

5. الاستنتاج .(قطامي،1990، ص706).

أما نيدلر (Kneedler) فقد اقترح اثنتي عشرة مهارة من شأنها أن تنمي أساليب التفكير الناقد

وهي :

1. القدرة على تحديد المشكلات والمسائل المركزية، وهذا يسهم في تحديد الأجزاء الرئيسة للبرهان والدليل .

2. تمييز أوجه الشبه وأوجه الاختلاف، وهذا يسهم في القدرة على تحديد الأجزاء المميزة، ووضع المعلومات في تصنيفات للأغراض المختلفة .

3. تحديد المعلومات المتعلقة بالموضوع، والتي لها قدرة على إجراء مقارنات بين الأمور التي يمكن إثباتها أو التحقق منها. وتمييز المعلومات الأساسية عن المعلومات الهامشية الأقل ارتباطاً.

4. صياغة الأسئلة التي تسهم في فهم أعمق للمشكلة .

5. القدرة على تقديم معيار للحكم على نوعية الملاحظات والاستنتاجات .

6. القدرة على تحديد ما إذا كانت العبارات أو الرموز الموجودة مرتبطة معاً ومع السياق العام .

7. القدرة على تحقيق القضايا البديهية والتي لم تظهر بصراحة في البرهان والدليل.

8. تمييز الصيغ المتكررة .

9. القدرة على تحديد موثوقية المصادر .

10. تمييز الاتجاهات والتصورات المختلفة لوضع معين .

11. تحديد قدرة البيانات وكفايتها ونوعيتها في معالجة الموضوع .

12. توقع النتائج الممكنة أو المحتملة من حدث أو من مجموعة أحداث.(قطامي،990، ص707).

حاول ريبشارد باول (Richard Paul) أن يميز بين ثلاثة أنماط من التفكير بغرض توضيح طرق تعليم التفكير الناقد. فقد اقترح مجموعة من القواعد الأساسية للتفكير الناقد مع طرق تنميها في الحياة اليومية. وذلك من خلال ترجمة النظرية إلى مجموعة من استراتيجيات التفكير المحتملة التي يمكن أن يطبقها المعلم بطريقته الخاصة حسب الظروف. أي أن الاستراتيجيات المقترحة لا تنحو نحو

وصفات الطهي أي تدريس التفكير الناقد من خلال وصفة محددة كما هي الحال عند بعض التربويين بل تفسح المجال للمعلم لكي يعدلها ويكيفها حسب خطته التدريسية.

قسم باول استراتيجيات التفكير الناقد إلى ثلاثة أنواع:

* استراتيجيات عاطفية.

* استراتيجيات القدرات الكبيرة.

* استراتيجيات المهارات الصغيرة.

وهي في الوقت نفسه متداخلة غير منفصلة بعضها عن بعض. وقد عرف باول التفكير الناقد بأنه عدم الانحياز أو العدالة في محاكمة الأمور. يعني هذا التعريف العدالة في التفكير بالإضافة إلى التفكير السليم. كما قسم المفكرين إلى ثلاثة أقسام:

* المفكر الناقد.

* والمفكر الأناني.

* والمفكر غير الناقد.

كما هو موضح في الشكل (7-1) .

ويقصد بالمفكر غير الناقد الشخص الذي لديه مهارات تفكير ضعيفة ويسهل على الآخرين خداعه والتلاعب به وتحريكه والسيطرة عليه. أما المفكر الأناني فهو ذلك الشخص الذي يتبع مساراً ضعيفاً في التفكير يتمركز حول أنانيته ويركز على تحقيق مصالحه الشخصية من خلال التلاعب بأفكار الآخرين ودغدغة عواطفهم.

أما المفكر الناقد فهو إنسان منطقي عادل، غير متحيز يتمتع بمهارات تفكير عالية. وسوف نناقش الاستراتيجيات الثلاثة باختصار:

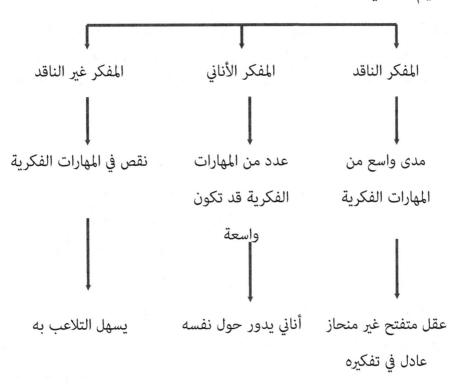

شكل (7-1) أنواع المفكرين

استراتيجية المهارات الصغيرة : (Micro - skills)

ويقصد بها المهارات الأولية أو البسيطة التي تتعلق بالقدرة العامة للطفل وشعوره بنفسه مثل تعريف معاني الكلمات بدقة والمهارات العددية البسيطة.

الاستراتيجية العاطفية : (Affective Strategies)

تهدف هذه الاستراتيجية إلى تنمية التفكير المستقل أي تنمية اتجاه " أستطيع أن أعمل هذا العمل وحدي ". من الضروري تنمية عادة المساءلة الذاتية لدى التلاميذ مثل: بماذا أعتقد ؟ وكيف اعتقدت ذلك. وهل أقبل هذا الاعتقاد فعلاً ؟ وحتى يتمكن الأطفال من تعلم هذه العادة فإنهم بحاجة إلى نموذج حي من الكبار مثل المعلم أو أحد الوالدين أي أنهم بحاجة إلى القدوة الحسنة. يحتاج الأطفال إلى رؤية من يفكرون باستقلالية إذا أردنا أن ننمي لديهم التفكير المستقل. إنهم بحاجة لمن

يعلمهم كيف يحدث التفكير المستقل. أي يريهم إياه عملياً. لا يكفي أن يتعرف الشخص على أفكاره الخاصة بل يجب أن يتفهم وجهات نظر الآخرين. ومن أمثلة ذلك معرفة كيف يمكن لشخصين شاهدا مشاجرة واحدة في الساحة أن يصفاها بطريقة مختلفة حاول التعرف على وجهة نظر كل منهما. وما هي الدوافع التي جعلته يصفها بهذه الطريقة أو تلك.

استراتيجية القدرات الكبيرة : (Macro-abilitics strategies)

يقصد بالقدرات الكبيرة العمليات المتضمنة في التفكير مثل تلك المستخدمة في تنظيم المهارات الفكرية الأولية في خطط فكرية كبرى. فعندما نريد تنمية التفكير الناقد لا نرغب في التركيز على جزئيات التفكير أو المهارات المجزئة وإهمال الكل أو إهمال النظرة الكلية الشاملة .

فمن الاستراتيجيات المعرفية الهامة تنمية التبصر والتعمق في المهارات الميكانيكية وعدم الاكتفاء بأن يعملها التلاميذ دون وعي وإدراك عميقين لها. فإن ممارسة التلاميذ تمارين في قواعد اللغة أو قوانين رياضية من أجل تلك القوانين نفسها دون معرفة للدوافع المنطقية وراء استخدام تلك القوانين لا تسهم كثيراً في تنمية التفكير الناقد. ومن الأسئلة التي يفضل طرحها بعد حل التمرين ما يلي :

* هل هذه هي الطريقة الوحيدة لحل المشكلة ؟ أو

* هل هذه هي أفضل الطرق لحل المشكلة ؟

* ألا نستطيع التفكير بطريقة أخرى ؟

* أي الطرق أفضل ؟ ولماذا ؟

يحب أن يعرف الطلاب أن هناك هدفاً للتعلم. وأن هناك هدفاً للتفكير. وأن القواعد والقوانين لها أهداف وأن أنشطة الإنسان كلها هادفة. ولذا فإن اكتشاف الأهداف الضمنية هي إحدى الاستراتيجيات الهامة الأخرى. التي تفترض أن أنشطة الإنسان لها أهداف مسبقة كما تفترض وجود أسباب وطرق لتنفيذها. وتوجد غالباً

طرق أخرى لعمل الأشياء كما أن بعض هذه الطرق أفضل من بعض. إن الطفل الذي يعرف الهدف من عمل الأشياء يكون في وضع أفضل لفهم تلك الأشياء والحكم عليها. نلاحظ كثيراً من الطلاب يأخذون دروساً في العلم ولكن لا يعرفون ما هو العلم. كما يدرسون عن العلماء. ولكن لا يعرفون ما يعمل العلماء ؟ ولا يعرفون ماذا يدرس العلماء ؟ وكيف يكتشفون القوانين و النظريات ؟ كما أنهم لا يعرفون كيف يطرح العلماء الأسئلة ؟.

إن السؤال الذي يطرح على المفكر الناقد ليس (ماذا نعمل فقط ؟) بل. (ولماذا نعمل؟).

وإن القدرة على التقويم من العمليات الاستراتيجية الأساسية للتفكير الناقد. فإن تقويم الأفكار والأدلة والأفعال والحلول والمجادلات أمر هام. وتتضمن عملية التقويم خطوتين: الأولى تطوير معايير التقويم؛ والخطوة الثانية استخدام تلك المعايير في الحكم على الأشياء.

عندما يتحول الطفل إلى مفكر ناقد سوف يعرف أن التعبير عن إعجابه بالشيء لا يكفي للحكم على صحة ذلك الشيء. ولا بد من معرفة الغرض من التقويم ولا بد من معرفة معايير التقويم ولا بد من استخدام تلك المعايير في عملية التقويم.

ومن الاستراتيجيات الكبرى التعرف على المعايير التي يستخدمها الآخرون في الحكم على الأشياء. لو نظرت إلى الإعلانات التجارية في التلفزيون. ما هو الانطباع الذي تأخذه منها ؟ لماذا تشتري ذلك المنتج ؟ ماذا يريد صاحب الإعلان منك أن تشعر؟ ما هي معايير الإعلان الجيدة في رأيك ؟ وإذا نظرت إلى الأخبار في التلفزيون أو في الصحف، ما هي المعايير التي وضعها الإعلاميون للحكم على صحة الأنباء ؟ ما هي المعايير التي لم يستخدموها وينبغي عليهم استخدامها ؟ وما هي المعايير التي ستستخدمها لو كنت مكانهم. وتأتي الخطوة الثانية فبعد وضع المعايير ينبغي التمييز بينها بمعنى ترتيبها حسب درجة الأهمية. أي هذه المعايير أهم وأكثر أثراً

في تحقيق الهدف؟ ما هي المترتبات على هـذا المعيـار؟ إلى مـاذا يـفضي هـذا التفكـير؟ ينبغـي تمـرين الطلاب على تقويم الأفكار والأشياء والأحداث مـن خـلال سلسـلة مفتوحـة مـن التسـاؤلات. لا يمكـن للأطفال أن يصبحوا مفكرين ناقـدين دون ممارسـة عمليـة للنقـد وإصـدار الأحكـام في ضـوء معـايير واضحة.

ويمكن استخلاص الاستراتيجيات الست التالية التي يمثلها الشكل (7-2):

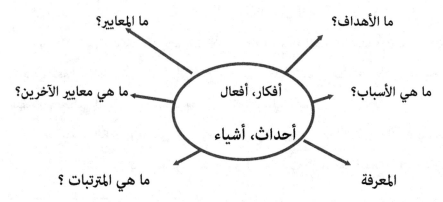

شكل (7-2) استراتيجيات التفكير الناقد

1. معرفة الفكرة أو الشيء أو الحدث أو الفعل وتحديد معناه .
2. التعرف على الأسباب والمسببات .
3. معرفة الأغراض أو الأهداف التي يرمي إليها .
4. القدرة على التقويم من خلال معرفة المعايير والالتزام بتطبيقها .
5. معرفة المعايير التي يستخدمها الآخرون .
6. معرفة المترتبات المستقبلية والتتابعات التي تبنى على ذلك الشيء أو الفكرة أو الحدث.

طرح الأسئلة المناسبة

من أهم وسائل تنمية التفكير الناقد وتوسيعه؛ طرح الأسئلة ذات النهايات المفتوحة التي تحـض على التفكير وتنمي الإبداع. وقبل أن نبدأ في معرفة خصائص الأسئلة الجيدة أود منك أخـي المعلـم أن تجيبني على السؤال التالي :

* ماذا سيكون الجواب عندما لا يسألك أحد؟

سأفترض أنك أجبتني على السؤال. وبناءً عليه سنبدأ في موضوعنا وهو: ما مواصفات السؤال الجيد ؟

أقول: السؤال الجيد عبارة عن بطاقة دعوة للتفكير، أو بطاقة دعوة للعمل، إنه ذلك السؤال الذي يثير التفكير ويحرك الشخص ويطلق طاقاته الكامنة ويفتح له المجال لاحتمالات كثيرة ومشكلات كثيرة. إنه سؤال منتج يلزم الشخص الذي يوجه إليه بالاستجابة. إنه يولد أسئلة كثيرة. لعلك عرفت الآن جواب السؤال الذي وجهته إليك آنفاً. إنه السؤال الجيد الذي يثير التفكير ويحرر الطاقات المكبوتة في نفوس الحاضرين. ومن الأشكال التي يأخذها السؤال الجيد ما يلي :

1- الأسئلة التي تركز الانتباه على الموضوع ومن أمثلتها :

هل رأيت كذا ...؟ هل لاحظت ...؟ ما هذا ...؟ انظر ...؟

إن اختيار المشاهدات الأولى في الدرس وتركيز الأسئلة عليها تثير كثيراً من الأسئلة في عقول التلاميذ، وتحفزهم على البحث .

2- الأسئلة التي تقود إلى المقارنات، ومن أمثلتها :

ما عدد ...؟ ما طول ...؟ متى يحدث ...؟ ما مقدار ...؟

إن مثل هذه الأسئلة تساعد الأطفال في المقارنة بين الأشياء كما تساعدهم على تصنيفها وتركز انتباههم عليها بطرق مختلفة، وتدعوهم إلى التقويم الذاتي لأنفسهم.

3- الأسئلة التي تهدف إلى التوضيح ومن أمثلتها :

ماذا تعني بـ...؟ هل تستطيع أن توضح أكثر ؟ أعطني مثالاً عما تقول .

هل يمكن أن تريني ...؟ هل يمكن وضعها بطريقة أخرى ؟ إن مثل هذه الأسئلة تساعد الطلاب على التفكير في تفكيرهم ومراجعته. وتجعلهم يركزون على ما يعنونه حقاً باستخدامهم للكلمات. الأمر الذي يحرضهم على استخدام التعبير المناسب وانتقاء الألفاظ المعبرة عن الواقع أو عن المعنى المقصود .

4- الأسئلة التي تثير التساؤلات ومن أمثلتها :

ماذا تحتاج أن تعرف عن ...؟ كيف تتأكد من ..؟ هل من طريقة لإيجاد ...؟ ماذا يمكن أن يحدث لو أن ...؟ إن مثل هذه الأسئلة تفتح الآفاق وتفتق الذهن لمزيد من المعرفة بالموضوع. كما تنير لنا طريق التطبيق وآفاق المستقبل. وتجعل الطفل يفكر بالمترتبات المستقبلية على السلوك .

5- الأسئلة التي تبحث عن الأسباب ومن أمثلتها :

كيف عرفت؟ لماذا تقول كذا ...؟ ما الأسباب التي دعتك لـِ ...؟ ما الأدلة المتوفرة لديك ؟ لماذا فكرت في هذا ؟ إن هذه الأسئلة تقود إلى مزيد من توضيح الموضوع. فإذا أردنا أن نعرف بماذا يفكر الطفل فعلينا أن نسأله عن ذلك؛ لأنه في الغالب يعرف بماذا يفكر.

من المعروف أن الأطفال يسألون كثيراً لدرجة مزعجة أحياناً وأكثر الأسئلة إزعاجاً هي تلك التي تبدأ بـ لماذا لأن الكبار لا يعرفون الإجابة عنها. ولكن رغم ذلك إذا أردنا أن ننمي حب الاستطلاع عندهم يجب أن نشجعهم على الأسئلة. رغم ما فيها من إزعاج وليس لنا إلا الصبر والحلم وسعة الصدر وإن الله مع الصابرين، والصبر نصف الإيمان. فعقل الطفل بطبيعته عقل متسائل وينبغي تقبل هذه الحالة وتشجيعها.

طرق تشجيع الأسئلة

يستطيع المعلمون أن يشجعوا الأطفال على التساؤل من خلال عدة طرق منها :

* أن يبدأ المعلم بالتساؤل ولا ينتظر حتى يبدأ التلاميذ. ليشارك التلاميذ دهشتهم وانبهارهم وحبهم للاستطلاع كأن يقول: وأنا أيضاً أتعجب لماذا يحدث ...؟ وليكن هو قدوتهم في العقل المتسائل.

* يوفر لهم الكتب والمراجع والقصص والأشياء والألعاب و المواد الخام التي تثير حب الاستطلاع.

* يشجع الأطفال على إحضار أشياء مثيرة للإعجاب .

* تعريض الأطفال إلى الأسئلة الإنتاجية و الأسئلة المستفزة أو التي تغضبهم أو تستفزهم. والأسئلة ذات النهايات المفتوحة التي لا يكون لها جواب محدد .

طرق الاستجابة للأسئلة

ومن المعروف أن بعض الأسئلة لا يمكن الإجابة عنها. وبعضها يصعب الإجابة عليها. في هذه الحالة من المناسب جداً أن يعترف المعلم للتلاميذ أنه لا يعرفها. ليكون قدوة للتلاميذ في هذا المجال ويمكن أن يتبع ذلك سؤال: كيف يمكن أن نكتشف أو أن نعرف ذلك ؟ وقد روي عن الإمام علي بن أبي طالب رضي الله عنه قوله : (نصف العلم لا أدري).

على أن الإجابة عن أسئلة الأطفال تتنوع كثيراً. فبعض الأسئلة قد يقصد منها جلب الانتباه فقط وبعضها قد يقصد منها فتح باب للحديث. وبعضها قد يقصد منها إظهار الاهتمام بالشيء وليس الحصول على جواب عنه، وبعضها قد يعني الرغبة في مناقشة الموضوع. فالأسئلة في كثير من الحالات ليست كما تبدو لأول وهلة ولذا على المعلم أو الوالد التنبيه للحالة التي طرح فيها السؤال وللسياق الاجتماعي والنفسي للموقف ليتمكن من إعطاء الاستجابة المناسبة. ولعل إتباع أحد الاستراتيجيات التالية يفيد في تحديد الاستجابة الصحيحة:

* حلل السؤال بواسطة طرح استفسارات عليه لمزيد من تبصيره بالمعنى الذي يقصده . كأن تسأله : ماذا تعني بـ...؟

* أعد صياغة السؤال بلغة أخرى للتوضيح مثل : هل تريد أن تقول ...؟

* توجيه السؤال ثانية إلى الطفل نفسه وتطلب منه الإجابة عنه مثل: وما هو رأيك أنت؟ أو ما هي فكرتك عن ...؟ أو ماذا تعتقد ...؟

* طرح أسئلة مساعدة من شأنها توضيح السؤال المطروح وتحديده. مثل: وأنا أتساءل فيما إذا كان ...؟

* اقتراح خطة بحث وتأمل واستفسارات مثل: ربما نستطيع أن ...؟

منح الأطفال الوقت الكافي

إن استخدام الصمت أو السكوت في الوقت المناسب يساعد في تنمية التفكير، بعض المعلمين لا ينتظر أكثر من ثانية واحدة أو ثانيتين قبل أن يعطي السؤال لطالب آخر. إذا كانت فترة الصمت بعد إلقاء السؤال قصيرة فمعنى ذلك أننا نشجع الإجابات القصيرة التي تعتمد على الذاكرة أو التفكير السطحي. أما إذا كانت فترة الصمت طويلة نسبياً؛ فإن ذلك يشجع الإجابة بجمل كاملة كما أنها تعطي الطلاب الفرصة لاختيار نوع تفكيرهم ولإنجاز عملية التفكير في الإجابة. فالسكوت بعد طرح السؤال يساعد في تعليم الطفل أن التفكير هو مسؤولية الطالب وليس مسؤولية المعلم .

لقد بينت الأبحاث التربوية أن إعطاء فترة من الصمت بعد طرح السؤال أو بعد استلام الجواب يؤدي إلى استجابة موسعة وإلى استخدام طرق فكرية [Fischer,1979,P.79].

التفكير المنطقي (Logical Reasoning)

يرى كثير من الخبراء أن القواعد الأساسية للتفكير المنطقي تؤسس منذ الصغر. وقد اقترح بعضهم الخبرات المفتاحية التالية لتنمية التفكير المنطقي لمن هم في حدود الخامسة من العمر:

1. فحص خصائص الأشياء و تصنيفها .

2. المقارنة بين الأشياء و تعداد أوجه التشابه و أوجه الاختلاف فيما بينها .

3. استخدام الشيء و وصفه بطرق مختلفة .

4. وصف الخصائص التي لا يمتلكها الشيء .

5. تمييز الجزء عن الكل أو التصنيف في مجموعات فرعية .

6. فهم العلاقات السببية بين الأشياء و الارتباطات المنطقية فيما بينها مثل عبارة إذا ...فإن ... .

7. ترتيب الأشياء حسب الطول أو السعة أو الثقل أو ...

لقد اعتبر المنطق منذ القديم بأنه دليل على التفكير السليم، كما نظر إلى التفكير المنطقي بأنه عملية التفكير السليم. يعتمد المنطق البحث على المنحى الرياضي في معالجة المعرفة لذلك يسمى أحياناً الذكاء الرياضي. ومن الأشكال التقليدية للتفكير المنطقي استخدام الأسلوب الذي يتكون من عبارتين تسمى الأولى منهما المقدمة الكبرى والثانية المقدمة الصغرى متبوعتان بعبارة ثالثة تكون هي النتيجة المنطقية المبنية على المقدمتين ومن أمثلة ذلك:

جميع الأطفال يحبون الحلوى .... المقدمةالكبرى

حســـن طـــفل .... المقدمة الصغرى

إذن حسن يحب الحلـوى .... النتيجــة .

يمكن تمرين الأطفال على إجراء مثل هـذه الاستنتاجات مـن خـلال تزويـدهم بنتـائج مختلفـة يطرحها المعلم مثل :

جميع السمك يسبح   الهامورة سمكة   إذن الهامورة تسبح

ولكن هناك أمثلة خاطئة لمثل هذه الاستنتاجات ومن أمثلة ذلك :

جميع السمك يسبح   حسن يسبح   إذن حسن سمكة

مثال آخر :

جميع الأطفال يحبون الحلوى   عبد الصبور يحب الحلوى

إذن عبد الصبور طفل

وغني عن القول: إن عبد الصبور قد لا يكون طفلاً .

ومن الضرورة تعليم الأطفال كيف يختبرون مصداقية المقدمات والنتائج من خلال رسم دوائر تضم المجموعات المختلفة كما هي في الشكل (7-3)

شكل(7-3)

إن رسم المجموعات أو الدوائر يساعد في اكتشاف العلاقة بين المقدمتين وبين النتيجة و توضيحها وهل هما ضمن مجموعة واحدة أم في مجموعتين مختلفتين. وبعد ذلك يطلب المعلم من التلاميذ أن يضربوا الأمثلة ويرسموا المجموعات في دوائر كما سبق، ويناقشهم في ذلك. ويشجعهم على أن تكون الأمثلة من الحياة الواقعية بقدر الإمكان. كما يشجعهم على التمييز بين الكل والجزء في تحليل المناقشات. ويمكن أن تكون الأمثلة على مستويات مختلفة لتلائم مستويات عمرية مختلفة كذلك. وهناك عبارات تحتوي على فكرتين يربط بينهما حرف ومنها :

الجمل التي تتضمن الحرف "أو" عبارة عن جملة تعطي اختياراً بين فكرتين وهي تتكون من جزأين يفصل بينهما حرف " أو " مثل: إما أن تذهب إلى المدينة المنورة أو مكة المكرمة ومن الممكن أن يكون كل من الجزأين صواباً أو خطأ ويمكن أن يكون أحدهما خطأ. فإذا كان كل من الجزأين الأول والثاني خطأ فإن الجملة كاملة تكون خطأ. وإذا كان كل منهما صواباً فإن الجملة كاملة تكون صواباً وكذلك إذا كان أحدها صواباً فإن الجمل تكون صواباً. مثل: إما أن يكون غداً أول أيام عيد الفطر أو أن يكون اليوم الرابع من رمضان.

فإذا كان أحد الجزأين صواباً فإن الجملة تكون صائبة. وإذا كان الجزءان خطأ فإن الجملة تكون خاطئة.

الجمل التي تتضمن الحرف "و" وهي جمل تتكون من فكرتين مرتبطتين معاً مثل: يمكن أن تذهب إلى المدينة المنورة ومكة المكرمة .

تتكون الجملة من جزأين يفصلهما الحرف " و" وتكون الجملة كاملة صائبة إذا كان كلا الجزأين صائباً. وتكون الجملة خاطئة إذا كان أحد الجزئين خاطئاً أو إذا كان كلاهما خاطئاً.

الجملة التي تحتوي على نفي النفي مثل: من الخطأ أنني لست ذاهباً. إن هذا النوع من التعبير غير مستحب لأنه يعقد الأمور ويصعب الجمل ويجعلها عسيرة على

الفهم ولكن من المعروف أن نفي النفي إثبات. ونقيض آخر مـن غـير جنسـها ويسـمى النقيض غـير المباشر مثل :

الجملة : هذا جيد .

النقيض المباشر : هذا ليس جيداً .

النقيض غير المباشر : هذا رديء . بالتأمل في هذه الجمل تتوصل لما يلي :

أ. إن استخدام النقيض المباشر للنفي مثل: هذا ليس جيداً يعني أنه قد يكون رديئاً وقد يكون متوسطاً أو شيئاً آخر، ولكنه ليس جيداً.

ب. ولكن عندما استخدمنا النقيض غير المباشر في نفي الجملـة مثـل: هـذا رديء فـإن المعنـى المحتمل للجملة واحد فقط وهو أن هذا الشيء رديئاً ولا يوجد احتمال آخر.

ج. عند نفي النقيض المباشر مثل: ليس هذا غير جيد. فإن المعنى المحتمل لهـذه الجملـة هـو أنه جيد فقط.

د. عند نفي النقيض غير المباشر مثل : ليس هذا رديئاً .

فإن الجملة تحتمل أكثر من معنى واحد؛ فقد يكون الشيء جيداً و ربما يكون وسطاً أو شيئاً آخر ولكنه على أي حال ليس رديئاً أي أن النقيض المباشر هو النقيض المنطقي للجملة وأن نفي النقيض غير المباشر هو أيضاً النقيض المنطقي للجملة.

4- الشرط الضروري والشرط الكافي :

عندما يكون شيئان مرتبطين معاً. فقد يكون أحدهما شرطاً ضرورياً لوجود الآخر لكنه غـير كافٍ وقد يكون شرطاً كافياً لوجود الآخر .

مثال :

المطر والغيوم شيئان مرتبطان معاً فيمكن القول :

* هطول المطر يعني وجود الغيوم .

* وجود الغيوم لا يعني هطول المطر .

تتكون كل من الجملتين السابقتين من جزأين وعلينا التمييز بين الشرط الكافي والشرط الضروري .

فوجود المطر ليس ضرورياً (لازماً) لوجود الغيوم فقد توجد الغيوم دون وجود مطر. لكن المطر شرط كاف لوجود الغيوم .

ولكن وجود الغيوم ليس شرطاً كافياً لوجود المطر فقد توجد غيوم ولا يوجد مطر. وفي الوقت نفسه فإن وجود الغيوم يعد شرطاً ضرورياً لوجود المطر.

5- عبارة " إذا . . . فإن "

عبارة " إذا . . . فإن " هي جمل يكون فيها احتمالان مرتبطان بعضهما ببعض بحيث أن وقوع أحدهما يدل على وقوع الآخر. أي يكون الاحتمال الثاني المرتبط بكلمة " فإن " شرطاً ضرورياً لحدوث الاحتمال الأول المرتبط بكلمة " إذا ". وفي الوقت نفسه يكون الاحتمال الأول شرطاً كافياً لحدوث الثاني.

مثل:

إذا كان هناك مطر فإن هناك غيوماً. أي أننا نستنتج وقوع الأمر الثاني من الأمر الأول لأن الأمر الثاني شرط ضروري لوقوع الأمر الأول. وبعبارة أخرى فإن الأمر الأول لا يحدث بدون وجود الأمر الثاني .

6- الفرضية وعكسها :

تستخدم عبارات الفرضية وعكس الفرضية، وتضاد الفرضية وعكس التضاد أو ما يسمى أحياناً الإيجابية العكسية، ولنوضح ذلك بمثال :

الفرضية: إذا كان هناك مطر فإنه لن يكون هناك غيوم.

عكس الفرضية: إذا لم يكن هناك مطر فإن هناك غيوماً.

تضاد الفرضية: إذا كان هناك غيوم فإن هناك مطراً .

عكس التضاد: إذا لم يكن هناك غيوم فلن يكون هناك مطر .

في ضوء معرفتنا السابقة لمعنى الشرط الضروري والشرط الكافي فإن بالإمكان الحكم على صحة العبارات السابقة أو خطأها.

* الفرضية: صحيحة. لأن وجود الغيوم ضروري لوجود المطر .

* عكس الفرضية: غير صحيح . لان عدم وجود المطر لا يعني عدم وجود الغيوم. فقد توجد غيوم و لا يهطل المطر .

* تضاد الفرضية: غير صحيح . لان وجود المطر ليس شرطاً ضرورياً لوجود الغيوم. لأنه قد توجد غيوم ولا يوجد مطر .

* عكس التضاد: صحيح . لأن عدم حدوث المطر شرط ضروري لعدم وجود الغيوم. أو عدم وجود الغيوم شرط كاف لعدم حدوث المطر .

نستنتج من ذلك أن الفرضية تكافئ عكس تضاد الفرضية من حيث المعنى والصدق. وأن عكس الفرضية يكافئ تضاد الفرضية من حيث المعنى والصدق أيضاً. ويمكن تلخيص ذلك على النحو التالي :

إذا كان هناك مطر فإن هناك غيوماً = إذا لم يكن هناك غيوم فلن يكون هناك مطر .

إذا مطر . . . . . فإن غيوم = إذا ليس غيوم فإن " ليس مطر "

عبارة صحيحة عبارة صحيحة

إذا س فإن ص = إذا – ص فإن – س

مثال آخر :

أ. فرضية : إذا لم تنتبه فإنك لن تفهم الدرس .

ب. عكس الفرضية : إذا انتبهت فإنك تفهم الدرس .

ج. تضاد الفرضية : إذا لم تفهم الدرس فإنك لم تنتبه .

د. عكس تضاد الفرضية : إذا فهمت الدرس فإنك انتبهت .

عبارة أ = عبارة " د " من حيث الصدق (كلاهما عبارة صادقة)

عبارة ب = عبارة " ج " من حيث الصدق (كلاهما عبارة خاطئة)

مثال آخر :

أ. فرضية : إذا سافرت الآن فإنك تصل في الوقت المعين .

ب. عكس الفرضية : إذا لم تسافر الآن فإنك لن تصل في الوقت المعين .

ج. تضاد الفرضية : إذا وصلت في الوقت المعين فإنك سافرت الآن .

د. عكس تضاد : إذا لم تصل في الوقت المعين فإنك لم تسافر الآن .

أ = د من حيث الصدق (كلاهما عبارة صادقة)

ب = ج من حيث الصدق (كلاهما عبارة خاطئة)

أي أن الفرضية تساو عكس تضاد الفرضية من حيث قيمة صدقها وعكس الفرضية تساوي تضاد الفرضية من حيث قيمة صدقها .

تمرين 1 :

إذا اعتبرنا العبارة الأولى فيما يلي فرضية. حدد عكس الفرضية وتضادها وعكس التضاد في العبارات اللاحقة :

1) إذا كانت أسنانك نظيفة فإنك تستعمل معجون كولجيت .

أ. إذا كانت أسنانك غير نظيفة فإنك لم تستخدم معجون كولجيت .

ب. إذا استخدمت معجون كولجيت فإن أسنانك نظيفة .

ج. إذا لم تستخدم معجون كولجيت فإن أسنانك غير نظيفة .

2) إذا كانت بشرتك ناعمة فإنك تستخدمين كريم ميزون .

أ. إذا كانت بشرتك خشنة فإنك لا تستخدمين كريم ميزون .

ب. إذا كنت تستخدمين كريم ميزون فإن بشرتك ناعمة .

ج. إذا لم تستخدمي كريم ميزون فإن بشرتك خشنة .

تمرين 2 :

في التمرين السابق عين العبارات الخاطئة والعبارات الصادقة ثم حدد العبارات المتساوية من حيث الصدق .

7- " فقط إذا "

مثال : يسقط المطر فقط إذا كان هناك غيوم أو
فقط يحصل المطر إذا كان هناك غيوم

تتكون العبارة من جزأين جزء " فقط " وجزء " إذا " وإن الجزء المرتبط به " إذا " يعد شرطاً ضرورياً لحصول الجزء المرتبط به " فقط " أي أن عبارة " فقط ـ إذا " تكافئ عبارة " إذا ـ فإن " .

ويمكن أن يعطي للطلاب الكبار عبارات مثل :

إذا ... س فإن ...ص ، س عندئذ ص

مثال : إذا كان المطر منهمراً سوف نبتل ، المطر ينهمر إذن . . .

ولكن الأطفال و الكبار على حد سواء يمكن أن يصلوا إلى استنتاجات خاطئة من مسائل مثل: إذا س فإن ص، ليست س إذن . . . (ليست ص خاطئة) .

مثال : إذا كان المطر منهمراً فإننا سنبتل . المطر غير منهمر إذن لا نبتل (نتيجة خاطئة) (الصحيح لا نستطيع استخلاص هذه النتيجة من تلك المقدمة لأننا يمكن أن نبتل من مصدر آخر).

ومن الأمثلة الأخرى :

إذا س فإن ص ، ص إذن س (س نتيجة خاطئة) .

مثال : إذا كان المطر منهمراً فإننا سنبتل؛ إننا نبتل إذن المطر منهمر [هذه نتيجة خاطئة والصحيح أنه لا يمكن الوصول إلى نتيجة من هذه المقدمة لأننا يمكن أن نبتل من أي مصدر آخر كأن نكون وقعنا في بركة ماء مثلاً]

هناك أخطاء شائعة في الاستنتاجات في مستوى الكبار والصغار من مثل الأمثلة السابقة. فعندما يكون شيئان أو حدثان مرتبطين معاً فإن غياب أحدهما لا يستدعي بالضرورة غياب الآخر وهنا يأتي دور التفكير الإبداعي الذي يعتبر عاملاً مكملاً وضرورياً للتفكير الناقد في مثل هذه الحالات. فالحقيقة يمكن أن تكون ضمن عوامل أخرى لم يأخذها التفكير المنطقي الاستنتاجي بعين الاعتبار. ومكمن الخطأ في التفكير المنطقي أنه يركز على ما يقال ولا يأخذ بعين الاعتبار كيف قيل. ولذلك يعيب الخبراء على التفكير المنطقي الاستنباطي أو الاستدلالي عدم واقعيته في معالجة الأمور أحياناً. فنحن في الحياة اليومية نفهم

الكلام ضمن السياق الاجتماعي والنفسي الذي قيل فيه. فلا نتتبع الكلمات والجمل فحسب بل ننظر إلى الخلفية المعلوماتية والى نية المتحدث وقصده. ففي المحاكمات العقلية للأمور الحياتية لا نفصل الكلام عن السياق الذي قيل فيه . فاللغة لا تتكلم إلا ضمن سياق. وإن الفهم الصحيح للغة هو الذي يأخذها بسياقها أي يأخذ للسياق الاجتماعي والنفسي والبيئة والموقف اعتبارها وأثرها في فهم المعنى المقصود.

إن المعالجة العقلانية للأمور اليومية في حياتنا جزء لا يتجزأ من طرق فهمنا للعالم الخارجي؛ التي تتضمن استخدام الحزر و التخمين أو الخرص كما تتضمن تتبع المعلومات، واستخدام الفهم العام، وطرق استخدام اللغة لتوليد المعاني. وعليه فإن التفكير المنطقي الاستنباطي لا يعني أنه التفكير السليم ولا يعني التفكير الواضح دائماً. انظر إلى الاستدلال التالي :

لا قط له عشرة أذناب.

قطتي لها ذنب واحد أكثر من لا قط.

إذن لقطتي عشرة أذناب.

هذا الاستدلال صحيح إذا اعتبرنا أن للكلمات معانٍ ثابتة. ولكن إذا لاحظنا تغير المعنى لبعض الكلمات بين المقدمة الأولى والثانية عرفنا سبب الخطأ في الاستنتاج. إن كثيراً من الاختلافات في الحياة اليومية ليست خلافات حول الأسباب ولكنها اختلافات في تعريف الكلمات والأفكار. إنها ليست خلافات حول العالم بقدر ما هي خلافات حول الكلمات التي نصف بها العالم. إن خدع المجادلات منذ القدم تعتمد على ما يقصد من الكلام. فالكلمات يمكن أن تعطي معاني كثيرة سواء على المستوى الشخصي أو المستوى الاجتماعي. ولكن معنى الكلمات لا يعتمد على المعنى القاموسي لها ولكن يعتمد أيضاً على السياق الذي تقال فيه على الافتراضات المشتركة بين طرفي عملية الاتصال وعلى مستوى التآلف بينهم . ولكي توضح لطلابك مدى اختلاف الناس في استخدام الكلمة بمعانٍ مختلفة

اطلب من كل واحد مهم أن يكمل العبارة التالية: الصداقة تعني. . . أو المحبة تعني. . . ثم قارن المعاني التي كتبها الطلاب بالمعنى الموجود في القاموس . ومن المناسب أن تلاحظ مستوى الصداقة بين الأفراد والقيم التي يتشاركون في فهمها مع المعاني التي دونوها إضافة لمقارنتها مع المعنى القاموسي للكلمة .

ويعتمد المعنى على لهجة الكلام ونغمة الصوت أو اللحن في القول. وقد ذكر الله سبحانه وتعالى ذلك في القرآن الكريم في معرض ذكره لصفة المنافقين واليهود وكيف كانوا يلحنون في القول لرسول الله ﷺ وهم يقصدون معاني أخرى غير المعنى الظاهري للكلام. فقال سبحانه : {**وَإِنَّ مِنْهُمْ لَفَرِيقاً يَلْوُونَ أَلْسِنَتَهُمْ بِالْكِتَابِ لِتَحْسَبُوهُ مِنْ الْكِتَابِ وَمَا هُوَ مِنْ الْكِتَابِ**} [آل عمران: 78] وقال : {**وَلَوْ نَشَاءُ لأَرَيْنَاكَهُمْ فَلَعَرَفْتَهُمْ بِسِيمَاهُمْ وَلَتَعْرِفَنَّهُمْ فِي لَحْنِ الْقَوْلِ وَاللـه يَعْلَمُ أَعْمَالَكُمْ**}[محمد: 30] وفي الحديث أن يهودياً مر على النبي ﷺ. فقال: السام عليكم. يلوي لسانه يوهم أنه يقول السلام عليكم، فقال النبي ﷺ: وعليكم. فأجابته عائشة عليك السام واللعنة. فعاتبها النبي ﷺ على ذلك، فقالت: ألم تسمع ما قال؟ فقال لها ﷺ: ألم تسمعي ما قلت ؟ إن تأكيد المتكلم على بعض الأحرف أو الكلمات أو مدها يمكن أن يعطي معاني جديدة. ولذلك يمكن أن نستخدم الكلمة الواحدة لنقل معانٍ مختلفة إذا استخدمها في سياقات مختلفة. ومن حقنا أن نتساءل: هل يقصد الناس ما يقولونه دائماً ؟ أو هل يقول الناس ما يقصدونه ؟.

وقد اقترح كورز يبسكي (Korz yabski) ثلاث قواعد عامة لفهم دلالات الألفاظ (Fisher,1990,p : 83-84)

1- قانون عدم التشابه : (أ) ليست (أ) :

ويقصد بذلك أن الكلمة التي نستخدمها لتدل على شيء [ليست ذلك الشيءنفسه] ينبغي مساعدة الأطفال ليدركوا أن الكلمة ليست سواء مع الشيء الحقيقي .ويمكن أن يتم ذلك من خلال أسئلة مثل: ما الأعمال التي يمكن أن

تعملها بقطعة الخبز أو قطعة و رق أو سرير ولا تستطيع عملها بالكلمات خبز، ورق، سرير. وما الأعمال التي يمكن أن تعملها بالكلمات ولا تستطيع عملها بالأشياء الحقيقية ؟

2- قانون عدم الكلية : (أ) ليست كل (أ) :

[أي أن الكلمة لا تمثل الشيء الحقيقي بجميع صفاته] لو أخذنا كلمة خبز على سبيل المثال. هل هذه الكلمة تمثل جميع ما يتعلق بالخبز من صفاته وأنواعه ؟ اطلب من التلاميذ أن يذكروا كل ما يتعلق بالخبز. مثل: أشكاله وأنواعه، استخداماته، المواد التي يصنع منها الخبز، طرق خبزه، مذاقه، تركيبته الكيماوية، فوائده الغذائية، طرق استهلاكه، الأضرار الناجمة عن الإفراط في أكله، الوصفات الطبية لبعض أنواعه وعلاقتها ببعض الأمراض، إنتاجه، البلدان المصدرة للحبوب التي تستخدم في الخبز، آثاره الاقتصادية، الأمن الغذائي، كم يأخذنا من الوقت لوصف هذه الأمور ؟ هل لإمكاننا القيام بذلك ؟ هل يمكن وضع حدود لمعرفتنا عنه؟ إذن الكلمات التي نستخدمها لا تمثل كل شيء عن مدلولاتها الحقيقية .

3- قانون الانعكاس الذاتي: (أ) يمكن أن تكون (أ) ويمكن أن تكون (أ) لا(أ):

[الكلمات يمكن أن تشير إلى أشياء حقيقية ويمكن أن تشير إلى كلمات أخرى]، وبعبارة أخرى يمكن أن نستخدم الكلمات للحديث عن كلمات أو يمكن أن نستخدم اللغة للحديث عن اللغة دون أن تدل الكلمات على أشياء حقيقية ويمكن في بعض الحالات أن يصبح الكلام فارغاً من المعنى إذا قصد أحد أطراف الحوار ذلك. كما قال رئيس وزراء إسرائيل عندما بدأت مفاوضات مدريد للحل السلمي مع العرب: " سوف نتفاوض حول المفاوضات " إذن الكلمات يمكن أن تكون متعلقة بكلمات وليس بأشياء وأفعال حقيقية. وقد أثبتت الأحداث فيما بعد أنه كان يقصد أن تتعلق كلمات المفاوضات بالكلام فقط ولا تتعلق بالأفعال أو الأشياء التي ترمز إليها.

لذا يجب تعويد الأطفال على ربط الكلمة بمدلولها الواقعي مع تحضير المعنى المقصود وبعبارة أخرى يجب التركيز على المعنى. اجعل الأطفال يكتشفون طرقاً أخرى لنقل المعنى إلى الآخرين غير طريق الكلمات. هل يمكن نقل المعنى بالإشارة أو بالعين مثل الغمز ؟ وكيف يمكن أن يفسرها الطرف الآخر ؟ وهل يمكن نقل المعنى بالكلمات بطريقة أفضل من الإشارة أم العكس ؟.

خلاصة القول: إنه ينبغي استخدام الكلمات والتعبيرات بعناية ودقة ولا يجوز فصل الكلمة عن سياقها إذا أردنا فهم المعنى المقصود منها.

تنميط الخبرة :

يعتمد التفكير المنطقي اليومي على معاني الكلمات وعلى قوة الدليل الذي يدعم العبارة. حيث أن التفكير الاستنباطي وحده لا يوفر البرهان الحقيقي، فالافتراضات المتضمنة فيه لا بد أن تدعم بالأدلة. فالإجابة عن سؤال: هل للعناكب ثمانية أرجل ؟ تستدعي أنماطاً متعددة من الاستدلال، وتعريف المصطلحات، والبحث عن الأدلة، ثم ترتيب عناصر الاستفسار في سلسلة من الاستدلال المنطقي. ويتضمن البحث عن الأدلة استخدام أساليب الملاحظة، وجمع المعلومات وتصنيف العناكب.

إن أنواع الاستدلالات المختلفة عبارة عن طرق لتنميط الخبرة. وتشكل القدرة على تنميط الخبرة في خطط من المفهومات أو تصنيفها ضمن مجموعات جانباً هاماً من الذكاء. فالتنميط يعد من القواعد الأساسية لعمليات التفكير والاتصال و الاستدلال والبحث العلمي.

ويتم تنميط الخبرات من خلال الأفكار والعناوين والأسماء التي تعد لَبِنات البناء الفكري. وليست الفكرة سوى تجديد أو تعميم مشتق من الواقع. وبالتالي يمكن أن تستخدم الأفكار لتفسير الظواهر الواقعية.

عندما نعلم الأطفال التفكير فإننا نقصد مساعدتهم على الربط بين الأفكار كما نقصد تبصيرهم بالعلاقات القائمة ومساعدتهم في بناء فهم يمكنهم من

القدرة على تنميط خبراتهم في المستقبل لما في ذلك من أثر في بناء النموذج الفكري عـن العـالم وعـن الحياة. فما هي الطرق التي تساعد الأطفال في تعلم عملية التنميط؟

*** *** ***

الفصل الثامن

البناء التتابعي و بعض العمليات الأخرى

يهتم الاستدلال العقلي بالقدرة على فهم العلاقات بين الأفكار والمفهومات عن الأشياء. ومن أشكال العلاقات بين الأشياء التتابع المنطقي لها أي كيف تبنى الموضوعات بطريقة منطقية أو عقلانية. إن معرفة الترتيب الصحيح للموضوع أمر ضروري لعملية البحث العلمي. ومن الاستراتيجيات المفتاحية في أسلوب حل المشكلات ترتيب و تتابع خطوات الحل .

هناك عدة أشكال للبناء التتابعي للمادة التعليمية ويوجد في الأدب التربوي خمسة أنواع رئيسة للتتابع :

1. **تتابع المحتوى ذو الصلة بالعالم** : أي أن تركيب المحتوى أو العملية التعليمية يبرز العلاقات بين الأفعال والأشخاص و الأشياء. ويتفرع عنه ثلاثة أنواع فرعية من التتابع:

* التتابع القائم على العلاقات الزمنية .

* التتابع القائم على العلاقات المكانية .

* التتابع القائم على الخصائص الفيزيائية .

2. **التتابع ذو الصلة بالمفهومات العلمية** ويبرز هذا النوع تتابع تنظيم المفهومات ويتفرع عنه نوعان من التتابع :

* التتابع المنطقي: وهو الترتيب الذي يهتم ببناء المفهومات بعضها فوق بعض بطريقة هرميه استنباطية .

* التتابع السيكلوجي: ويقوم على أساس ربط المادة الدراسية باهتمامات الطلاب ورغباتهم وقدراتهم واحتياجاتهم .

3. **التتابع ذو الصلة بالبحث** وهو الذي يهتم بتتابع المنهج حسب طريقة معينة للبحث مثل تحليل ديوي لأسلوب حل المشكلات .

4. **التتابع ذو الصلة بالتعلم** ويعتمد هذا النوع من التتابع على معرفتنا بمعطيات علم النفس التربوي ونظريات التعلم .

5. **التتابع ذو الصلة بالاستخدام** وهو يسعى لتحقيق التعلم بالنظر إلى علاقته بالسياق الاجتماعي والسياق الشخصي والسياق المهني .

ولو أخذنا التتابع الزمني على سبيل المثال فإن الأطفال يبدءون بتعلم التتابع الزمني لأيام الأسبوع ثم التتابع الزمني لأشهر السنة. ثم بعد ذلك يبدءون في تعلم التتابع الزمني الدقيق مثل تتابع الساعات و الدقائق و الثواني. وفيما بعد يتعلمون التتابع على مستوى أجزاء الثانية. ولا بد من تعليم الأطفال مفهومات الكلمات: قبل، بعد، أثناء، بدقة متزايدة مع نموهم العقلي ومع تزايد خبراتهم.

ويسهل تعليم التتابع الزمني من خلال حياة الطفل اليومية. وذلك بطرح أسئلة مثل: ماذا حدث هذا الصباح ؟ أو ماذا حدث اليوم في المدرسة ؟ وماذا حدث يوم أمس ؟ وماذا حدث السنة الماضية ؟ ويمكن استخدام أسئلة من قبيل: ماذا حدث قبل ...؟ وماذا حدث بعد...؟ وماذا حدث أثناء ...؟ حول حادثة معينة سواء كانت الحادثة واقعية في حياة الطفل أو حادثة في قصة من قصص الأطفال. ومن الضروري أن يفهم الأطفال العلاقات الزمانية.

كما أن فهم العلاقات المكانية ذو أهمية خاصة في ترتيب أفكار الطفل وتنميطها. وهناك عدد من التتابعات المكانية يمكن تعليمها بالنسبة للشيء الواحد. منها ما يتعلق بموضعه بالنسبة للأجسام الأخرى أو بتصميم المكان. ويمكن طرح أسئلة مثل: أين يجب أن يكون الجسم بالنسبة للأشياء الأخرى في المكان ؟ هل هو في الموقع الصحيح ؟ إلى أين يمكن تحريكه ؟ أين يمكن أن تضعه ؟ و لماذا؟ يجب تعليم الأطفال منذ الصغر تتابع نشاطاتهم وأعمالهم من ارتداء ملابسهم في الصباح إلى تعلم كيف يصنعون شيئاً ما. فإن جميع الأعمال والنشاطات الجسمية تتطلب تتابعاً معيناً. ويمكن تقديم العون للأطفال بواسطة

الشرح الشفوي لهم أو بواسطة وضع الخطوات على بطاقات وتعليقها ويمكن استخدام الرسوم الكاريكاتيرية لتوضيح خطوات النشاط الصباحي أو رسمها على لوحة كبيرة وتعليقها في غرفة نوم الأطفال ليلتزموا بتنفيذها ومن ثم ليتعودوا النظام ويمثل الشكل (8-1) خطوات الاستعداد للذهاب إلى المدرسة :

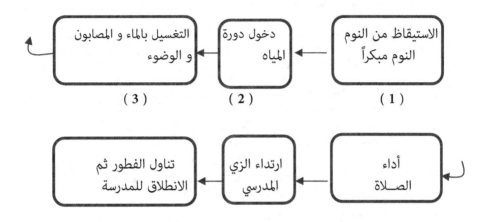

الشكل (8-1)خطوات الاستعداد للذهاب إلى المدرسة

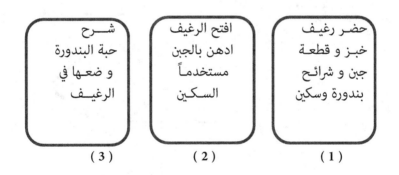

شكل (8-2) تحضير ساندويتش جبنة

ويمكن عمل خرائط انسيابية لأنشطة أخرى مثل صنع كأس شاي أو الاتصال بالهاتف أو عمل أي نشاط آخر. فالتنظيم الجيد يعتمد على تتابع العمليات لأن ذلك يساعد الطفل على اكتشاف النقص في المعلومات أو ضعف التخطيط . إن تعويد الأطفال تنظيم الخرائط الانسيابية لأنشطتهم يجعلهم يستثمرون أوقاتهم

والموارد المتاحة بطريقة أفضل. وقد يكون من المناسب تعليم الأطفال المكونات الأربعة للخريطـة الانسيابية وهي :

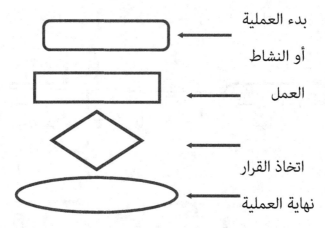

بدء العملية
أو النشاط

العمل

اتخاذ القرار

نهاية العملية

شكل (3-8) أشكال المكونات الأربعة للخريطة الانسيابية .

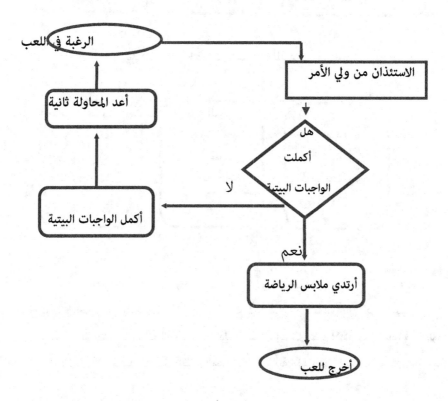

شكل (4-8) يستطيع الأطفال أن يعملوا خرائط انسيابية لأنشطتهم

ويمكن تكليف الطلاب بعمل خرائط انسيابية لأنشطة مختلفة مهما كانت بسيطة ولكنها ينبغي أن تكون هادفة فمثلاً عملية قطع الشارع رغم أنها عملية بسيطة لكنها مهمة لما يمكن أن يترتب على الخطأ فيها من أضرار. ويبين الشكل (8-5) خارطة انسيابية لقطع الشارع :

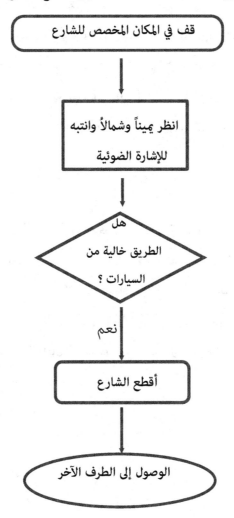

شكل (8-5) خارطة انسيابية لقطع الشارع بأمان

التصنيف : Classifying

يحتاج الأطفال لإتقان عملية التصنيف إلى القدرة على تنظيم أفكارهم والتمييز بينها وعنونتها. إن نموهم الفكري يعتمد على قدرتهم على تنظيم الأشياء المتشابهة والأشياء المختلفة. وتبدأ هذه العملية منذ الصغر حيث يبدأ الطفل بتمييز أمه عن غيرها من الناس وتمييز أفراد عائلته عن غيرهم وهكذا يستمر مفهوم التصنيف في النمو معه كلما تقدمت به السن. وإن قدرة الطفل على تصنيف الأحداث في هذا الكون تعتمد على مقدار المساعدة والدعم التي يتلقاها من الكبار. ويمكن تعويد الطفل على التصنيف من خلال تكليفه بتصنيف ملابسه أو الأشياء التي في غرفته ثم تطلب منه تصنيف أمور أخرى تتناسب مع نموه العقلي ثم اسأله عن مميزات كل مجموعة من المجموعات التي صنفها .

إصدار الأحكام : Judging

يجد الأطفال صعوبة في التمييز بين ما يعرفون وما لا يعرفون. وفي الغالب يستجيبون للأشياء بالطريقة المتوقعة منهم. ويخشون من إظهار عدم المعرفة عندما يكونون غير متأكدين من الأمور ومن الأخطاء الشائعة في التفكير الناقد الميل إلى الموافقة أو عدم الموافقة الفورية دون تأمل أو تفكير كاف. يجب على المعلمين تشجيع الأطفال على قول " لا أدري " وعلى تعليق النطق بالحكم إلى توفر الأدلة الكافية. يجب أن يشجع الأطفال على التفكير في كيفية وصولهم إلى المعرفة . ومن المناسب تعويدهم على طرح التساؤلات التالية والإجابة عنها:

* كيف توصلنا إلى هذه المعرفة ؟

* ما الحقائق ذات العلاقة ؟

* ماذا ينبغي عليهم معرفته و فهمه قبل إصدار القرار ؟

* ما المعايير والمحكمات المستخدمة لإصدار الحكم ؟

خذ مثالاً عملية شراء سيارة. ما الحقائق ذات العلاقة بالموضوع ؟ من هذه الحقائق؛ الثمن، واللون، و توفر قطع الغيار، ...

إذن في ضوء هذه الحقائق ما هي أفضل السيارات ؟ كيف تختبر المنتج ؟ من الذي يؤخذ برأيه في المنتج ؟ أيهما تفضل ؟ و لماذا ؟ هل الذي تفضلها هي الأفضل بالضرورة ؟ كيف حكمت على ذلك ؟ كيف تقارن طريقتك بالطريقة التي يحكم بها الآخرون ؟ هل أنت تتأكد من حكمك أم أنك متردد فيه ؟.

إن من أقوى سمات التفكير غير الناقد هو الميل إلي رؤية الأشياء إما سوداء وإما بيضاء أي إما أن تكون صحيحة تماماً أو خاطئة تماماً. فكثير من الأمور التي ينبغي أن تؤخذ بحذر. يأخذها العقل غير الناقد بكل تأكيد وإصرار. ينبغي تشجيع الأطفال على البحث عن الأدلة لاعتقاداتهم. ويجب مساءلتهم عن الأدلة التي تدعم وجهة نظرهم أو اعتقاداتهم. كما يجب تبصيرهم لاحتمالية وجود بدائل وحلول أخرى صحيحة. وينبغي أن يضرب المعلم مثلاً يحتذى في سلوكه أمام الطلاب، بحيث يستعمل عبارات مثل: أنا لست متأكداً؛ من المحتمل أن يكون كذا؛ أشك في ذلك؛ قد يكون صحيحاً؛ غالباً ما يكون ذلك؛ نادراً ما يحصل؛ أحياناً؛ عندما يبدي وجهة نظره .

التوقع (التنبؤ) Predicting

إن توقع حدوث أمر في المستقبل؛ أو توقع أسباب حدوث أمر ما؛ من الأمور التي ينصح بتشجيع الأطفال عليها. وذلك لأنها تهيئ ذهن الطفل لفكرة الاحتمالات.

مثل: إذا طرحنا قطعة نقود معدنية فما احتمال أن تقع على الوجه العربي أو الإنجليزي ؟ (على اعتبار أن أحد جانبي قطعة النقود منقوش باللغة العربية والآخر باللغة الإنجليزية). أو إذا ألقينا حجر طاولة الزهر فما احتمال أن يقع على الرقم 4 ؟ ماذا تتوقع أن يكون الطقس غداً ؟ من الذي سيفوز في المباراة ؟ ما الحدث الذي تتوقعه بعد ...؟ وفي كل مرة يجيب فيها الطالب اسأله عن الأسباب التي دعته لذلك التوقع . لماذا فكرت بهذه الطريقة ؟.

التنظير (اقتراح النظريات) Theorising

إن استعمال الأدلة المقتبسة من الماضي لتوقع أحداث في المستقبل بناءً على محاكمات منطقية تستخدم العلاقات السببية بين الأشياء هو نوع من النظرية. في الغالب فإن الطفل لا تنقصه القدرة على المحاكمة المنطقية ولكن الذي ينقصه الخبرة. نعم إن معظم توقعات الأطفال ونظرياتهم وافتراضاتهم خاطئة لأنهم في مرحلة غير مكتملة من البناء العقلي والبناء الفكري. ولكن أحياناً يقدمون أفكاراً جيدة. وعلى المعلم أن يكثر عليهم من أسئلة: لماذا ...؟ ماذا لو ...؟ ومن أمثلة القضايا التي تتحدى تفكير الطفل :

* لماذا يكون البحر مالحاً ؟

* ما أسباب مرض السرطان ؟ هل توجد حياة على المريخ ؟ و لماذا ؟

ومن الأسئلة التي تساعد الطفل على اقتراح النظريات والفرضيات وإبداء الرأي:

* ما رأيك في ...؟

* كيف حدث ذلك ؟

* ما هي نظريتك حول ذلك ؟

وينظر بعض التربويين إلى النظرية على اعتبار أنها المرحلة الأولى من الاستفسار الناقد. فعند ما يطرح الطالب نظريته فإنها ستكون حافزاً له للبحث عن الأدلة والأسباب القوية التي تدعم نظريته.

فهم الآخرين Understanding Others

تعد القدرة على الانفتاح العقلي وعدم التحيز من أهم سمات التفكير الناقد. لدرجة أن بعضهم عرف التفكير الناقد بأنه القدرة على إيجاد وجهة نظر متوازنة وغير منحازة في إطار من العدالة و الانفتاح العقلي. فالأطفال يعيشون في عالم اجتماعي من التفكير و العمل، والأفكار هي العملة المتداولة في هذا المجتمع. ولذا فإنه لا يكفي أن يتعرف الأطفال على تفكيرهم بل لا بد من التعرف على أفكار

الآخرين. فالمفكر الناقد بحاجة إلى معرفة نفسه ومعرفة الآخرين وفهم أفكارهم. والانفتاح العقلي من الصفات الجيدة للإنسان المفكر ولكنه ليس غريزة أو ميلاً فطرياً عند الإنسان؛ ولابد أن يعلم الإنسان منذ الصغر على الانفتاح العقلي ويدرب عليه ليخرج من سجن أنانيته وينطلق في عالم الأفكار الرحب ليتعرف على الآخرين ويفهم مقاصدهم. وهناك عدة طرق لتشجيع الأطفال على رؤية خبرات الآخرين وفهم وجهات نظرهم ومنها:القصص، وقد تنبه الإنسان منذ القدم إلى دور القصص في تطوير مفهوم " الأنا "عند الأطفال. والأدب العربي غني بالقصص التي تخدم هذه الغاية ومن ذلك كتاب كليلة ودمنة لابن المقفع. ومن الضروري توجيه أسئلة سابرة بعد سماع القصة لتعريف الأطفال بوجهات النظر المختلفة في القصة مثل: ماذا قصد فلان من فعله ؟ وكيف تغيرت وجهات نظرهم ؟ ماذا كان ينبغي أن يفعل...؟ ومنها أيضاً الدراما والتمثيليات وحلقات النقاش حول موضوعات مختارة.

فهم نفسه Understanding oneself

إحدى الطرق التي تنمي وعي الطفل بنفسه هي مساعدتهم في تركيز الانتباه على نفسه. مثل رسم صورة ظاهرية لنفسه من خلال تزويده بالمعلومات عن نفسه مثل طوله، وزنه، وعمره، ومكان ولادته، وبصمة أصابعه، والطعام المفضل لديه، وهواياته، والحيوانات التي يحبها. ومن المعلومات الأخرى التي يمكن أن يتعرف عليها الطفل: كيف تبدو صورتي. كيف تبدو تصرفاتي للآخرين ؟ من أين جئت ؟ من هم آبائي ؟ ما هي الأشياء التي أتقنها ؟ من هم أصدقائي ؟ ما هي الأشياء التي تشغل بالي عندما أكون وحيداً ؟ ما هي اللحظات السارة في حياتي ؟ و ما هي اللحظات المؤلمة ؟ ما الذي يزعجني ؟ و ما الذي يسرني ؟ ما نقاط القوة و نقاط الضعف في شخصيتي ؟ ما الكتب المفضلة لدي ؟ ما الألعاب المفضلة ؟ ما الأماكن المفضلة ؟ ما هي رغباتي المستقبلية ؟ إن الإجابة عن هذه التساؤلات يمكن أن يرتبها الطفل في دفتر يصبح كتاباً شخصياً من تأليفه يحتفظ به لنفسه.

إن التحليل الذاتي لشخصية الطفل يكسبه تبصراً عميقاً بنفسيته ويكون لديه وجهة نظر موضوعية عن ذاته. ومن الضروري أن يجيب الأطفال عن التساؤلات بصدق وأمان.

والآن وبعد أن درسنا التفكير الإبداعي والتفكير الناقد في الفصول السابقة أرجو أن نكون قد نجحنا في توضيح أن التفكير الناقد أو التفكير الإبداعي بأنواعهما كلها لا تعني التمرد على القيم الإسلامية السائدة في المجتمع و لا تعني توجيه الانتقادات الهدامة والاستفزازات المغلفة بالمنطق، وإنما تعني التفاهم مع الآخرين في ضوء العقل والمنطق والذوق. كما أننا لا نقصد تفكير التحدي الذي لا يقبل التعايش مع الآخرين. فتفكير التحدي ينطلق من " الأنا " ويهدف إلى نسف الفكر الآخر والقضاء عليه وإحلال فكره محله. أما التفكير البناء، فهو تفكير هادئ يعترف بالفكر الآخر ويحترمه.و لكنه يطرح فكره إلى جانب الفكر الآخر، ويدعو إلى البحث في الأفكار المختلفة لتبين الفائدة منها، من أجل تحسين الوضع القائم وزيادة فعاليته لتحقيق الخير للجميع. فالتفكير البناء في رأي دوبونو هو التفكير الذي ينظر إلى الأفكار المخالفة على قدم المساواة مع الفكر الشخصي، ويتحرر فيه الشخص من عقدة " الأنا " (De Bono, 1992) .

*** *** ***

الوحدة الرابعة

حل المشكلات

الفصل التاسع

المعنى و التطبيق

لقد كثر استخدام اصطلاح "حل المشكلات" أو "أسلوب حل المشكلات" بصفته أسلوباً من أساليب التدريس التي ترمي إلى تنمية عدد من المهارات الفكرية أو الأدائية. ويكتسب أسلوب حل المشكلات أهمية خاصة في مجال تدريس العلوم على اعتبار أن العلوم توفر وسطاً مناسباً لتوظيف هذا الأسلوب في التدريس، وتتيح للطالب أن يمارس حل مشكلات ذات علاقة بالبيئة أو المجتمع أو الحياة العملية بناء على مبادئ عملية، وباستخدام المبادئ والنظريات والحقائق العملية التي يعرفها الطالب. على أن أسلوب حل المشكلات له استخدامات واسعة في بقية المباحث الدراسية لا سيما الرياضيات والعلوم الاجتماعية والعلوم المهنية .

ولكن ثمة سؤال يمكن طرحه في هذا المجال وهو هل هناك مفهوم واضح وموحد لأسلوب حل المشكلات ؟ وهل يقصد التربويون باستخدام هذا المصطلح معنىً واحداً ؟ أم أن مفهوم هذا الأسلوب يختلف من شخص إلى آخر، وكل يقصد معنىً خاصاً به في بعض الجوانب على الأقل ؟ وإذا اتفقنا على المفهوم؛ فهل نتفق على طريقة توظيفه في التدريس ؟! أو بعبارة أخرى ما هي الطريقة المثلى لتوظيف أسلوب حل المشكلات في عملية التعليم و التعلم ؟.

إن المختصين التربويين و رجال التربية العاملين في الميدان يدركون أكثر من غيرهم أن كثيراً من الذين يرددون هذا الأسلوب سواءً على المستوى النظري أو المستوى العملي يقصدون به معاني متباينة. ويزداد هذا التباين إذا انتقلنا من المستوى النظري إلى المستوى التطبيقي حيث نجد تطبيقات متعددة لهذا الأسلوب واجتهادات متباينة في كيفية استخدامه في التدريس .

ماذا نقصد بأسلوب حل المشكلات ؟

لا يوجد إجماع بين التربويين على مفهوم أسلوب أو منحى حل المشكلات في التدريس كما لا يوجد إجماع حول كيفية تطبيق هذا الأسلوب في المدرسة ومستويات تطبيقه. وتختلف الآراء بين المفهومات القديمة والحديثة لمصطلح حل المشكلات، والغايات التي يهدف إليها هذا الأسلوب .ولكي نبسط القول في الموضوع يطيب لي أن أسأل: هل حل المشكلات بصفته أسلوباً تدريسياً أو منحى في تأليف الكتب يعد ابتكاراً حديثاً للتربية الحديثة أم أن هذا الأسلوب كان موجوداً في مدارسنا في الماضي ؟ وإن كان موجوداً في الماضي فهل هناك اختلاف بين مفهومه القديم و الحديث ؟ وإن وجد الاختلاف، فما هي الإضافات التي يتمتع بها المفهوم الجديد لأسلوب حل المشكلات و يمتاز بها عن المفهوم القديم ؟.

وللإجابة عن هذه التساؤلات أود أن أعود إلى الوراء أيام كنا تلاميذ في المدرسة الابتدائية نتعلم جدول الضرب في الحساب (الرياضيات). لقد كان المعلم يختبر حفظنا لجدول الضرب بطريقة غير مباشرة أحياناً. وكان يضع ذلك الاختبار على شكل مسألة أو قل " مشكلة " ويطلب منا حلها. ومن أمثلة ذلك:

* اشترى رجل اثني عشر خروفاً بسعر (50) ديناراً للخروف الواحد ما مقدار المبلغ الذي دفعه الرجل ثمناً للخراف ؟

لقد كان كثير من الطلبة يعتبر مسائل " اشترى رجل . . " وما شاكلها مشكلة يصعب حلها؛ لأنه لا يعرف بالضبط ما ينبغي أن يعمل فهل يضرب رقم 12 في رقم (50) أم يقسمه أم يطرحه أم يجمعه ؟ وبعضهم كان يجد صعوبة في فهم نص المسألة. إن حل هذا النوع من المسائل عبارة عن حل لمشكلات رغم أنها مشكلات بسيطة .ولكنها تضع الطالب في موقف يتطلب نوعاً من التفكير يختلف عن الموقف الذي يطلب فيه من الطالب إيجاد حاصل ضرب 50 X12 مباشرة. ومن هذا القبيل مسائل أخرى متنوعة كان أساتذتنا يعطونها لنا على شكل مشكلة ويطلب منا حلها مثل :

* إذا عمل رجل عشرين يوماً حتى أتم بناء حائط. فكم يوماً يلزم لبنائه إذا عمل فيه أربعة رجال ؟

* إذا كانت المسافة بين عمان ومعان مئتي كيلومتر، وانطلق سائق بسيارته من عمان بسرعة 80 كيلومتر في الساعة فأي ساعة يصل إلى معان إذا علمت أنه انطلق من عمان في تمام الساعة السادسة صباحاً ؟

إن هذه المسائل البسيطة لا تتضمن أكثر من عملية ضرب أو تقسيم أو جمع وهي عمليات حسابية بسيطة ولكن عندما وضعت المسألة بصيغة ما، مثل ربطها بالحياة العملية أصبحت مشكلة بالنسبة لكثير من الطلبة .

لكن هذا المفهوم البسيط للمشكلة الذي عايشناه يوم كنا تلاميذ في المدرسة الابتدائية تغير وتنوع. لقد أصبح التربويون المعاصرون يقصدون بحل المشكلات معاني أخرى وأصبح للمشكلة مفهومات متعددة وأصبحت المشكلات أنواعاً مختلفة بعضها مألوف وبعضها غير مألوف.

فإذا عدنا إلى مسألة " مشكلة " بناء الحائط لدينا رقم 20 ورقم 4، إن على الطالب أن يقرر ماذا يجب أن يفعله بهذه الأرقام إذا طلبت من الطالب أن يجد حاصل قسمة 20 على 4 فإنه يعطيك الجواب بسهولة ولكن في هذه المسألة، قد يلجأ بعضهم إلى ضرب 20في 4 وقد يلجأ بعضهم إلى تقسيم 20 على 4 أو تقسيم 4 على 20 . . . ولكن ليس هناك إلا جواب واحد للمسألة " للمشكلة " وهو خمسة أيام، كما أنه لا توجد إلا طريقة واحدة وهي تقسيم 20 على 4 .

ولكن أسلوب حل المشكلات في مفهومه الجديد قد يتضمن مشكلات فيها حلول متعددة كما أن لها طرقاً متعددة للحل أيضاً .

إن إعادة صياغة كثير من المسائل التي تعطى للطلبة في الرياضيات والفيزياء والكيمياء... تحولها إلى مشكلات قد تحل بعدة طرق رغم أن لها جواباً واحداً. ولكن ما الغاية من إعادة الصياغة بهذا الأسلوب ؟ قد تكون الغاية تعويد الطلبة على التفكير في أكثر من بديل واحد للحل مثال على ذلك:

* إذا أعطيت حبلاً طويلاً فكيف تقيس ارتفاع المئذنة ؟ أو :

* إذا أعطيت ثيودولايت فكيف تقيس ارتفاع مئذنة ؟

إن مثل هذه الصياغة تعطي طريقة واحدة لقياس ارتفاع المئذنة. وفي الغالب تكون تطبيقاً على مبدأ أو نظرية أو قانون أو فكرة تعلمها الطالب .

وقد تصاغ المشكلة على النحو التالي :

* كيف يمكنك أن تجد ارتفاع مئذنة المسجد ؟

رغم أن هناك جواباً صحيحاً واحداً لارتفاع المئذنة إلا أن هناك طرقاً عدة لإيجاد الارتفاع. قد يصعد أحدهم إلى المئذنة ويدلي بالحبل حتى يصل رأسه سطح الأرض ثم يقيس طول الحبل من يده إلى نهاية الحبل الملامسة لسطح الأرض.

ويمكن حساب ارتفاع المئذنة عن طريق حساب المثلثات باستخدام الثيودولايت أو باستخدام منقلة وأنبوب. وقد يفكر بعض الطلبة في مراجعة مخططات بناء المئذنة ليقرأ ارتفاع المئذنة من المخططات .

ألا ترى أن صياغة المسألة على هذا النحو تضع الطالب في موقف تعليمي تجبره فيه على التفكير المتشعب وقد يكتشف المعلم أن الطلبة حلوا هذه المشكلة بطرق مختلفة. إن دور المعلم هنا أن يستمع إلى آراء الطلبة المختلفة لحل المشكلة وينتقدها ويرشدهم إلى التفكير في البدائل المختلفة وإلى مزايا كل طريقة وشروطها.

ولكننا نجد أن ممارسات كثير من المعلمين تميل إلى اعتبار أنه لا يوجد إلا حل صحيح واحد وطريقة صحيحة واحدة وهي طريقة المعلم التي يكتبها على اللوح ويطلب من التلاميذ نسخها. وقد لا يفسح المجال للطلبة لعرض طرق أخرى لحل المشكلة. بعبارة أخرى يقوم المعلم التقليدي بشرح قواعد حل المسألة والإجراءات التي ينبغي أن يتبعها الطلبة للوصول إلى الحل الصحيح ويتوقع منهم الالتزام بهذه القواعد والإجراءات. حيث أنه إذا أراد أن يختبرهم فإنه بدلاً من أن يطلب منهم إيجاد ارتفاع عمارة، قد يطلب منهم إيجاد ارتفاع عمود كهرباء. وبدلاً من أي يطلب منهم حساب ثمن الخراف التي اشتراها الرجل قد يطلب منهم إيجاد ثمن

صناديق التفاح التي اشتراها بسعر 6 دنانير مثلاً للصندوق إذا كان عدد الصناديق 11 صندوقاً. حتى يطمئن أن الطلبة أتقنوا استخدام القواعد والإجراءات التي علمها لهم.

إن تدريب الطلبة على تطبيق مجموعة من القوانين للوصول إلى الجواب الصحيح أو الحل الصحيح بغض النظر عن الموضوع ليس هو أسلوب حل المشكلات الذي نقصده. قد يكون للتدريب على تطبيق قواعد معينة فوائد في ظروف خاصة ولغايات أخرى، لا جدال في ذلك ولكنه في هذه الحالة ليس من أسلوب حل المشكلات بمفهومه الجديد في شيء .

لكن منحى حل المشكلات في التدريس بمفهومه الجديد يحاول ربط المشكلات بالحياة اليومية، كما يحاول أن تكون المشكلات المطلوب حلها في المدرسة مشابهة إلى حد ما إلى المشكلات التي يواجهها الناس في حياتهم اليومية.

إن المشكلات التي يواجهها الفرد في المجتمع و في حياته العملية مشكلات جديدة وليس لها طريقة حل واحدة، كما أنه ليس لها حل صحيح واحد، بل إن مشكلات الناس مختلفة ولها حلول متعددة وطرق متعددة للحل كذلك. فإذا عودنا الطفل في المدرسة على أن يكون هنالك حل واحد للمشكلة وطريقة صحيحة واحدة. فإنه سيفاجأ في حياته العملية بعد تخرجه من المدرسة أنه لا يستطيع تطبيق مجموعة ثابتة من القوانين والإجراءات في جميع الظروف لحل جميع المشكلات. بل سيجد نفسه أمام مشكلات مختلفة لا تنطبق عليها القوانين والقواعد التي تعلمها في المدرسة. وأن عليه أن يواجه هذه المشكلات وحده دون وجود أستاذ يرشده إلى حلها. إن المناهج الجديدة في معظم الدول التي طورت مناهجها عندما ركزت على استخدام أسلوب حل المشكلات في الكتب المدرسية وفي التدريس إنما أرادت أن تزود الطالب بالمهارات الضرورية لمواجهة مشكلات الحياة وأرادت تزويد الطالب بعدد من المهارات التي تمكنه من التفكير في الحلول البديلة و في الطرق المختلفة لحل المشكلة. إن أسلوب حل المشكلات يهدف إلى إفساح المجال للطلبة للتفكير

بحرية ويعطيهم في الوقت نفسه زمام المبادرة لاتخاذ القرارات المتعلقة بحل المشكلة. إن امتلاك الطالب لهذه المهارة في المدرسة يسهل عليه التمكن من اتخاذ القرارات في حياته العملية.

ومن الأمور المتفق عليها أن دور المعلم في أسلوب التدريس باستخدام حل المشكلات يختلف عن دور المعلم التقليدي. كما أن دور الطالب هو أيضاً دور مختلف. فالطالب ينبغي أن يُعطى قدراً كبيراً من الاستقلالية والاعتماد على الذات أكبر مما كان يعطى في أساليب التدريس الاعتيادية. وكذلك فإن دور المعلم يتحول إلى دور المستشار والخبير الذي يزجي النصائح في الوقت المناسب ويقدم المساعدة اللازمة في الوقت المناسب. وخصوصاً عندما تتعارض وتتشابك وجهات نظر الطلبة حول الموضوع فينبغي أن يعرف المعلم أن مثل هذه الأمور ستحدث وعليه أن يضع الاستراتيجيات التعليمية المناسبة لمواجهة هذه المواقف.

من المهم أن يستفيد المعلم من هذه المواقف ويغتنم الفرصة ليشرح ويفسر ويوجه ويرشد. ولا يجوز أن يعدها صعوبات ينبغي تجاوزها أو العمل على تجنبها وعدم ظهورها. إن استخدام أسلوب حل المشكلات في التدريس يجب أن ينظر إليه باعتباره طريقة تمكن الطلاب من تعلم المفهومات العلمية وباعتباره طريقة تتحدى أبنيتهم المعرفية السابقة، وتتحدى أطرهم المرجعية المعتادة من خلال عرض المشكلة الجديدة في موقف تعليمي تعلمي يجبر الطلبة على التفكير ومراجعة مفهوماتهم السابقة. إن نوع المشكلة، وطريقة عرضها، وأسلوب حلها؛ قد يختلف حسب الهدف التعليمي النهائي. فبعض المشكلات قد تهدف إلى تنمية روح الابتكار والإبداع عند الطلبة، وقد تهدف بعضها إلى تنمية الثقة بالنفس، وقد تهدف بعضها إلى تنمية القدرة على تطبيق أفكار معينة ومهارات محددة، وتقويم درجة أدائها في مواقف عملية، وقد تهدف المشكلة إلى تعلم مبادئ عملية معينة و زيادة فهم الطلبة لها كما يمكن أن تصمم المشكلة بطرق مختلفة و مستويات مختلفة لتراعي الفروق الفردية بين الطلبة .

الفصل العاشر

المكونات الأساسية لأسلوب حل المشكلات

إن وصف العملية التعليمية التي تستخدم أسلوب حل المشكلات يمكن أن يتم بطرق مختلفة حسب فهم المعلم وإدراكه للمقصود من حل المشكلات في المواقف التعليمية .

ولتبسيط الموضوع لنتمعن في حياتنا اليومية نجد أنها عبارة عن سلسلة من المشكلات بمستويات مختلفة وأنواع مختلفة. وأن الإنسان مطالب بمعالجة هذه المشكلات وحلها أو التعامل معها وليس له مفر من ذلك ما دام على قيد الحياة. فحل المشكلات عبارة عن عنصر أساسي في الحياة .

إذن عملية حل المشكلات عبارة عن نشاط حيوي يقوم به الإنسان ويمارسه على مستويات متنوعة من التعقيد كلما كلف بأداء واجب أو طلب منه أن يتخذ قراراً في موضوع ما. وعملية حل المشكلة تتضمن بين طياتها عملية تعليمية على مستويات مختلفة، لا بل يرى بعض التربويين أنها العملية الأكثر فاعلية في إحداث التعلم. في ضوء ذلك فإنها يجب أن تشغل جانباً كبيراً من مناهجنا وأساليبنا التدريسية .

ولقد كان من الأهداف الرئيسة لعملية تطوير المناهج في وزارات التربية والتعليم تنمية مهارات حل المشكلات وتنمية التفكير الناقد والتفكير العلمي وأساليب البحث العلمي وإعطاء أهمية خاصة إلى العمليات العلمية والطرق التي يتوصل من خلالها إلى المعرفة العلمية وعدم الاكتفاء بالتركيز على استظهار المعلومات.

وحتى يتحقق ذلك لا بد أن تعطى للطالب حرية التفكير، وأن تتاح له فرصة الممارسة العملية للأنشطة العلمية وفرصة تجريب الحلول المقترحة وتجريب أفكاره، ليكون ذلك منطلقاً له في الحياة العملية لكي يتعود الاعتماد على

الذات ويتعلم كيفية اتخاذ القرارات. وإن أسلوب حل المشكلات إذا استخدم بالطريقة الصحيحة في التدريس فإنه يوفر للطلبة الفرصة المناسبة لتحقيق ذاتهم وتنمية قدراتهم الفعلية وتحقيق ما تصبو إليه عمليات التطوير الجديدة .

وحيث أن المناهج والمدرسة بكافة فعالياتها يجب أن تكرس لخدمة الحياة على مستوى الفرد والجماعة أو المجتمع، فإن المشكلات التي تعرض في المواقف التعليمية ينبغي أن تكون مرتبطة بالحياة، وأن تكون ذات علاقة باهتمامات الطلبة وأن يكون لها معنى في حياتهم، أي يجب أن تكون من النوع الذي يشعر الطلاب بأنهم في حاجة إلى حله .

من جهة أخرى فإن أسلوب حل المشكلات ليس أسلوباً فردياً بالضرورة. بل في أغلب الأحيان ينبغي أن يكون نشاطاً جماعياً يتم من خلال العمل في مجموعات. فالطالب بحاجة إلى اكتساب مهارات العمل بروح الفريق ومهارات التعاون وقبول آراء الآخرين أو الاستماع إليها على الأقل بغض النظر عن موافقتها لآرائه أم لا.

إن المدرسة يجب أن تشجع الطلبة على العمل في مجموعات، ومناقشة الآخرين وانتقاد آرائهم، والاستماع إلى نقدهم. والتعاون معهم، وتقاسم التشجيع والتقويم لنشاط المجموعة. إن هذا الأسلوب يشجع الإبداع والابتكار، ويقلل من استخدام الأسلوب التقليدي في التدريس الذي يركز على نشاط المعلم.

إن هذا لا يعني أن أسلوب حل المشكلات لا يتم إلا من خلال العمل في مجموعات. بل هناك مجال فيه للعمل الفردي أيضاً. كما أن هناك مجالاً فيه للمعلم لكي يقوم بالشرح والتوضيح بالإضافة إلى التوجيه والإرشاد.

ويقول جون هيني (Heaney&Walts,1988) في وصف عملية التدريس باستخدام أسلوب حل المشكلات أن العملية تتكون من عدة خطوات متوالية تتم في عدد من المراحل هي :

1. تحديد المشكلة أو توليدها وفهم معناها.

2. إعادة صياغة المشكلة في صيغة تسمح بالبحث فيها .

3. التخطيط المفصل للعمل التجريبي.

4. تنفيذ العمل التجريبي .

5. استخلاص البيانات وعرضها على شكل تقرير .

6. تفسير البيانات واستخلاص النتائج .

7. تقويم الخطوات المتبعة في حل المشكلة وتقويم النتيجة النهائية .

ويمكن اعتبار الخطوة الأولى والثانية مرحلة واحدة بينما تعتبر كل خطوة من الخطوات الأخرى مرحلة قائمة بذاتها.

فالتقويم قد يعني إعادة صياغة المشكلة مرة ثانية أو إعادة تشكيلها بطريقة أكثر ملاءمة للبحث العلمي.

وقد يعني بالنسبة لخطوة التخطيط للعمل التجريبي إعادة تصميم التجربة في ضوء البيانات التي حصل عليها أو في ضوء النتائج المستخلصة. وبالنسبة لتنفيذ العمل التجريبي فقد تصل عملية التقويم إلى ضرورة تغيير الأدوات المستخدمة أو تغيير في طريقة القياس أو كيفية المشاهدات و نوعها ووقتها .

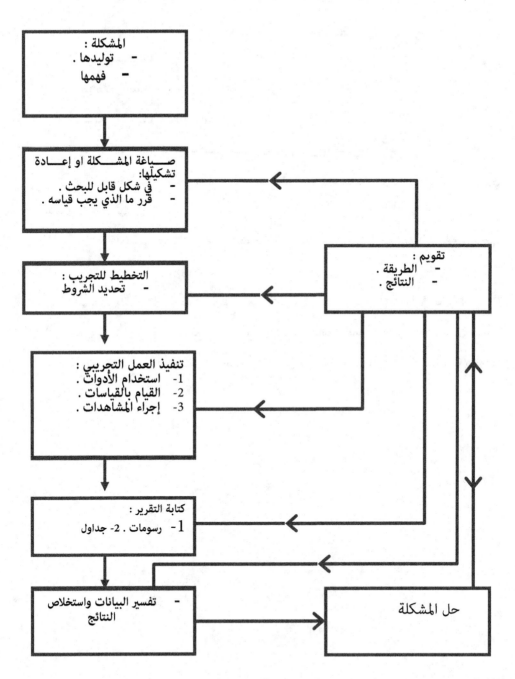

شكل (10-1) خطوات حل المشكلة

ويرى كثير من التربويين أن عملية حل المشكلة تتكون من الخطوات التالية:

1- تعريف المشكلة وتحليلها :

ويقصد بهذا أن يتم تعليم الطلاب حتى يتمكنوا من رؤية المشكلة التي يحاولون حلها ثم ليتمكنوا فيما بعد من تحليل هذه المشكلة وتجزئتها إلى أجزاء يسهل تناولها بالبحث. ومن الجدير بالذكر أنه ينبغي على المعلم الذي يدرس مستخدماً حل المشكلات مراعاة ما يلي :

* بالنسبة للطلبة المبتدئين يستخدم مجموعة من الأسئلة التي تقودهم إلى تحديد المشكلة ورؤيتها من جوانب مختلفة. ثم مجموعة من الأسئلة للطلبة تقودهم إلى تحليل المشكلة من جميع جوانبها .

أما الطلبة الذين سبق لهم التعلم من خلال المشكلة فيستخدم معهم مجموعات من الأسئلة المفتوحة التي تنمي التفكير المتشعب، ثم يترك لهم مسؤولية تحديد المشكلة وتحسين مهاراتهم لتجزئتها وتحليلها. مع بقائه على اتصال معهم لتقديم العون لمن يطلب ذلك.

2- التخطيط ووضع المحددات :

وتشمل هذه الخطوة التخطيط لاستخدام الأدوات والموارد والقوى البشرية والمهارات اللازمة ضمن الزمن المتاح ومعرفة المحددات التي تحكم كل ذلك .

3- جمع المعلومات :

يجب أن يعرف الطلاب أنه من الضروري جداً أن يجمعوا المعلومات حول المشكلة. لأن المعلومات هي التي تساعدهم في فهم المشكلة. وإن هذه الخطوة ضرورية قبل البدء في حل المشكلة. ويجب أن يعلم الطلاب كيفية الحصول على المعلومات ومن أين الحصول عليها.

4- الخيارات المتاحة :

هناك ميل طبيعي عند معظم الطلبة إلى النظر إلى المشكلة باعتبار أن لها حلاً واحداً وغالباً ما يكون الحل الذي يخطر على بالهم لأول وهلة. إنهم بحاجة إلى

تعليمهم التفكير في أكثر من حل واحد للمشكلة. ومن ثم تختبر الحلول المقترحة ويختار من بينها الأفضل. وفي الغالب يتوصل الطلبة إلى أن الحل الأفضل عبارة عن مزيج من عدة حلول مقترحة جاءت من أفكارهم وأفكار زملائهم.

5- التخطيط لأفضل حل :

من المهم أن يتعلم الطلاب عدم التهور في تجريب أفكارهم الجديدة فوراً، بل يجب عليهم التريث لإحكام التخطيط لتجريب الحل المختار أو تنفيذه، ويجدر بهم أن يعرضوا خطتهم على المعلم قبل الشروع في تنفيذها .

6- التقويم و إجراء التعديلات :

كثير ممن يستخدم أسلوب حل المشكلات يهملون خطوة التقويم، ونقصد بالتقويم هنا معناه اللغوي بشقيه أي تقرير القيمة وإصلاح الاعوجاج، والمعنى اللغوي هنا يتطابق مع المعنى الاصطلاحي، يجب أن يدرب الطلاب على اختبار كل خطوة بدقة من خلال عرضها على المشكلة وتقدير مدى توافقها مع أجزاء المشكلة ثم ملاحظة الفروق و إجراء التعديلات والتصحيحات اللازمة. ومن الجدير بالذكر التنبه إلى أنه في حالة المبتدئين ينصح باستخدام مجموعة من الأسئلة السابرة التي تكشف للطلبة مواطن القصور في الخطوات المتبعة و تقودهم إلى إجراء التعديلات اللازمة على الخطة.

7- عرض النتائج :

يجب أن يوضح للطلبة بأن معظم عملهم سيذهب هباء إذا لم يحسنوا عرضه على الآخرين بطريقة تبين لهم طريقتهم في البحث وتعرض لها البيانات التي جمعوها والنتائج التي توصلوا إليها بأسلوب واضح وشيق ومزود ما أمكن بالجداول والرسومات البيانية. والتفصيلات في هذا المجال متروكة للظروف المتاحة ولمقدرة المعلم وسعة أفقه وخيال الطلبة والموارد المتاحة لهم. ومن الطرق التي يمكن استخدامها لعرض أعمال الطلاب ما يلي :

* عمل اللوحات الإيضاحية والملصقات .

* عمل معرض في غرفة الصف، أو في قاعة المدرسة المخصصة لمثل هـذه الأنشطة يعـرض فيـه منجزات الطلاب من أدوات أو أجهزة أو رسومات أو معلومات.

* تقديم محاضرة مختصرة حول موضوع المشكلة وطريقة حلها ومـا تـم التوصـل إليـه، ويمكن الاستعانة بوسائل و تقنيات تعليمية لإثراء المحاضرة مثل استخدام الأشرطة الصوتية أو الأشرطة المرئية أو التقارير المكتوبة أو الصور الفوتوغرافية.

* كتابة مقال حول المشكلة وحلها في الجرائد أو المجلات العلمية أو المجلات المدرسية أو مجلات الحائط. أو عرض ذلك على التلفاز.

وينبغي عند عرض نتيجة العمل على زملائهم في الصف أو بأي وسيلة أخرى مراعـاة عـدة أمـور أهمها :

+ الأفكار الأولية التي تطورت منها المشكلة و كيفية تحديد المشكلة .

+ الأشياء التي تلزم لحل المشكلة .

+ سجل يبين النقاشات التي دارت للأفكار المطروحة والبدائل التي اقترحت وكيفية الاختيـار مـن بينها.

+ سجل يبين اختيار البدائل المختارة وتجريبها سواء التي فشل منها أو الذي نجح.

أنواع المشكلات

قد كثر الحديث عن منحى حل المشكلات في العقود الأخيرة حتى أن بعض الجامعات في أمريكا صممت مساقات خاصة به وبخاصة في التعليم المهني. وقد أصبح منحى حل المشكلات في التدريس مقبولاً ومحترماً على مستوى المدرسة. في كثير من مدارس الدول المتقدمة. كثيراً ما تبدأ التمارين والأنشطة المتضمنة حل المشكلات بالسؤال عن كيفية إنجاز عمل ما مثل :

1. كيف يمكننا أن نجد ارتفاع عمارة ما ؟
2. كيف يمكننا أن نعرف عدد المتفرجين في مباراة كرة القدم ؟
3. كيف تعرف نوع التربة المناسبة أكثر من غيرها لزراعة البصل ؟
4. كيف تجد النوع الأقوى من محارم الورق ؟
5. كيف نجد حجم حجر ؟

صنفت المشكلات بطرق مختلفة منها المشكلات المغلقة والمشكلات المفتوحة أو المشكلات الرسمية وغير الرسمية .ومنها المشكلات الواقعية أو مشكلات الأحاجي والألغاز ومنها المشكلات المعطاة أو المشكلات غير المعطاة. ومنها المشكلات ذات العلاقة بالمنهاج أو مشكلات الحياة الواقعية. وفيما يلي قائمة ببعض المشكلات :

1. اصنع طيارة مروحية من قطعة من الكرتون قياس 14سم 14Xسم بحيث تدور أكبر قدر ممكن عندما تضرب بالإصبع من سطح طاولة .
2. افترض أنك ضعت في وسط غابة في منطقة استوائية ولم تشرب الماء منذ ثلاثة أيام وكل ما لديك من الماء هو السبخات، وبعض أشجار جوز الهند وأشجار البامبو .ولديك سكين حاد و علبة كبريت وقميص إضافي. جد طريقة للحصول على ماء نقي صالح للشرب من السبخات وجد طريقة لتثبت أن الماء الذي حصلت عليه ماء نقي .
3. إذا أعطيت أن ق = ك ت ، وأن ت = 4م/ث2، ك = 3كغ، احسب قيمة ق.

4. لماذا لا تعمل هذه الآلة الكاتبة ؟ ما نوع العطل في جهاز التسجيل ؟ وكيف تشغل جهاز . . .
؟

5. ماذا يمكن أن تفعل لمساعدة كبار السن في صب الماء الساخن، أو في تشغيل جهاز . . . ؟

6. كيف يمكن أن تقلل فاتورة صرف الكهرباء ؟

7. ما هو التلوث وكيف يحدث ؟ ما هي آثار التلوث ؟ وكيف نكتشفه ؟ وكيف نعالجه ؟

8. ما هي فوائد إضافة الألوان والنكهات الصناعية إلى المواد الغذائية ؟ وما هي آثارها وسيئاتها
؟

9. افترض أنك أحد أفراد أسرة مكونة من خمسة أنفار تخطط لشراء سيارة جديدة. اكتب معايير
اختيار السيارة في ضوء المواصفات الفنية ثم اختر السيارة المناسبة .

بعض هذه المشكلات ملتصقة بالمنهاج الدراسي وبعضها ملتصقة بالحياة العملية وبعضها ذات
نهايات مفتوحة.

ويمكن وضع معيار للتمييز بين المشكلة المعرفة جيداً والمشكلة غير المعرفة جيداً. المشكلة
المعرفة جيداً هي تلك المشكلة التي يعطي فيها الهدف واختيارات الحل واستراتيجياته منذ البداية.
أما المشكلة غير المعرفة فهي تلك المشكلة التي يطلب فيها من الشخص تحديد الهدف واختيار الحل
واستراتيجياته .

إن الميزة الأساسية لمنحى حل المشكلات تتلخص في نقل مسؤولية التعلم من المعلم إلى الطالب.
وإن التأكيد الرئيس الذي ينبغي أن تتولاه المدرسة هو التأكيد على أن يستخدم الطالب نهجاً من
العمل المخطط لمعالجة المشكلة .

إن التطور الحديث في منحى حل المشكلات يتلخص في الابتعاد عن المشكلات
المعطاة والاقتراب من المشكلات الخاصة أو المفتوحة أو مشكلات الأهداف.
حيث أن المشكلات المعطاة لا ترتبط بحياة التلميذ الواقعية غالباً. وحتى

تكون المشكلة واقعية وذات معنى للطالب فينبغي أن يقوم هو بتوليدها واقتراح استراتيجيات حلها؛ أي تكون المشكلة من صنعه لهذا سميت المشكلات الخاصة لأن خصوصية الفرد تتجلى فيها. إن منحى حل المشكلات في الأنشطة المدرسية يزداد ببطء. وقد اعتبر هذا المنحى وسيلة جيدة لتنظيم مواقف تعليمية مفتوحة تتيح للطلاب حرية التحرك والاختيار، وقد تزايد هذا المنحى في المنطقة الفاصلة بين العلم والتكنولوجيا أو قل في منطقة تداخل العلم مع التكنولوجيا. إن الطلبة بحاجة إلى اكتساب مهارات تطبيق طريقة البحث العلمي والعملية التكنولوجية في حل المشكلات. وإن هذا لا يعني أن تكون المشكلات من هذا النوع خاصة بطلبة العلوم المهنية، بل يمكن أن يستخدمها طلبة العلوم بعامة .

هنالك مدى واسع من أنواع المشكلات وبالتالي هنالك عدة طرق لتصنيف هذه المشكلات ويعتمد ذلك على المعيار الذي يمكن استخدامه في عملية التصنيف، ومن التصنيفات المعتمدة للمشكلات ما يلي :

1- المشكلات المغلقة :

وهي المشكلات التي يوجد حل صحيح واحد لها وطريقة صحيحة واحدة للوصول إلى الحل وهي تمثل النمط التقليدي لأسلوب حل المشكلات. ومن أمثلة ذلك :

* إذا أعطيت مخباراً مدرجاً وكمية من الماء وخيطاً رفيعاً فكيف تجد حجم الحجر الصحيح. هناك طريقة واحدة وهي وضع كمية من الماء في المخبار كافية لغمر الحجر ومن ثم تعليق الحجر في الخيط وغمره في الماء الموجود في المخبار وإيجاد حجم الماء المزاح الذي يساوي حجم الحجر في هذه الحالة.

2- المشكلات المفتوحة :

وهي المشكلات التي ليس لها جواب صحيح واحد بل لها عدة أجوبة صحيحة كما أن لها عدة طرق مختلفة للوصول إلى الحل. ومن أمثلتها :

* ما نوع التربة الأفضل لزراعة البصل ؟

قد يبحث الطلبة في نوع البصل من حيث الطعم أو من حيث الحجم لأن كلمة أفضل لم تفسر ولم يحدد معناها للطلبة. فقد تفسر على أنها التربة التي تعطي الحجم الأكبر لرأس البصل وقد تفسر على أنها التربة التي تعطي الطعم الأفضل لرأس البصل. وقد تفسر على أنها التربة التي ينمو فيها البصل بسرعة أكبر . وقد تفسر على أنها التربة التي تحتاج إلى كمية أقل من الماء أو السماد. وهكذا نجد أن البحث في هذه المشكلة يبقى مفتوحاً وأنه ليس هنالك حل صحيح واحد لها؛ بل يعتمد على مفهوم الباحث لمعيار الأفضلية كما يعتمد على الهدف الذي يسعى إليه الباحث، ويعتمد أيضاً على الوسائل المتاحة وعلى الظروف التي يعيشها الباحث. ومن جهة أخرى فإن طريقة إجراء البحث غير محددة ويمكن أن تأخذ مسارات متعددة حسب ظروف الباحث وإمكاناته. إن هذا النوع من المشكلات يسمى المشكلات المفتوحة.

3- المشكلات المتوسطة :

وهي مشكلات تقع بين المشكلات المغلقة والمشكلات المفتوحة حيث يوجد هنالك جواب صحيح واحد للمشكلة ولكن يمكن الوصول إلى الجواب بعدة طرق مختلفة ومثال ذلك :

* كيف يمكنك إيجاد حجم حجر ؟

لقد أعطي الطلبة هنا حرية التفكير في الطريقة التي يجدونها مناسبة. وعوضاً عن وصف ما يجب عليهم فعله فقد أعطوا زمام المبادرة للتفكير بحرية ولاتخاذ القرار المناسب في اختيار الطريقة التي توصل إلى قياس حجم الحجر. ويمكن تصنيف المشكلات حسب قربها من المنهج الدراسي أو بعدها عنه،على نوعين هما:

1. المشكلات الملتصقة بالمنهاج :

وهي المشكلات التي تصمم لتكمل تعليم موضوع ما من المنهاج. وتتضمن هذه المشكلات المهارات والأفكار والمفهومات المتصلة بالمنهاج، وتشغل هذه المشكلات

الطلبة في أنشطة يتفاعل فيها الطالب مع زملائه أو معلميهم ويتعلم خلالها فقرات من المنهاج. ويعد هذا الأسلوب من الاستراتيجيات الهامة في التدريس .

2. المشكلات العملية :

وتركز هذه المشكلات على القضايا ذات العلاقة بالحياة اليومية .

ويراعى فيها أن تكون ذات معنى بالنسبة للطالب وأن تجعل الطالب يتبنى المشكلة ويتحمس لحلها .

وثمة تصنيف آخر للمشكلات يعتمد على مقدار المعلومات المعطاة حول المشكلة ومدى تحديدها وهو التصنيف الذي سبق التنويه عنه، ويمكن تلخيصه كما يلي :

1. المشكلات المعطاة: وهي المشكلات التي يعطى فيها الهدف من المشكلة كما يعطى فيها استراتيجيات الحل .

2. المشكلات التي يعطى فيها الهدف من المشكلة فقط ويترك للطالب تحديد استراتيجيات الحل وخياراته .

3. المشكلات التي لا يعطى فيها الهدف ولا تعطى فيها الاستراتيجيات المتبعة في الحل ويطلب فيها من الطالب تحديد الهدف وتحديد طرق الحل واستراتيجياته وهذه المشكلات تسمى أيضاً المشكلات المفتوحة .

مبررات استخدام أسلوب حل المشكلات في التدريس

تختلف وجهات نظر التربويين حول التبريرات التي يرونها لتدريس أسلوب حل المشكلات مع أنهم يتفقون حول كثير من النقاط. فيرى ميك نوت (MickNott,1988) أن هنالك مبررات تربوية ومهنية وعقائدية وعلمية لتدريس أسلوب حل المشكلات ويرى جون هيني (John Heaney,1988 pp.7) أن أسلوب حل المشكلات يثير الدافعية للتعلم ويمكن أن يستخدم لتدريس المفاهيم والقدرات التكنولوجية كما أنه أسلوب فعال في تغيير البنى المفاهيمية عند الطلبة ويرى

آخرون ومنهم كازنز (Cussans&Walts,1989) أن تدريس أسلوب حل المشكلات يعد طريقة فعالة لتنمية المهارات العلمية والعمليات العلمية والإبداع العلمي. وسوف نورد فيما يلي المبررات التي نراها مناسبة في مجالات المباحث بعامة:

1- إثارة الدافعية للتعلم :

يرى كثير من المعلمين أن أسلوب حل المشكلات يحرك شوق الطلبة للمعرفة ويثير الدافعية للتعلم إلا أنهم يخشون من استخدامه في التدريس بسبب استغراقه وقتاً طويلاً، قد ينقضي الفصل الدراسي أحياناً قبل أن تنتهي العمليات المتضمنة في حل المشكلة. وقد أمكن التغلب على هذه الصعوبة بتصميم مشكلات يمكن حلها في وقت قصير بل يمكن حلها ضمن وقت الحصة المدرسية. فعندما يواجه الطلبة مشكلة لا خبرة سابقة لهم بها تعد حافزاً لاجتهادهم إلى البحث والتجريب بدافع التحدي وحب الاستطلاع .

2- تنمية المعلومات التكنولوجية و القدرات التكنولوجية :

إن كثيراً من التربويين يعتبرون أن المعرفة التكنولوجية والقدرات التكنولوجية أو المهنية أصبحت ذات أهمية خاصة في العصر الحاضر وأن المهارات المهنية لا بد من تنميتها عند الطلبة، وقد أدخلت كثير من الدول مبحث التربية المهنية في التعليم الأساسي ومبحث الثقافة المهنية في التعليم الثانوي. فإذا أتقن الطلبة المهارات المتعلقة بأسلوب حل المشكلات والعمليات المتضمنة فيه وتدربوا على استخدام هذا الأسلوب في المدرسة فإنه من المأمول أن ينقلوا هذه الخبرة إلى مواقف جديدة ويتمكنوا من توظيفها في حياتهم العملية خارج المدرسة لحل المشكلات الواقعية التي تواجههم.

3- تعلم المفهومات العلمية :

إن استخدام أسلوب حل المشكلات في تدريس المفهومات العلمية يعني أن يقوم الطلبة ببناء معرفتهم ذاتياً بدلاً من أن يكونوا مستقبلين سلبيين للمعرفة. وأن يأخذ الطالب دوراً إيجابياً فعالاً في تحديد المشكلة وجمع المعلومات عنها والتخطيط

لوضع البدائل المتعددة لحلها وتقويم الخطوات والنتائج التي يتوصل إليها. وفي أثناء محاولتهم لحل المشكلة يتعلم الطلبة ويكتسبون المعرفة والمهارات المرغوبة.

4- تعديل الأطر المرجعية أو تغييرها :

إن تعديل البنى المفاهيمية عند الطفل أو تعديل الأطر المرجعية التي يعود إليها عند محاكمة الأمور لا يتم من خلال إخباره بأن مفهومه لقضية ما ليس صحيحاً أو عليه أن يغيره أو يعدله. وإن تغيير البنى المفاهيمية أو تعديلها لا يتم إلا من خلال تحدي هذه البنى المفاهيمية أو الأطر المرجعية وإثبات عدم فعاليتها في الواقع العملي مما يضطر الطالب إلى البحث عن بنى مفاهيمية بديلة أو أطر مرجعية بديلة أو تعديل ما يتوفر لديه منها. وإن أسلوب حل المشكلات يوفر الوسيلة الفعالة لتحدي الأطر المرجعية والبنى المفاهيمية للتعلم ويثبت للطالب ضرورة مراجعتها والبحث عن تعديلها لتنسجم مع الواقع في مناخ من الحرية والاستقلالية بعيداً عن التهديد أو الضغط النفسي للامتحان، ويجب أن يشعر الطلبة بالحرية في تحديد المشكلات التي يرغبون في معالجتها كما يجب أن يشعروا بالحرية في اختيار بدائل الحل وطرح آرائهم حول ذلك وفي تطوير فرضيات الحل وتجريبها .

وإذا نظرنا إلى حل المشكلات من منظار أوسع يشمل العملية التربوية بعامة نجد أنه يمكن ملاحظة المبررات التالية لتدريس أسلوب حل المشكلات أو استخدامه في العملية التربوية بعامة و هي :

1- المبررات التربوية :

إن استخدام أسلوب حل المشكلات في التدريس بمفهومه الجديد يوفر تعلماً فعالاً تتوفر فيه الرغبة و التشوق للتعلم والمشاركة الفعالة من قبل الطلاب. حيث يقوم حل المشكلات بمفهومه الحديث على الأسس التالية:

أ. التعلم من خلال العمل :

فإن التعلم يكون أدوم وأثبت إذا تم من خلال العمل. في أسلوب حل المشكلات يكون الطلبة فاعلين ونشطين حيث سيشاركون في تحديد المشكلة واختيار

البدائل المناسبة لحلها واختيار الفروض واختبار صحتها وجمع المعلومات واستخلاص النتائج وتشكيلها. وتقويم خطوات الحل والنتائج .

ب. إثارة الدافعية للتعلم والإقبال عليه بشوق ورغبة :

فالطلبة يشاركون في حل مشكلات مرتبطة بخبراتهم ومعلوماتهم السابقة حيث يبدأ التعلم من المألوف وينقل إلى غير المألوف تدريجاً، ومن المعروف أنه كلما زادت الدافعية الداخلية للتعلم ازداد التعلم الجيد .

ج. الاستمتاع بالعمل :

يستمتع الطلبة بالعمل في حل المشكلة لأن المشكلة في الغالب هي مشكلة من صياغتهم وتشكلت بناء على شعورهم بوجودها وقناعتهم بضرورة حلها ولأنها تتحدى مفهوماتهم، ولذلك نجدهم يقبلون برغبة للتعرف على الأشياء وتعلم المهارات اللازمة والعمليات العلمية التي تلزم لحل المشكلة. ومن المعروف تربوياً أن نوعية التعلم الجيد تتناسب طرداً مع مقدار استمتاع المتعلم بعملية التعلم .

د. استخدام الخبرات السابقة :

إن حل المشكلات يستدعي استخدام الخبرات السابقة للطلبة واستخدام كافة المعلومات التي يعرفونها والتي يمكن أن تتوفر لديهم عن المشكلة مما يوثق عرى الترابط بين المعلومات السابقة واللاحقة ويجعل الخبرات ذات مغزى عند الطلبة.

بينما نجد أن المعلومات التي تعطى للطلبة بالطرق التقليدية الأخرى منفصلة غالباً عن المعرفة السابقة ومنفصلة كذلك عن الحياة العلمية، ونجد في الغالب أن الطلبة يجلسون في صفوف ليستمعوا إلى المعلم و يتتبعوا ما يقول .

وعلى العموم فإن اشتراك الطلاب في حل المشكلات التي ساهموا في صنعها اشتراكاً فعالاً يثير دافعيتهم للتعلم ويجعلهم يستمتعون بالخبرات التعليمية وبالتالي يتعلمون ما تريدهم أن يتعلموه بمستوى أفضل مما لو استخدمت طرق تعليمية أخرى.

2- المبررات العلمية :

يعد حل المشكلات من وجهة نظر كثير من المشتغلين بالعلوم إحدى العمليات العلمية الأساسية التي يقوم بها العلماء من أجل اكتشاف الحقائق العلمية. وإذا كان الأمر كذلك فإننا إذا أردنا أن يفهم الطلبة العلوم وأن تتكون لديهم النظرة العلمية للأشياء والظاهرات الكونية وأن يتكون المنطق العلمي لديهم لا بد أن يمارسوا حل المشكلات بمفهومه الذي شرحناه آنفاً .

ويبرر القائلون بوجهة النظر هذه مقولتهم بالاستناد إلى دراسة الخبرة السابقة التي مر فيها مشاهير العلماء في الماضي. فعلى سبيل المثال فإن المشكلة التي واجهت العلماء في تفسير حركة الكواكب والنجوم قادت إلى الاكتشافات التي توصل إليها كبلر وغاليلو رغم أنه سبق أن توصل إليها قبلهما العالمان العربيان المسلمان البيروني وابن الشاطر بمئات السنين .

بل إنه يمكن أن ينظر للعلم على أنه سلسلة من المشكلات ومن حل المشكلات من اكتشاف نبتون في المجموعة الشمسية إلى مشكلة وضع التابع الصناعي (Satellite) ليدور حول الأرض أو إلى إنزال إنسان على سطح القمر. ويمكن أن يؤخذ تطور النظرية الذرية خلال القرن العشرين مثالاً آخر على ذلك.

إن معلم العلوم يستطيع أن يبين للطلبة من خلال أسلوب حل المشكلات كيف اشتغل العلماء في الماضي لحل المشكلات التي واجهتهم وكيف يعملون الآن. ويمكن أن يستخدم المعلم في تدريسه المنحى التاريخي في تطوير النظريات والمفهومات العلمية. إن حل المشكلات يتيح للطلبة فرصة ممارسة الأنشطة العلمية بالطريقة التي عمل بها الباحثون في العلوم وبالتالي فإنهم يكتسبون تربية علمية وتدريباً جيداً من خلال ممارسة حل المشكلات .

ويرى مايك نوط أن الطلبة بممارستهم لحل المشكلات يكتسبون التربية العلمية من خلال تتبعهم للخطوات التي يعمل بها الباحث العلمي فتنمو مفهوماتهم العلمية ومهارات العمليات العلمية.

إن حل المشكلات يتيح الفرصة للطلبة لبناء الاتجاهات العلمية اللازمة للباحث العلمي مثل حب الاستطلاع والحماسة للعمل والمواظبة على العمل من أجل تحقيق الهدف دون ملل أو يأس (Bently&Walts,1989).

3- المبررات المهنية :

من وجهة النظر المهنية فإن حل المشكلات يعد عملية ضرورية لطبيعة العمل التي يحتاجه الناس في المجتمعات. فالمجتمع يحتاج القوى العاملة المدربة في مجال العلوم والتكنولوجيا والمجالات الأخرى. إن نوع التدريب اللازم للقوى العاملة ينبغي أن يتضمن مهارات العمل الجماعي مثل التعاون و العمل بروح الفريق. وينبغي أن يصمم التدريب بطريقة تتيح الفرصة للطالب لأن يتعلم العلم من خلال تطبيقه في مواقف عملية. وبالتالي فإن التدريب المهني ينبغي أن يتضمن تطوير مهارات التعامل مع التكنولوجيات ويجب أن تكون مهارات التكنولوجيا المتضمنة ذات فائدة للمشروعات الصناعية والزراعية التي يحتاجها المجتمع. كما ينبغي أن تكون ذات فائدة للفرد نفسه، كأن تتاح الفرصة له لتنمية الابتكار العلمي وقدرات الفرد على الإبداع والتفكير في الحلول التكنولوجية المتعددة .

إن حل المشكلة عندما يمارسه الطلبة بمفهومه الحديث يوفر استراتيجية تعليمية جيدة لتنمية مهارات العمل الجماعي ومهارات تطبيق النظريات والمفهومات العلمية ويعطي الفرصة المناسبة للإبداع والابتكار والمبادأة إذا كانت المشكلات حقيقية وذات علاقة بحياة الطالب والمجتمع. إن أنصار فكرة استخدام أسلوب حل المشكلات في التدريب المهني يعتقدون أن أثر التدريب مثل مهارات العمل الجماعي والاتجاهات المتعلقة به يمكن أن تنقل من بيئة إلى أخرى. وبناء عليه فإنه إذا صمم التعليم حول مشكلات تكنولوجية أو اقتصادية، فإن التعلم الذي يحصل عليه الطلبة يمكن أن يفيدهم في مواجهة المشكلات التكنولوجية والاقتصادية التي تواجههم في الحياة العملية في المجتمع .

وإذا نظرنا إلى الوضع الحالي في مدارسنا نجد الطلبة يجلسون في صفوف منظمة أمام المدرس يراقبون أداءه ويستمعون إلى شرحه أو توجيهاته، ويقوم كل منهم بحل واجبه على انفراد حسب توجيهات المعلم. بينما نجد في الحياة العملية أن الناس يعتمد بعضهم على بعض ويتعاونون لإنجاز كثير من الأعمال. فقائد الطائرة يتعاون مع الملاحين و الطبيب يتعاون مع الممرضين ويعملون جميعاً في فريق متكامل متعاون عند إجراء العمليات الجراحية وإذا لم يتعاون الأطباء مع الممرضين قد يموت المريض. نحن نتوقع من هؤلاء وأمثالهم أن يعملوا بروح الفريق المتعاون وهكذا معظم الأعمال في المجتمع تتم من خلال التعاون مع الآخرين. إن أساليب التعليم التقليدية المعمول بها حالياً في مدارسنا نادراً ما تعمل على تنمية مهارات العمل التعاوني وتطوير الكفايات اللازمة للعمل في فرق متعاونة في الحياة الاجتماعية. لذلك نجد أن هنالك بوناً شاسعاً بين المدرسة والمجتمع .

4- المبررات الفلسفية والعقائدية :

إذا سلمنا بوجهة النظر القائلة بأن المدرسة تعد عاملاً من عوامل التغيير الاجتماعي، فإن حل المشكلات واستخدامه في العملية التعليمية التعلمية يعتمد على نوع المجتمع الذي تسعى المدرسة لتشكيله .

إن الأنشطة التي يمارسها الطلبة في حل المشكلات ونوع المشكلات التي يسعون لحلها والخبرات التي يمرون بها في غضون ذلك ينبغي أن تمكن الطلاب من تعلم القيم والاتجاهات الهامة لنوع المجتمع المرغوب تشكيله .

لكي نقرر فيما إذا كان من الضروري استخدام حل المشكلات في التدريس في مدارسنا أم نقرر الاستمرار فيما نحن عليه من أنماط تدريسية، دعنا نلقي نظرة على الممارسات التعليمية في مدارسنا في الوضع الراهن، لنكتشف القيم والاتجاهات التي تغرسها في الطلبة. ثم نقارن ذلك بالقيم و الاتجاهات التي يغرسها أسلوب حل المشكلات في الطلبة لنرى أيهما يتطابق مع مواصفات مجتمع المستقبل الذي نرغب في تشكيله .

من الحقائق الملموسة أن غالبية الطلبة ينظرون إلى عملية تعلم المباحث المدرسية المقررة على أنها عملية مملة؛ لأن أساليب التدريس تخلو غالباً من التشويق أو إثارة رغبة الطلبة للتعلم وحتى العمل المخبري في العلوم غالباً ما يكون لتأكيد المعلومات النظرية أو تحقيق ما تم تعلمه نظرياً، حيث يقوم الطالب بتنفيذ خطوات التجربة حسب نشرة التعليمات المعطاة له والتي تنظم عادة على شكل إرشادات الطبخ، ويكون التركيز على التأكد من صحة النظريات العلمية مهملة خبرات الطالب الشخصية السابقة .

وعند إعداد المحتوى المعرفي للمعلومات العلمية التي تعطى للطلبة فإن مصلحة التعليم العالي وحاجاته تؤخذ بعين الاعتبار أكثر من حاجات الطفل المتعلم. وبالتالي فإن معظم الطلبة لا يقبلون على تعلم العلوم برغبة وشوق. ويصبح تعلم العلوم مثل تعلم المباحث الأخرى؛ الهدف منه هو اجتياز الامتحان ومن المؤسف أن قسماً كبيراً منهم يفشل في اجتياز الامتحان مما يسبب عندهم الشعور بالألم والإحباط وخيبة الأمل .

لقد وصف أحد الخبراء التربويين الأجانب الذين زاروا المدارس في الأردن الممارسات التعليمية فيها بقوله: " يقف المعلم في الأمام يتكلم ويكون الطلبة في صفوف محددة، عديمي النشاط، لا يفتحون أفواههم إلا إذا سألهم المعلم شيئا. المعلم هو الذي يعرف ما هو صحيح وما هو خطأ، والطالب دائماً يطلب منه ما يجب عمله، يكون الطلبة خلال فترات طويلة من النهار ضجرين كثيراً من الوقت لا يفهمون ما يجري وما يفترض فيهم أن يفعلوا. ولكنهم مع هذا لا يجرؤون على مسائلة المعلم. وعندما يعتقد الطلبة أنهم لن يتعرضوا للعقاب فإنهم يكسرون القوانين ويهمسون إلى أصدقائهم ولكن ليس عندما يكون المدرس ينظر إليهم.

وإذا حدث أن ألقي القبض عليهم وهم متلبسون بالكلام مع بعضهم فإنهم يعاقبون ... وينظر الطلبة للمدرس باعتباره الخبير الذي يعرف ما هو صحيح وما هو خطأ، أما المعلومات والخبرة الشخصية التي يكتسبها الطلبة خارج غرفة

الصف فينظر لها كشيء غير مهم. وحتى المهارات والمعلومات التي يكتسبها الطلبة من آبائهم أو أجدادهم فينظر إليها بشكل عام على أنه غير منطبقة على واقع الصف. (بروفي، 1991).

وبغض النظر عن مدى صحة هذا الوصف إلا أنه ينطبق إلى حد ما على نسبة ليست قليلة من مدارسنا الأردنية والعربية بصفة عامة.

وقد وصف الخبير التربوي ببرماجن ديلن الذي زار عدداً من المدارس في المملكة عام 1998م بقوله : " من الأشياء الإيجابية التي لاحظها رضا المعلمين خصوصاً في المرحلة الثانوية . . . ولكنني أخشى أن يكون ذلك الرضا عن الرواتب دافعاً لأن يستمر المعلمون غير الأكفاء. كما لاحظت جانبين سلبيين، **الأول**: المركزية والبيروقراطية الشديدة في النظام التعليمي وهذا يؤثر بشكل كبير على الأداء وعلى نوعية الإنجاز. **الثاني**: سيادة نظام الاتجاه الواحد فالكل ينتظر لتلقي المعلومات والتوجيهات من المستوى الأعلى . . . وهذا الأسلوب يقتل العملية التعليمية التي أصبحت تركز على الحفظ، وخالية من الإبداع ومهارات التفكير والمبادأة في التعلم . . . وفيما يخص المنهج فهو ضخم جداً ونتيجة لذلك فإنه يشكل ضغطاً كبيراً على المعلم والطالب .. . . فيصبح التركيز على إنهاء المقرر. وتكون الطريقة هي حفظ المعلومات وتلقيها. ولا توجد مساحة كافية للمشاركة في التعلم والعمل والقيام بالأنشطة الأخرى داخل الفصل. أما الطلاب فقد وجدت حماسة جيدة للتعلم لدى طلاب المرحلة الابتدائية أما في المرحلة الثانوية فوجدت طلاباً غير متحمسين كثيراً للتعلم . و ينصب جهدهم على تحصيل الشهادة . . . "[بيرماجن ديلن، مجلة المعرفة (32) 1998.

وبصرف النظر مرة أخرى عن صحة ما أوردته مجلة المعرفة من رأي الخبير بير ديلن أو عدمه يمكننا أن نتساءل :

- ما نوع المواطن الذي نسعى لتنشئته ؟
- ما نوع المجتمع الذي نرغب في تشكيله ؟

- ما نوع القيم والاتجاهات التي ينبغي أن تغرسها مدارسنا وتنميها في عقول أبنائنا وقلوبهم وهل يحقق نظام المدارس الحالي ما نصبو إليه ؟.

لننظر في المقابل إلى نوع القيم والاتجاهات التي يمكن أن ينميها أسلوب حل المشكلات إذا استخدم بطريقة سليمة في مدارسنا .

إن أسلوب حل المشكلة يتم غالباً من خلال العمل في مجموعات لذا يشجع هذا الأسلوب الطلبة على الحوار ومناقشة الأفكار المطروحة فيما بينهم. فالمجموعة هي التي تحدد المشكلة وأسبابها وطبيعتها. ثم يعملون معاً بروح الفريق لمحاولة حل المشكلة. وينبغي على المجموعة أن تتوصل من خلال التعاون والنقاش والاستماع إلى آراء الآخرين ودراستها ونقدها إلى اتفاق على كيفية مجابهة المشكلة والبدائل المطروحة لحلها. إنهم يرجعون إلى المعلم عندما تتعقد الأمور لاستشارته. والمعلم لا يفرض إرادته على المجموعة بل يشجعهم على المضي قدماً في الاتجاه الصحيح ويساعدهم في صنع القرارات المتعلقة بالمشكلة بطريقة منطقية في ضوء المعلومات المتوفرة.

ويشجع أسلوب حل المشكلات استخدام المعلومات والخبرات الشخصية السابقة المتوفرة لدى كل فرد من أفراد المجموعة في حل المشكلة. كما يشجعهم على طريقة التواصل فيما بينهم، والتخطيط المسبق. ويسمح هذا الأسلوب للطلبة أن يقترحوا المشكلة بناء على خبراتهم الذاتية وقناعاتهم وشعورهم بالمشكلة، الأمر الذي يجعلهم يسعون إلى حلها واكتساب المعلومات اللازمة لذلك بحماسة ورغبة في التعلم واندفاع ذاتي داخلي نحو تحقيق الهدف. و يساعد أسلوب حل المشكلات في اكتساب المهارات التي تحتاجها لمواجهة مشكلات الحياة اليومية كما ينمي قيم التعاون والاعتماد على النفس والإيثار.

لقد سئل الطلبة الذين تعلموا مشروعاً واحداً باستخدام أسلوب حل المشكلة عن رأيهم في هذا الأسلوب. وكان أحد الأجوبة: " أعتقد أنه فكرة جيدة إننا تعلمنا كيف نعمل في مجموعات وكيف نصغي إلى أفكار الناس الآخرين " .

وعندما سئل أحد الطلبة الذين درسوا بالطريقة التقليدية عن حصة مختبر العلوم قال: " لقد رتب كل شيء على طاولة المدرس ولم نعرف ماذا جرى لأنه لم يخبرنا " (بروفي، 1991م).

إننا بحاجة إلى استراتيجيات تعليمية وطرق تدريس تركز على إثارة الدافعية للتعلم ولتنمية التعاون بدلاً من المناقشة، كما تركز على اشتراك المتعلم مع المعلم في مناقشة المادة التعليمية و الاستراتيجيات التي تنمي الثقة بالنفس والقدرات الذاتية للطالب بواسطة تقدير ما يستطيع المتعلم فعله وليس بتقدير ما لا يستطيع فعله إننا نريد أن نأخذ بيد المتعلم ليكتشف العلاقات والروابط التي تربط بين المعرفة والقيم والاتجاهات. إذا استخدم حل المشكلات في التدريس بطريقة توفر الشروط والمواصفات المذكورة فإنه سوف ينمو لدى الطلبة الشعور بالأمن والثقة بالنفس. إننا إذا أردنا أن ننشئ الإنسان الصالح وأن نشيد مجتمع المستقبل الذي تتوفر فيه القيم والاتجاهات المرغوبة فإنه يتحتم علينا إجراء تغييرات جذرية في طبيعة عمل مدارسنا من حيث إدارتها وطرق التدريس فيها وبالتالي إجراء تغييرات جذرية في طرق التدريس. وعلى العموم إذا أردنا أن يكون مواطن المستقبل ممتلكاً للقدرات الفاعلة بحيث يسهم في تطوير المجتمع الذي يحافظ على كرامة الفرد وعلى حقوق الآخرين في آن واحد فإن أسلوب حل المشكلات في التدريس يعد أسلوباً مناسباً لتحقيق ذلك .

أهداف أسلوب حل المشكلة

إن أسلوب حل المشكلات قد يتخذ أهدافاً متنوعة. وإن اختيار الهدف من استخدام الأسلوب يؤثر بشكل فاعل في تصميم المشكلة كما يؤثر في اختيار بدائل الحل وطريقة تجريب البدائل. لذا ينبغي لمن يخطط لاستخدام هذا الأسلوب في التدريس أن يعرف بالضبط ما يريد تحقيقه لأن هذه الخطوة لها ما بعدها .

إن الطلبة المنخرطين في حل المشكلة يسعون إلى تحقيق هدفهم وهو حل المشكلة، لكن المعلم أو واضع المنهاج عندما يطرح المشكلة له أهداف أخرى

تختلف عن أهداف الطلبة. ومنها أن يتعلم الطلبة محتوىً معرفياً من خلال ممارستهم لنشاط حل المشكلة فهو ليس نشاطاً مجرداً. وتتفاوت أهداف المشكلة من اكتساب معرفة علمية جديدة إلى اكتساب كيفية تطبيق المعرفة العلمية من حقائق ومفاهيم إلى تعلم العمليات العلمية و المهارات العلمية إلى اكتساب القيم والاتجاهات الإيجابية من خلال العمل في مجموعات .

ومن الناحية التعليمية فإنه يمكن طرح المشكلة بصيغ مختلفة بحيث ترفع مستواها من مشكلة مغلقة إلى أن تتدرج لتصل إلى مشكلة مفتوحة. فلو أخذنا إيجاد حجم جسم غير منتظم على سبيل المثال فيمكن طرح المشكلة على النحو التالي :

* إذا أعطيت مخباراً مدرجاً وماء فكيف تجد حجم حجر غير منتظم الشكل؟.

من الواضح أن هذه المشكلة بسيطة ومغلقة من حيث أن هدفها محدد وحلها واحد ولقد حددنا طريقة حل واحدة لها من خلال تحديد الأدوات .

ويمكن صياغتها على النحو التالي :

* إذا أعطيت حجراً غير منتظم الشكل فكيف تجد حجمه ؟

هنا لم يتقيد الطلبة بطريقة حل واحدة من خلال تحديد الأدوات، بل ترك المجال مفتوحاً لهم لكي يبحثوا ويتوصلوا إلى طرق مختلفة باستخدام أدوات مختلفة لقياس حجم الحجر. وهذا يستدعي منهم الرجوع إلى المكتبة وإلى المختبر واستشارة المعلم. فصياغة المشكلة هنا ولدت نشاطات أوسع مما تقترحه الصياغة السابقة و أعطت مجالات للتعلم أكثر .

*** *** ***

الفصل الحادي عشر

ما نوع التفكير المستخدم في حل المشكلات

ما من أحد إلا لديه مشكلة. وكلنا يعرف ذلك. ولكن الأمر يتعقد أكثر عندما يطلب منك أن تعرف مشكلات الآخرين. فما يكون مشكلة لديك قد لا يكون مشكلة عند شخص آخر. وهذا ما يزيد القضية تعقيداً بالنسبة للمعلم. فكيف يعرف المعلم مشكلات طلابه ؟ وبخاصة عندما تتعقد المشكلات وتتنوع حسب اختلاف الطلاب في بيئاتهم وخلفياتهم الثقافية وقدراتهم. إذن القضية تحتاج إلى تفكير .فالتفكير شيء ضروري لحل المشكلات. ولكن ما نوع التفكير الذي يصلح لحل المشكلات هل هو التفكير الإبداعي أو التشعيبي أم التفكير الناقد أم التفكير التجميعي أو التقاربي أم التفكير التحليلي أم التفكير البحثي العلمي أو التجريبي. مع تسليمنا أن جميع أنواع التفكير متداخلة ولكن ربما يطغى بعضها في موقف معين على أنواع التفكير الأخرى؛ فإننا نجد أن حل المشكلات يستدعي في الغالب جميع أنواع التفكير وبخاصة الصنفين الرئيسيين التفكير الإبداعي والتفكير الناقد. لذا ينظر المربون لتفكير حل المشكلات بأنه ميدان عملي لتطبيق التفكير الناقد والتفكير الإبداعي.

ويرى الخبراء أن مقدار النجاح في الحياة يتناسب طردياً مع القدرة على استخدام أنواع التفكير في حل المشكلات . بالإضافة إلى أن قيام الطفل بأنشطة حل المشكلات ينمي عنده القدرة على التفكير المنطقي كما ينمي مهارات التفكير الأخرى. وإن نجاحه في حل المشكلة ينمي ثقته بنفسه وثقته بقدراته.كما أن اشتراكه في مجموعات العمل ينمي مهارات التعاون والتفاهم مع الآخرين والعمل بروح الفريق. ويرى الخبراء أن أفضل طريقة للتأكد من فهم الطالب لمجموعة من المعارف وإتقانه لمجموعة من المهارات هي أن ترى فيما إذا كان قادراً

على أن يستخدمها استخداماً حسناً في حل المشكلات. ويبين الشكل (11-2) رسماً توضيحياً للتفاعل بين أنواع التفكير المختلفة في إيجاد حل للمشكلة.

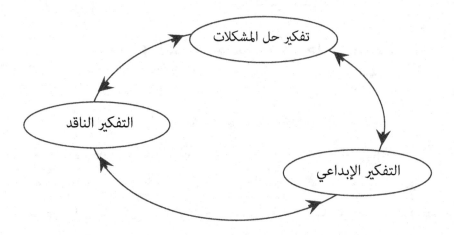

شكل (11-2) استخدام التفكير الناقد والتفكير الإبداعي في حل المشكلات

فإن التفكير في حل المشكلة يتضمن التفكير الإبداعي كما يتضمن التفكير الناقد. ولكن ما هي المشكلة ؟ إن مشكلات الحياة اليومية في كثير من الحالات لا تكون واضحة ويجد المرء صعوبة في تحديدها. وكما يقول أحد التربويين إن القضية ليست في عدم قدرتهم على حل المشكلة ولكنها في عدم قدرتهم على رؤية المشكلة. ويمكن القول أن المشكلة هي عدم القدرة على رؤية المشكلة أحياناً فحتى ترى المشكلة لا بد أن تتعرف على السياق الذي تقع فيه المشكلة ولا بد أن نتعرف على الظروف والمعلومات والمعطيات الأولية للمشكلة، ولا بد أن نتعرف على العوامل التي ساهمت في صنع السياق الذي حدثت فيه المشكلة. ومن الأسئلة المفيدة في بعض المواقف أن نسأل من هو الشخص الذي لديه المشكلة ؟ ومن هو الشخص الذي يرغب في حل المشكلة ؟ إذن لا بد أن يكون هنالك هدف نسعى لتحقيقه. وفي ضوء ذلك يمكن القول بأن للمشكلة ثلاث مكونات أساسية :

1. **المعطيات:** وهي ظروف المشكلة وسياقها والمعلومات الأولية عنها.

2. **العقبات:** وهي مجموعة الصعوبات التي تحول دون حل المشكلة.

3. **الغايات:** وهي الأهداف التي نبتغي تحقيقها والغاية النهائية التي نبتغي الوصول إليها من حل المشكلة.

فإذا عرفنا عناصر المشكلة ومكوناتها تأتي بعد ذلك الخطوة التالية التي تستلزم بذل الجهود الواعية والقيام بالنشاطات الهادفة لحل المشكلة.

مشكلات الحياة الواقعية في الغالب ليس لها حل واحد أو طريقة واحدة للحل مثل الإصلاح بين اثنين أو شراء بيت أو شراء سيارة. فهي مشكلات مفتوحة من حيث أسلوب الحل ومن حيث النتيجة فلا يوجد أسلوب صحيح واحد للحل كما لا يوجد حل صحيح واحد للمشكلة بل هناك عدة طرق وعدة حلول ولكن يمكن المفاضلة بينها بحيث يمكن القول بأن الحل الفلاني هو أفضل الحلول في ظروف معينة. أما إذا اختلفت الظروف فقد يصبح غيره أفضل منه. وفي كثر من الحالات فإن الحل لا ينهي عملية البحث بل قد ينتج عنه مشكلات أخرى تحتاج إلى بحث ومعرفة وحل. فالحياة عبارة عن سلسلة من عمليات حل المشكلات وهذه السلسلة لا تنتهي ما دامت الحياة قائمة ضمن الزمان والمكان. ولكن نمط المشكلات الواقعية ليس بالضرورة النمط المناسب للتدريس. فالمشكلات التي يواجهها الطلاب في المدارس معظمها مشكلات مغلقة أي معظمها لها حل صحيح واحد. ومن المشكلات التي يمكن أن تعطى للأطفال مشكلات الألغاز وهي في الغالب مشكلات مغلقة.

خذ على سبيل المثال لغز الست وثلاثين :

الأدوات اللازمة: أوراق شدة.

العمل: انزع منها الصور والقص (الكرت الذي يحتوي على رقم واحد من كل فصيلة). يبقى لديك 36 كرت رتبها في مصفوفة 6x6 أي 6 بطاقات في الصف

الأفقي و 6 بطاقات في الصف العمودي. بحيث تتوفر في البطاقات المصفوفة الشروط الآتية :

1. مجموع الصف الواحد 36 .

2. مجموع العمود الواحد 36 .

3. لا يتكرر أي رقم في الصف الواحد أو العمود الواحد أو في أي من قطري المصفوفة.

4. يكون في كل صف وفي كل عمود ثلاث بطاقات حمراء وثلاث بطاقات سوداء .

5. يتكون أحد القطرين من بطاقات حمراء والآخر من بطاقات سوداء .

التدريس لتنمية مهارات حل المشكلات

تصنيف مشكلات التدريس تحت عنوانين رئيسيين هما :

الأول : حل المشكلات الذي يمكن أن يطلق عليه " مشكلة التقويم " ويتضمن ذلك النوع من المشكلات الذي أطلقنا عليه آنفاً المشكلة المغلقة أو المتوسطة أو المنهجية، حيث يتعلم الطلاب المهارات والمفهومات العلمية بالطرق التقليدية ثم يختبرون عن طريق الطلب إليهم حل مشكلة بهدف قياس تحصيلهم للمفهومات العلمية أو قياس مستوى أدائهم للمهارات العلمية التي تم تعلمها. فالمشكلة هنا استخدمت للتقويم وقياس التحصيل .

الثاني : حل المشكلات الذي يمكن أن يطلق عليه "مشكلة التعلم" حيث ينخرط الطلبة في حل مشكلات جديدة لم يسبق لهم أن تعرضوا لمثلها لتقودهم إلى عملية بحث علمي يتم من خلالها تعلم مفهومات علمية جديدة ومهارات علمية جديدة. فالمشكلة هنا استخدمت للتعلم وليس للتقويم. ويندرج في هذا النوع من المشكلات تلك التي سبق أن أطلقنا عليها المشكلات المفتوحة .

أما النوع الأول من المشكلات فهو مألوف إلى حد ما في كثير من مناهج العلوم والرياضيات وكتبها. بالإضافة إلى سهولة تطبيقه.

أما النوع الثاني من المشكلات وهو المشكلات المفتوحة. (Heaney & Walts, 1988, P.23). فهو النـوع الجديد الذي لم يدخل كتبنا المدرسية بعد والذي يصعب علـى المعلمـين تطبيقـه دون تـدريب كـاف ودون تهيئة ظروف تعليمية مناسبة لذلك .

وسوف أتناول النوع الثاني مـن المشكلات بشيء مـن التفصيل ولكي أوضـح دور الطالـب ودور المعلم في حل المشكلات المفتوحة أو مشكلات التعلم فسوف أعقد مقارنة بين دور المعلم والطالب في التعليم التقليدي والتعليم بأسلوب حل المشكلات.

	التعليم التقليدي	التعليم بأسلوب حل المشكلات
دور المعلم	❖ يبادر للعمل .	❖ يستجيب لأسئلة الطلاب وأفكارهم .
	❖ ينظم العمل المخبري و الأشغال .	❖ مستشار لتصميم التجارب .
	❖ المصدر الرئيسي للمعلومات .	❖ أحد مصادر المعلومات .
	❖ يقوّم تحصيل الطلاب و أعمالهم .	❖ مستشار للتقويم .
	❖ يحافـظ علـى سلامة الطـلاب في العمـل المخبري و يقوم بأعمال أخرى.	❖ يحافظ على سـلامة الطلاب في الأعمال و التجارب التـي يقومـون بهـا و يقـوم بـأعمال أخرى .

	التعليم التقليدي	التعليم بأسلوب حل المشكلات
دور الطالب	✓ مستقبل للمعلومات .	✓ باحث عن المعلومات.
	✓ يقوم بعمل مخبري موجه .	✓ يقوم بتصميم تجارب .
	✓ قد يقوم بعض أعماله .	✓ يقوم بدور رئيس في التقويم .
	✓ مستجيب لأسئلة المعلم وأفكاره.	✓ يبادر إلى القيام بـالأعمال ولا ينتظـر حتى يوجهه المعلم، ولا تكون أعماله ردود فعل .

جدول رقم (1-11) دور المعلم و دور الطالب في التعلم التقليدي

التعلم بأسلوب حل المشكلات

قد يظن بعض المعلمين أن تغيير دوره التقليدي وكذلك تغيير دور الطالب التقليدي يؤدي إلى حالة من الفوضى في غرفة الصف يصعب معها حفظ النظام، قد يبدو ذلك للوهلة الأولى، ولكن واقع الأمر خلاف ذلك لأن الطلاب يعملون ضمن مجموعة من التعليمات التي يضعها المعلم حسب طبيعة العمل في المشكلة .

مسلمات لا بد منها :

لا بد للمعلم الذي يود التدريس باستخدام أسلوب حل المشكلات من الاعتماد على مسلمات أو افتراضات والانطلاق منها في التخطيط لعمله، ومن هذه المسلمات:

1. إن مهارات حل المشكلة قابلة للتعليم والتعلم .

2. إن بإمكان المعلم أن يبني أنشطة صفية تزيد مقدار التعلم .

3. إن التدريس باستخدام أسلوب حل المشكلات أمر ممكن ويقع ضمن مقدور المعلم والإمكانات المتاحة .

4. إن بالإمكان تجزئة المشكلات الصعبة إلى مشكلات أصغر و من ثم ترتيبها تصاعدياً حسب مستوى الصعوبة .

هذه المسلمات لا بد من الإيمان بها من قبل المعلم حتى ينجح في عمله. ومن الضروري أيضاً أن يحتفظ المعلم بسجل تراكمي للمشكلات لكي يستفيد منها هو أو غيره في السنوات القادمة كما ينبغي الاستفادة من المشكلات التي استعملها الآخرون. ويحسن بناء ما يمكن تسميته بنك المشكلات .

وقد اقترح واطس (Walts,1991,P.43) اتباع الترتيب التالي عند التدريس باستخدام أسلوب حل المشكلات :

1. البدء مبكراً باستخدام أسلوب حل المشكلات منذ الصغر ويفضل استخدامه منذ الصف الأول الابتدائي .

2. لفت نظر الطالب منذ البداية إلى المهارات المنوي تنميتها من كل مشكلة . لأن ذلك يساعد الطالب في تبيين طريقه ويساعد المعلم في التقويم .

3. وضح السياق الذي ستحل فيه المشكلة وبين علاقتها بالعوامل الأخرى في الموقف التعليمي وبالموضوع الدراسي؛ فذلك يساعد الطالب في استخدام خبراته في مواقف جديدة .

4. أكد على المهارات ووضحها بالمناقشات الصفية؛ لكي يتبين للطلاب الأنشطة الخاصة ذات العلاقة بالمهارة، ويتمكنوا من إعادة تطبيقها في ظروف أخرى .

مثال1: مشكلة فصل المخلفات والمهملات

إن مخلفات المصانع والمهملات التي تلقى يومياً في حاويات الزبالة تحتوي غالباً على أشياء قيمة. وتشكل في الوقت نفسه مصدراً لتلوث البيئة؛ فتضر بالزراعة وبالحيوانات والإنسان. ولذا عمدت كثير من الدول إلى فصل هذه المواد بعضها عن بعض وإعادة تصنيفها والاستفادة منها .

يعطي الطلاب كتلة متشابكة من المهملات تتكون من مواد مختلفة ويطلب منهم إيجاد طريقة لفصلها وتصنيفها في مجموعات نقية بقدر الإمكان تمهيداً لإعادة تصنيعها والاستفادة منها مرة ثانية .

توضيح سياق المشكلة والمهارات المتضمنة فيها:

تعتمد درجة صعوبة هذه المشكلة على عدد المواد المكونة لكتلة المهملات التي تعطى للطلاب، وعلى نوعية المواد، والحالة التي تعطى فيها.كما تعتمد على الأدوات والتجهيزات المتاحة للطلاب لإجراء عملية الفصل. ولذا فإن هذه المشكلة قد تعطي في مستوى المرحلة الابتدائية وقد تعطى في مستوى المرحلة المتوسطة وقد تعطى في مستوى المرحلة الثانوية. وإن الذي يقرر مستوى المشكلة نوع المهارات والمعلومات المطلوبة بعملية الفصل حسب نوع المواد وحالتها.

ففي المرحلة الابتدائية يمكن الاقتصار على المهارات الفيزيائية والحركية وأن تقتصر المواد على الورق والبلاستيك و الزجاج والعلب المعدنية.

وفي المرحلة المتوسطة يمكن الارتقاء بالمهارات الفيزيائية مثل إدخال عملية الغربلة أو عملية الفصل المغناطيسي .

وفي المرحلة الثانوية يمكن إدخال المهارات الكيميائية والبيولوجية إلى المهارات الفيزيائية. وذلك بعد إدخال مخلفات المصانع في كتلة المهملات. ومن المهارات الكيمائية التي يمكن أن يحتاجها الطالب استخدامات المذيبات المختلفة مثل الماء والكحول والبنزين. ويمكن رفع درجة صعوبة المشكلة بإدخال مخلفات نفطية وكيماوية أخرى .

وغني عن القول أن مشكلة تلوث البيئة وفكرة إعادة تصنيع المخلفات من القضايا المعاصرة العالمية التي يجري بحثها على مستويات إقليمية وعالمية مختلفة .

وهكذا نجد أنه ليس صعباً على المعلم الخبير أن يصمم مشكلة لفصل المخلفات والمهملات تناسب المستوى الذي يدرس فيه. وأن يربطها بالمحتوى العلمي للمادة الدراسية. ومن الضروري أن يوضح المعلم المهارات التي يهدف إلى تنميتها عند الطلاب خلال انخراطهم في حل المشكلة و يناقشها معهم كي يتمكنوا من استخدامها في ظروف أخرى. وفي ضوء النقاش السابق فإن المشكلة قد تختلف من حيث :

1. نوع المهارات والعلميات المتضمنة فيها لفصل المواد (فيزيائية، كيمائية بيولوجية).

2. المحتوى العلمي للمشكلة ويقصد به الموضوع المنهجي الذي تنتمي إليه المشكلة سواء كان ذلك في العلوم (فيزياء، كيمياء، أحياء، جيولوجيا) أو أي مادة دراسية أخرى .

3. مستوى الصعوبة ويتضمن عدد التغيرات التي ينبغي أن يأخذها الطلاب بعين الاعتبار، وطبيعة المتغيرات، ومدى تعقيد آليات الفصل .

4. السياق الذي توضع فيه المشكلة أي هـل المطلوب حـل المشكلة عـلى المستوى الفـردي أم المستوى المحلي أم المستوى الوطني، أم المستوى الدولي.وهل تصنف المشكلة على أنها مشكلة صناعية أم تجارية، أم زراعية .

5. الزمن المتاح لتنفيذ الحل؛ ونقصد به الزمن الذي يعطي للطالب لكي يحـل المشـكلة هـل هـو حصة كاملة أم عدداً من الحصص أم أسابيع وأشهر .

6. الأدوات والمواد والتجهيزات والمصادر التي يمكن استخدامها في حل المشكلة.

7. طبيعة الناتج النهائي للحل ومستواه. وقصد به درجة نقـاء المـواد المفصولة، وسرعـة الفصـل، ونوعية الحل النهائي .

هذا وينبغي أن يعرف أنه لا توجد إجابات قاطعة في طريقة تنفيذ أسلوب حـل المشـكلات. فالمجال مفتوح للإبداع والابتكار أمام الطلاب والمعلمين على حد سواء.

إجراءات تنظيمية :

وهناك بعض التعليمات الرئيسة التي تلائم العمل في كثير من حل المشكلات، ومنها ما يلي :

1. يعمل الطلاب في مجموعات بحجم مناسب بحيث يعين لكل فرد في المجموعة العمـل الـذي سيقوم به لحل المشكلة. وغني عن التنويه أن حجم المجموعة يختلف حسب نوع المشكلة وطبيعـة العمل.

2. تقوم كل مجموعة بتفويض أحد أفرادها لكي يحضر جميع الأدوات لعمل المجموعة.

3. ينبغي طلب جميع الأدوات والمواد اللازمة لعمل المجموعة في الحصة السابقة على الأقل.

4. يجب أن يقوم المعلم بالتفتيش على الأدوات والمواد اللازمة وعلى التصميم التجريبي الـذي ستقوم به المجموعة قبل المباشرة في العمل ليتأكد من سلامة عمل المجموعة.

5. ينبغي أن تقوم كل مجموعة بتعيين ضابط اتصال تكون مهمته التأكد مـن أن كـل مـن أفراد المجموعة يعرف ما يجري من عمل في المجموعة وأن يضع المعلم في صورة أعمال المجموعة وبخاصـة الحلول المقترحة من المجموعة. وكذلك تكون مهمة ضابط الاتصال تنظيم التواصـل مـع المجموعـات الأخرى.

6. على كل مجموعة أن تضع كافة أعمالها والأدوات التي تستخدمها في صندوق خاص بها يحمل رقم المجموعة.

7. كل فرد من أفراد المجموعة ينبغي أن يحتفظ بدفتر ملاحظات يدون فيه جميع الأعمال التي عملها وكيفية عملها.

مثال2: قياس محيط علبة حلوى

لقد أورد ميكل بروفي (Michel Brophy) مثالاً لمشكلة تقويم تهدف إلى قياس مقـدرة الطلبـة على قياس طول محيط الأجسام الدائرية بعد أن درسوا كيفية قياس أطوال الأجسام المستقيمة (بروفي،1991م،ص13). وسوف نأخذ هذه المشكلة ونحاول التفكير فيها حسب مخطط انسيـاب التفكير المقترح آنفاً لحل المشكلات .

1. تحديد المشكلة :

لقد مر معنا أن المشكلة غالباً ما تصاغ على شكل سؤال يبدأ بأداة الاستفهام "كيف" ولكننا ذكرنا أيضاً أنه يا حبذا أن تكون المشكلة بطريقة تقربها من الحياة العلمية للطالب. فبـدلاً مـن أن تصـاغ المشكلة على النحو التالي :

كيف تستطيع قياس محيط علبة دائرية إذا أعطيت مسطرة ؟

نضع المشكلة بصياغة قريبة من حياة الطالب وتلبي حاجة عملية لذا نربطها بإحدى الممارسـات الاجتماعية مثل :

إذا اشتريت علبة حلوى دائرية القاعدة هدية إلى زميلك بمناسبة نجاحه، وأردت أن تلفها بورق هدايا، كم يجب أن يكون طول ورقة اللف حتى تكفي للف العلبة بالضبط ؟

إن هذه الصياغة للمشكلة تعد صياغة مفتوحة من حيث طريقة الحل لأننا لم نعط الطالب معلومات ولم نفرض عليه أدوات أو طريقة محددة للقياس، بل تركنا له حرية اختيار الطريقة التي يحدد فيها طول الورقة اللازمة للف العلبة. بينما نجد أن هذه المشكلة مغلقة من حيث الجواب أو الحل فليس لها إلا جواب صحيح واحد. وهو أن طول الورقة ينبغي أن يساوي طول محيط قاعدة العلبة وهذا الطول ثابت بالنسبة لعلبة معينة .

ويمكن أن تصاغ المشكلة بطريقة أسهل (أقل انفتاحاً) لمراعاة الفروق الفردية. وبذلك تكون أكثر ملائمة للطلبة المتوسطين أو ذوي القدرات المحدودة على النحو التالي. كيف نستخدم هذا الشريط أو الخيط لقياس محيط قاعدة هذه العلبة ؟

ويمكن فيما بعد أن نوضح للطلبة لماذا لا تستطيع قياس محيط العلبة بالمسطرة الخشبية؛ لأن المسطرة صلبة ولا تناسب قياس محيط الأشياء الدائرية أو الملتوية. ثم نطلب منهم بعد ذلك أن يفترضوا طرقاً مختلفة لحل المشكلة .

ومن المناسب أن يقسم الطلبة إلى مجموعات تتكون كل منها من ثلاثة أشخاص لمناقشة المشكلة واقتراح طريقة الحل المفضلة .

2. البدائل المطروحة للحل :

وينبغي أن يصرف المعلم بضع دقائق من وقته للتفكير في طريقتين أو ثلاثة طرق مختلفة لحل المشكلة، وأن يسأل المعلم نفسه :

* كم هو عدد الحلول التي نستطيع أن نفكر بها لحل المشكلة ؟
* ما هو الحل الأفضل ؟

إن معرفة المعلم لأجوبة هذه الأسئلة تساعده في إدارة عمل المجموعات كما تساعده في توجيه المجموعات ومساعدتهم .

وفيما يلي مجموعة من الطرق التي يمكن استخدامها لحل المشكلة :

* إحدى هذه الطرق هو لف خيط حول العلبة. ومن ثم قياس طول الخيط الذي يساوي طول محيط قاعدة العلبة بواسطة المسطرة الخشبية .

* وإحدى الطرق الأخرى أن نستخدم المسطرة في تدريج شريط ورقي ثم نستخدم الشريط لقياس محيط قاعدة العلبة.

* ومن الطرق أيضاً وضع نقطة حبر على إحدى نقاط محيط العلبة، ثم تدحرج العلبة على طبق ورقي أبيض بحيث تترك أثر نقطتي حبر على الورقة. ثم نقيس البعد بين النقطتين باستخدام المسطرة الخشبية .

هل هناك طرق أخرى ؟

ماذا لو استخدم أحدهم معادلة محيط الدائرة بدلالة نصف القطر ؟ فلو قاس أحدهم القطر ثم ضربه في النسبة التقريبية ليخرج محيط الدائرة .

3. اختيار الحل الأفضل :

بعد أن توصل الطلبة إلى اقتراح عدة بدائل للحل واطلع عليها المعلم وناقش كل منها مع المجموعة التي اقترحته. فإن الخطوة التالية هي السماح لكل مجموعة بالتخطيط لتجربة الحل المقترح ومن ثم مناقشة خطة الحل المقترح مع كل مجموعة على انفراد ليتأكد من شروط السلامة ويتلافى أي مشكلات قبل وقوعها .

4. تنفيذ تجربة الحل :

بعد أن يناقش المعلم خطة التجربة، يقوم الطلبة بتجريب حلولهم فعلاً. ويمكن أن يطلب المعلم منهم تجريب طريقة الحل على عدة علب أخرى مختلفة الأحجام. ويطلب من كل مجموعة أن تسجل نتائجها. ثم نطلب من كل مجموعة أن تعرض نتيجة عملها وتشرح كيفية تطبيق حلها أمام الصف .

5. تحليل النتائج :

في هذه الخطوة يقوم المعلم بتدوين النتائج التي حصلت عليها المجموعات المختلفة في جدول ثم يقارن هذه النتائج على النحو التالي :

المجموعة		رقـم العلبـة		
	1	2	3	4
أ	16.5	20.5	23	23
ب	16	20	23	23
جـ	16	20	23	23
د	10	10	10	50

ومن هذه النتائج تستطيع أن ترى بوضوح أن المجموعـة (د) قـد ارتكبـت خطأ مـا في طريقـة الحل. أمـا المجموعـات الثلاث الأخرى فيبدو أنها حققت بعض النجـاح. إن المجموعـة (أ) قـرأت القياسات لأقرب نصف سنتمتر بينما قرأت المجموعتين (ب)، (جـ) القياسـات لأقرب سـنتمتر واحد فقط . و لذا يمكن اعتبار المجموعة (أ) أدق من سائر المجموعات .

وإذا ناقشنا الحلول المقترحة نجد أن لكل منها ميزة لا تتوفر في الآخر فمثلاً إن اسـتخدام شريط القياس يمكننا من قياس أطوال الحواف الدائرية والملتوية والمستقيمة. بينما نجد أن اسـتخدام الخـيط يمكننا من قياس طول الخطوط المتموجة والمنحنية. أما اسـتخدام النسـبة التقريبيـة فإنـه يمكننا مـن حساب محيط أي جسم دائري إذا عرفنا طول قطره .

وإذا استعرضنا النشاط الذي قام به الطلبة في حل هذه المشكلة نجد أنهم قاموا بما يلي:

* قامت كل مجموعة بتحديد المشكلة وصياغتها (ربما بمساعدة المدرس).

* قامت كل مجموعة بدراسة المشكلة واقتراح حل أو أكثر لحلها .

* قامت كل مجموعة بعمل مخطط لتجريب الحل الذي افترضته .

* قامت كل مجموعة بتجريب الحل المقترح .

* قامت كل مجموعة بتقويم النتائج التي حصلت عليها لترى فيما إذا كان الحل صحيحاً أم لا، وكذلك مقارنة نتائجها بنتائج المجموعات الأخرى .

كانت هذه المشكلة البسيطة تستند إلى المعلومات السابقة التي درسها الطلاب في قياس الأطوال وتهدف إلى قياس مقدرتهم في توظيف تلك المعرفة في مواقف جديدة ملتصقة بالحياة العملية للطالب، كما تقيس هذه المشكلة مهارات التعاون والعمل الجماعي وتنميها بالإضافة إلى مهارات أخرى .

إرشادات تطبيقية للمعلم :

لقد اقترح هاولت (Howlett) مجموعة من الإرشادات التي يمكن أن يستفيد منها المعلم الذي ينوي تطبيق حل المشكلات عملياً في غرفة الدرس. ويؤكد هاولت على ضرورة الإعداد المسبق للمعلم إذا أراد النجاح في عمله وهذه الإرشادات هي :

1. اختر قطعة من المنهاج تلائم التعلم من خلال حل المشكلات .
2. حدد هدفك الرئيسي أو أهدافك الرئيسية لتلك القطعة من المنهاج .
3. حدد المفاهيم الأساسية والمهارات التي تتضمنها تلك القطعة من المنهاج .
4. حدد موقفاً تعليمياً يتوافق معك ومع طلابك ويتضمن استعمال تلك المفهومات والمهارات .
5. كون مشكلة ضمن ذلك الموقف التعليمي المختار بحيث يؤدي حلها إلى تعلم المفهومات والمهارات المقصودة .
6. تأكد من أن الوقت المحدد يكفي لحل المشكلة .
7. ضع محددات للمشكلة تتوافق مع الإمكانات المخبرية والأدوات المتوفرة لديك ومع الوقت المتاح أيضاً .
8. ضع معايير تساعدك في تقويم مدى تحقق الأهداف التي وضعتها لقطعة المنهاج.
9. ادرس المشكلة بنفسك لتصل إلى حل واحد لها على الأقل .

10. حدد عدداً من الإرشادات والتلميحات التي يمكن استخدامها عند اللزوم لمساعدة الطلبة في الوصول إلى الحل سريعاً .

11. أخبر مسؤول المختبر بالوسائل والأدوات التي قد يحتاجها الطلبة مسبقاً .

12. ضع تعليمات تفصيلية مسبقة تعطى للطلاب لتنظم العمل مثل: متى وكيف يطلبون الأدوات والمواد ؟ وكيف ينظمون التقرير النهائي لعملهم ؟ وكيفية تقسيمهم إلى مجموعات (Heaney & Watts, 1988, P.23-31).

ويرى بعض التربويين أن من أهم الأسباب التي تساعد المعلم في تحديد الإرشادات والتلميحات التي تساعد الطلبة في الحل هو إنشاء خارطة انسيابية للتفكير في خطوات حل المشكلة، ثم تجري موائمة بين الخطوات والمفهومات المطلوب تعلمها مع المستوى المطلوب وقدرات الطلاب. ومن المناسب أيضاً إنشاء خارطة انسيابية لخطوات حل المشكلة تبين كيفية العمل .

كيف يمكن إدارة الصف عند استخدام أسلوب حل المشكلات ؟

لقد سبق أن ذكرانا بعض الإرشادات في ثنايا حديثنا السابق. وسوف نستكمل بعضها فيما يلي. من الضروري أن يعرف المعلم أن استخدام أسلوب حل المشكلات في التدريس يحمل معه عدداً من الصعوبات التي ينبغي أن يتصدى لها المعلم ويعالجها بالحكمة حسب ما يتقتضيه الحال. لا يوجد وصفة سحرية للتغلب على هذه الصعوبات لأن كلاً منها عبارة عن حالة خاصة. ومن المؤكد أن المعلمين يختلفون في طريقة علاجهم للصعوبات نظراً لاختلاف الطلاب والظروف المحلية والمواقف التعليمية. ولكن هذا لا يمنع وجود أسئلة عامة ينبغي التنبيه إليها والإجابة عنها عند استخدام أسلوب حل المشكلات التدريسية وهي :

1. هل تطرح مشكلة واحدة لجميع أفراد الصف وتهدف إلى أن يولد أفراد الصف حلولاً مختلفة لها ؟

2. هل تطرح مشكلة كبيرة على الصف ثم تقسمها إلى أجزاء أو مشكلات صغيرة. ومن ثم تقسم الصف إلى مجموعات تقوم كل مجموعة بحل جزء منها ثم تجمع الحلول الجزئية لتكوين الحل النهائي للمشكلة ؟

3. هل تطرح مشكلات مختلفة وتقوم كل مجموعة بحل إحدى هذه المشكلات ؟

4. هل تكلف كل فرد من أفراد الصف لحل مشكلة مختلفة عن الآخرين بطريقة فردية ؟

5. هل تشرح جميع الحقائق والأفكار والمهارات ذات العلاقة بالمشكلة قبل البدء بحلها ؟

6. هل تستثمر الدافعية للتعلم التي يثيرها أسلوب حل المشكلات من أجل تعلم مبادئ علمية جديدة و معارف جديدة ؟

إن نمط إدارة الصف يعتمد على إجراءات المعلم التدريسية ونوعية أسلوب حل المشكلات الـذي يتبناه المعلم، وطريقة طرحه للمشكلة على أفراد الصف .

الفصل الثاني عشر
استراتيجيات حل المشكلة

للوصول إلى حل للمشكلة لا بد أن تستخدم استراتيجية معينة ولا بد من مهارات معينة. وليس هناك استراتيجية واحدة لحل جميع المشكلات فكل نوع من المشكلات له استراتيجية خاصة به. ولكن بصفة عامة هناك سمات مشتركة لاستراتيجيات حل المشكلة فمن الأسئلة التي تساعد في تحديد المشكلة ما يلي :

* ما هي المشكلة ؟ إن الإجابة عن هذا السؤال تساعد في بلورة المشكلة .

* كيف يمكن أن أشرح مشكلتي أو أوضحها للآخرين ؟ إن الإجابة عن هذا السؤال تفسر المشكلة وتوضحها وتساعد في تحديدها.

* ماذا يمكن أن أعمل لحل هذه المشكلة ؟ إن الإجابة عن هذا السؤال تشكل الخطوات الإجرائية لحل المشكلة .

* ما هي الطريقة الأفضل لحلها ؟ إن الإجابة عن هذا السؤال تعني اتخاذ القرار الأنسب لحل المشكلة .

* كيف يمكن أن أنفذه ؟ إن الإجابة عن هذا السؤال تعنى تحديد كيفية تنفيذ القرار أو كيفية تطبيق الخطوات الإجرائية .

* ماذا أريد أن أعمل ؟ تساعد الإجابة عن هذا السؤال في توضيح الهدف .

* ما الذي يمنعني من العمل ؟ تساعد الإجابة عن هذا السؤال في تحديد العقبات التي تحول دون تحقيق الحل .

ينبغي تشجيع الطلاب على طرح مثل هذه الأسئلة عندما يطلب منهم حل مشكلة ما. ورغم اختلاف المشكلات التي يمكن أن يواجهها الطالب فإن هناك خطوطاً عريضة تشترك فيها معظم الاستراتيجيات المتبعة في حل المشكلات. ويمكن تعليم هذه الاستراتيجيات العريضة للطلاب لأنها تساعدهم في إيجاد حلول فعالة للمشكلات.

ولعل أبسط هذه الاستراتيجيات تتكون من العناصر الأربعة التالية:

1- فهم المشكلة :

عادة يقع الطلاب في الخطوة الأولى عندما يفشلون في فهم طبيعة المشكلة ومن الأسئلة التي تساعد الطلاب في فهم المشكلة ما يلي :

* ما الأشياء المعروفة عن المشكلة ؟

* ما الأشياء غير المعروفة عن المشكلة ؟

* ما هو نوع الحل الذي تسعى لإيجاده ؟

* ما العوائق التي تمنعك من الوصول للحل ؟

ويجب مساعدة الطلاب لإعادة صياغة المشكلة بكلماتهم الخاصة. ومساعدتهم على شرحها بطريقتهم الخاصة لأن الأطفال في كثير من الحالات لايدركون معنى الجمل والعبارات ويخلطون بين الوسائل والغايات ونتيجة لذلك لا يتضح لديهم الغرض من المشكلة .

2- التخطيط للحل :

يحتاج حل المشكلات إلى طريقة منظمة في التفكير والتخطيط. كثير من الطلاب يقفزون إلى النتائج عن طريق الحزر أو طرح حلول وتصورات غير مدروسة. وعندما يفشل يستسلم وييأس من الوصول إلى الحل.

إن المفكر الناجح في أسلوب حل المشكلات لا يصل إلى حلول فورية؛ بل يؤجل إصدار الأحكام حتى تتضح الأدلة والشواهد. وتدل الخبرات المستخلصة من حياة العلماء على أن الوقت الذي كانوا يقضونه في التخطيط للتجارب أكبر بكثير من الوقت الذي كانوا يقضونه في إجراء تلك التجارب. فالتخطيط الجيد هو مفتاح النجاح. ومن الاستراتيجيات التي تساعد على التخطيط الجيد ما يلي:

أ- أخذ جميع العوامل المؤثرة بعين الاعتبار :

أعد قراءة السؤال أو المشكلة وتأمل في المعاني المحتملة. حاول الحصول على الصورة الكلية للموضوع. فكر في جميع العوامل المحتملة واحسب لها حسابها.

وكمثال على ذلك نأخذ الأحجية الإنجليزية المشهورة: عندما كنت ذاهباً إلى لندن قابلت رجلاً مع سبع نساء كل واحدة معها سبعة أكياس وفي كل كيس سبع قطط ومع كل قطة سبعة من أبنائها. فما عدد الذاهبين إلى لندن ؟

ب- ابحث عن مشكلة مشابهة :

إن العثور على مشكلة مشابهة من أهم الخطوات التي تساعد في حل المشكلة الحالية. كيف حلت المشكلة المشابهة ؟ كيف تستفيد من حل المشكلة السابقة في حل المشكلة الحالية ؟ استحضر خبراتك السابقة. اربط بين خبراتك السابقة وبين الوضع المشابه في المشكلة الحالية. حاول إيجاد نقاط الالتقاء بين الحالتين ونقاط الاختلاف. كيف تغلبت على العقبات في المشكلة المشابهة .

ج- بسِّط المشكلة :

حلل المشكلة إلى أجزائها. شجع التقدم في الحل على خطوات تدريجية. بسط الموقف بقدر الإمكان حتى تصل إلى الوضع الذي يمكن للطفل أن يعالجه .

د- نمذج المشكلة :

تبدو المشكلة لأول وهلة صعبة غامضة بعيدة المنال. قربها إلى ذهن الطفل. جسدها عن طريق ضرب الأمثلة والصور والرسومات بحيث تصبح ملموسة للطفل. شجع الأطفال على وضع نموذج أو تصور للمشكلة .

خذ مثالاً على ذلك مشكلة جرة الزيت :

لدينا جرة مليئة بالزيت سعتها 8لترات، وجرتان فارغتان سعة إحداهما 3لترات والأخرى 5 لترات. نود تقسيم الزيت بين اثنتين بالتساوي بحيث يصبح في الجرة الكبرى 4 لترات وفي الجرة الوسطى 4 لترات. كيف تفعل ذلك إذا علمت بعدم توفر أي وعاء آخر وعدم وجود أي تدريج على أي من الجرات. ما أقصر الطرق لإجراء القسمة ؟

إذا تركت هذه المشكلة للأطفال دون تدخل من المعلم فسيجدون فيها صعوبة كبيرة. ولكن إذا عمد المعلم إلى تصوير الجرار في الوضع المعطى لهم ثم تصويرها

في الوضع النهائي. أو إذا وجه المعلم الطلاب لعمل ذلك وشرح لهم أن بإمكانهم تدبير الجرات أكثر من مرة حتى تصل للحل. فإن الأطفال لن يجدوا صعوبة كبيرة في حل المشكلة .

هـ- دون خطة الحل :

تدوين خطة الحل أمر ضروري وبخاصة إذا كانت خطوات الحل كثيرة ففي مشكلة الجرات مثلاً إذا رسمت خطوات الحل يصبح حل المشكلة سهلاً جداً. فقد تبين أن الذاكرة القصيرة عند الإنسان لا تمسك أكثر من 3-4 خطوات متتالية. أما إذا زادت الخطوات عن ذلك فقد ينسى الإنسان أو يخطئ في تتابع الخطوات. لذلك ينبغي تشجيع الأطفال على تدوين خطط الحل ومناقشتها على الورق قبل التنفيذ. كما ينبغي أن يحسبوا حساب التزويد والتجهيز بالمواد اللازمة للحل. ومن الذي يزودهم بها ومتى وكيف يتم ذلك ؟

3- معالجة المهام :

يحتاج الطفل إلى مساعدة في أثناء قيامه بالمهام الجزئية في حل المشكلة ومن الاستراتيجيات التي تساعده في ذلك ما يلي :

أ. صف باهتمام العمل الذي يقوم به الطفل. لأن ذلك يساعد في عملية التعليم ويساعد في التعبير عما يقوم به. وحبذا أن يكون وصف المعلم لعمل الطالب بطريقة توحي للطالب بنموذج العمل الذي ينبغي أن يقوم به. كأن يقول له : يبدو لي أنك تريد أن تعمل . . .

ب. اطلب من الطفل أن يصف لك العمل الذي يقوم به. ليس من الضروري أن تظهر بأنك تعرف كل شيء بل استفسر من الطالب عن الخطوات الإجرائية التي يقوم بها واطلب منه تفسيرها لك . أشعره بأهمية عمله. وأظهر إعجابك بأدائه.

ج. قدم الدعم اللازم عند الحاجة: قد يكون من الصعب تفكيك بعض المشكلات إلى أجزاء بسيطة. وفي هذه الحالة تبدو المشكلة صعبة. ويصبح

الأطفال بحاجة ماسة للمساعدة. يأتي هنا دور المعلم ليقدم لهـم تلميحـات للحـل ويفتح لهم آفاقاً جديدة ويوجههم في مسارات التفكير المناسبة .

4- مراجعة الموقف أو التقويم الشامل :

تهدف عملية المراجعة إلى جعل الأطفال يتأملون ويتفكـرون في الخبرات التـي مـروا فيهـا، كـما تهـدف إلى جعلهـم يتعلمـون مـن تلـك الخبـرات. وتعتبر عمليـة المراجعـة عمليـة متممـة لعمليتـي التخطيط و التنفيذ. وهي لا تختلف كثيراً عـن عملـة التقويم إلا أنـه لا يقصـد منهـا وضـع درجـات للأطفال وإنما يقصد منها جعلهم يبصرون العلاقة بين الخطة والمشكلة والحل فيزداد وعيهم بالمشكلة وبطريقة الحل ويصبحون أكثر وعياً بخبراتهم وطريقـة الإفادة منهـا وتوظيفهـا في مواقـف عمليـة مختلفة لحل مشكلات أخرى.

يفضل بعض المعلمين أن لا تكون عملية المراجعة أو التقويم بعد إنهـاء النشـاط مباشرة .ذلك لإعطاء فرصة للطلاب لاستيعاب الخبرة وبعد فترة من الزمن تجري عمليـة مراجعة الخطـة ومراجعـة طريقة تنفيذها. ويرى بعض الخبراء أن أفضل طريقـة لجعـل الأطفال يراجعـون أعمالهـم أن تطلب منهم أن يعرفوك على إنجازاتهم وأن يشرحوا لك كيف تنفذها. وينصح التركيز على الأفكار الرئيسـة في المشكلة. ثم اشرح لهم كيف يمكن الاستفادة من أسلوب حل المشكلات في مجالات واسعة من الحياة. وقد اقترح ستيرنباغ (Sternbag,1989,P.44) استراتيجية مكونة من ثلاث نقاط لمراجعة المشكلة إذا تعسر حلها .

أ. أعد قراءة المشكلة : في كثير من المشكلات تعطى معلومات تبين خلفية المشكلة. ثم تعطى صياغة المشكلة بعد ذلك على شكل سؤال. وينبغي استخدام هذه المعلومات عند محاولة الإجابة عـلى السـؤال. وينبغي قراءة سؤال المشكلة والتأكد من فهمه في ضوء الخلفية المعطاة؛ لأنه لا يمكن الوصول إلى حل

المشكلة إذا لم تفهم السؤال الرئيسي للمشكلة، وإذا توصلت إلى حل فلن يكون حلاً للمشكلة المطروحة. بل قد يكون حلاً لمشكلة أخرى غير المشكلة المعنية .

ب. اجعل أهدافك بسيطة بقدر الإمكان : في كثير من الحالات يميل الطلبة إلى تصعيب الأهداف على أنفسهم وعلى غيرهم. في بعض الحالات النادرة قد تنجح هذه الاستراتيجية ولكن كثيراً ما تفشل. ولذا ينبغي تبسيط الأهداف بقدر الإمكان حتى يمكن تحقيقها. فالأهداف ينبغي أن تكون قابلة للتحقيق ضمن الإمكانات المتوفرة.

ج. أعد صياغة الأهداف وتحديدها : وفي بعض الحالات لا يستدعي الأمر تبسيط الأهداف وإنما إعادة صياغتها بطريقة يصبح فيها أكثر ملائمة لما تريد أن تنجزه . وينبغي في هذه الحالة إعادة تحديد المشكلة بطريقة تقود إلى إعادة تحديد الأهداف .

كما اقترح ستيرنباغ استراتيجية لاختيار مكونات خطوات الحل :

أ. اختر الأعمال أو الخطوات المناسبة لحل المشكلة : لا تبدأ بالخطوات الصعبة جداً ولا تبدأ كذلك بالخطوات السهلة جداً. لأن البدء في الأعمال الصعبة جداً سيقود إلى الشعور بالعجز عن حل المشكلة. وإذا بدأ بالأعمال السهلة جداً سيؤدي إلى تطويل الحل بطريقة قد تؤدي إلى نوع من اليأس والإحباط والفتور .

ب. ابدأ بالخطوات السهلة أولاً : إن أصعب خطوة في أي مشروع هي الخطوة الأول. فالناس عادة يجدون صعوبة في المشروع في التنفيذ لذا يا حبذا أن تكون الخطوة الأولى سهلة لأن النجاح فيها يؤدي إلى النجاح في غيرها ويشجع على الاستمرار في العمل.

ج. فكر في عدة بدائل للحل : لا تشرع في الحل لمجرد الوهلة الأولى من التفكير، بل يجب أن تفكر في عدة بدائل لخطوات الحل وتمحص كلاً منها قبل الشروع في التنفيذ.

عندما تبدأ بحل أي مشكلة فإنه لا يكفي أن تعرف خطوات الحل أو مكوناته أو العمليات التي ستقوم بها لحل المشكلة. وإنما ينبغي أن تعرف ترتيب هذه العمليات والخطوات والمكونات، وبعبارة أخرى يجب أن تعرف نظام الأولويات. فما هي العملية التي ستكون أولاً وما هي التي تليها وهكذا. . وعلى سبيل المثال لنأخذ مشكلة رياضية، فإنه من المعروف أن حلها قد يتضمن عملية ضرب أو طرح أو تقسيم أو جمع وقد يتضمنها جميعاً، ولكن من أين تبدأ هل تبدأ بالضرب أولاً أو الطرح، فإن معرفة نظام الأولويات أو الترتيب الصحيح للبدء بها يعد شيئاً أساسياً للوصول إلى الحل الصحيح .

مثال : دفع بدرالدين مبلغ خمسة دنانير للبقال ليشتري حبتين من جوز الهند. فإذا كان سعر حبة جوز الهند 75 قرشاً فما مقدار المبلغ الذي سيعيده البقال إلى بدرالدين ؟

إن حل هذه المسألة يتضمن عمليات الضرب والتقسيم والطرح، ولكن كيف ترتب أولويات إجراء هذه العمليات ؟ وإذا لم تجر هذه العمليات بالترتيب الصحيح فإن المسألة ستحل حلاً خاطئاً .

وفيما يلي بعض النقاط التي يمكن أن تحسن استراتيجية الاختيار والترتيب في عمليات حل المشكلة :

أ. تأكد من أنك فكرت بالمشكلة كاملة : من الأخطاء التي تتكرر عند من يعملون في حل المشكلات أنهم يتعجلون الحل بمعنى أنهم يعتقدون أنهم وصلوا إلى الحل قبل الوصول إلى الحل النهائي فعلاً، وإنهم في الواقع يكونون قد وصلوا إلى حل مشكلة جزئية من المشكلة الكلية. وقد دلت الأبحاث التي أجريت حول الأخطاء في حل المشكلات أن معظمها ناجم عن عدم دراسة المشكلة دراسة شاملة.

ب. لا تتبنى الحل الواضح مباشرة : من الأخطاء المتكررة في حل المشكلات أن يتبنى الباحث الحل الواضح، لأنه غالباً ما يكتشف أنه حل خاطئ. ويتجلى هذا

الأمر في عدة صور منها أنه يعتبر أن هذه مشكلة معتادة، بينما إذا تمعن في المشكلة يجد أنها شيء مختلف. ومنها أيضاً أن يفترض افتراضات خاطئة، وهي غير واردة في المشكلة بل يفترض وجودها وبالتالي يتعقد الحل.ومنه أنه يفترض البدء بخطوات حل المشكلة من الأول مرتبة حتى يصل إلى النتيجة النهائية، بينما في كثير من المشكلات قد يكون من المفيد أن تبدأ من النتيجة ثم تعود إلى الخلف خطوة خطوة حتى تقرر المقدمات التي ينبغي الشروع بها. لأن الوصول إلى الهدف النهائي يبدو أمراً صعباً ولكن إذا حللت الهدف النهائي إلى أهداف فرعية و بدأت تعمل على تحقيق كل هدف على انفراد قد تصل إلى تحقيق الهدف النهائي بعد ذلك.

ج. تأكد من أن تتابع خطوات الحل يتتبع نهجاً منطقياً أو نهجاً طبيعياً : من الضروري أن يختار الشخص الذي يريد حل المشكلة النهج الذي سيتبعه في حل المشكلة قبل البدء في تنفيذ خطوات الحل. ويجب أن يتأكد من أن النهج الذي اختاره يتبع تسلسلاً منطقياً أو تسلسلاً طبيعياً أكثر من غيره، آخذاً بعين الاعتبار طبيعة المشكلة. ولتوضيح استراتيجيات ستيرنباغ سنضرب بعض الأمثلة :

مثال 1 : يبين الشكل المجاور تسع نقاط مرتبة في صفوف ثلاثية .والمطلوب أن تصل هذه النقاط التسع بمجموعة من الخطوط شريطة أن لا ترفع قلمك عن الصفحة وأن لا تزيد قطع الخطوط عن أربعة خطوط:

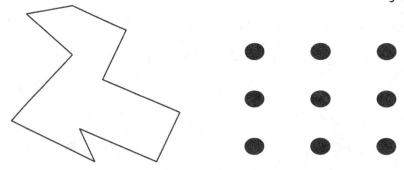

شكل (12-1) مشكلة النقاط التسع - والبستان غير المنتظم

تلميحات للحل : هذه المشكلة قابلة للحل إذا لم تقيد نفسك بافتراضات غير منصوص عليها في متن المشكلة. أما إذا حددت تفكيرك ضمن افتراضات غير مطلوبة فمن المستحل حلها .

مثال 2 : يبين الشكل (12-1)حدود بستان غير منظم الشكل وقد سقطت في مكان ما من هذا الحقل قطعة ذهب. والمطلوب وضع استراتيجية للبحث عن قطعة الذهب. بين بواسطة قلم رصاص رسماً للاستراتيجية المنظمة التي يمكن أن تستعملها لضمان العثور على قطعة الذهب .

تلميحات للحل : إن العنصر الرئيسي الحرج في تحديد استراتيجية الحل لهذه المشكلة هو أن تكون استراتيجية الحل مرتبة ومنظمة. إن التجوال العشوائي أو محاولات البحث غير المنظمـة لـن تؤدي إلى العثور على قطعة الـذهب. إن مثل هـذه المشكلة تحدث كثيراً في الحياة العلمية. فـإذا فقدت نظارتك أو مفاتيح السيارة في منزلك ولم تبحث عنها بحثاً منظماً فإنه يصعب العثور عليهـا، لأنك قد تنظر في مكان ما عدة مرات بينما أمكنة أخرى لا تنظر إليها مطلقاً. أو قد تفتش في الأمـاكن التي لا توجد فيها المفاتيح بينما المكان الموجودة فيه المفاتيح يبقى بلا تفتيش .

مثال 3 : مشكلة التبديلات: من المشكلات التي تتطلب ترتيب خطوات الحل ووضع منهجيـة مناسبة للحل قبل الشروع فيه مشكلة التبديلات التي استخدمها بياجيه كمقياس للعمليات المنطقيـة المجردة التي يستخدمها الأطفال من سن الثانية عشر فما فوق والتي قد لا يصل إليها بعض البالغين.

لديك الحروف الأربعة التالية: أ، ب، ج، د، رتب في قائمة جميع التبديلات التـي يمكن أن تكتب فيها هذه الحروف الأربعة :

الحل : إن هذه المشكلـة يمكـن أن تكون سـهلة جـداً ويمكـن أن تكون صعبة كذلك. إنـك إن حاولـت حـل هـذه المشـكلة بطريقـة فوضـوية ستجد صعوبة كبيرة في الوصـول إلى الجـواب الصـحيح. ولكـن إذا وضعت اسـتراتيجية منظمـة للحل فستجد

أنها سهلة الحل. ومن الجدير بالذكر أن هذه المسألة عندما وضعت لتقيس القدرة على استعمال العمليات المنطقية المجردة لم يكن الهدف منها معرفة قدرة المفحوص على الوصول إلى الجواب الصحيح فحسب بل كان الهدف الأساسي معرفة قدرته في وضع استراتيجية تفكيرية وتنظيم خطوات الحل وترتيبها لأنها هي النقطة الهامة في العمليات الفكرية المجردة بالنسبة لهذه المشكلة.

إن الخطوة الأولى للوصول إلى الحل هنا هي معرفة عدد التبديلات؛ لأن هذه المعرفة ستمكنك من اختبار صحة الحل الذي تتوصل إليه .ويمكن معرفة عدد التبديلات باستخدام مفهوم مضروب العدد 4 أي 4 ! والذي يساوي 24=2X3X4 .

وبعد معرفة عدد التبديلات ينبغي أن ترتبها بطريقة منظمة والطريقة المنظمة هنا تعني أخذ أحد الحروف ليكون هو الحرف الأول ومن ثم تغيير سائر الحروف بالتتابع مع الحفاظ على بقاء هذا الحرف في أول المجموعة ثم تكرار هذه العلمية لسائر الحروف.

وتفصيل ذلك كما يلي :

نثبت الحرف أ، أولاً في التبديلات الستة المبينة بالمقابل ونبدأ بالتغيير من الطرف الأيسر ثم ننتقل نحو الطرف الأيمن. وبعبارة أخرى نغير مكان الحرفين **جـ** ، **د** بعضهما مع بعض مع إبقاء الحرفين أ، **ب** في أماكنهما. ثم نثبت الحرفين أ ، **جـ** و نبادل بن مكاني الحرفين **ب** ، **د** ثم نثبت الحرفين أ ، **د** و نبادل بين مكاني الحرفين **ب** ، **جـ** وهكذا يتكون لدينا ستة تبديلات.

وتكرر هذه العملية مع سائر الحروف، فتحصل على 24 مجموعة من التبديلات.

1-	أ	ب	ج	د
2-	أ	ب	د	ج
3-	أ	ج	ب	د
4-	أ	ج	د	ب
5-	أ	د	ب	ج
6-	أ	د	ج	ب

إن هذا المثال يبين أهمية وضع الاستراتيجية قبل الشروع في الحل

عوامل النجاح في أسلوب حل المشكلات

هناك ثلاث مجموعات من العوامل تتفاعل بعضها مع بعضها وتـؤثر في تحقيـق النجـاح في حـل المشكلات وهي :

أ- الاتجاهات :

كثـير مـن النـاس يكـره المشـكلات ولا يـود التفكـير فيهـا ويتمنـى أن لا يكـون هنـاك مشـكلة. ولكن الواقع شيء غير ذلك فلا يوجد واحد منا ليس لديه مشكلات أو ليس لديه صعوبات أو عقبـات بحاجة إلى التخلص منها. والبعض الآخر يود أن يكون قادراً على حل المشكلات ولكنه لا يجـد مشـكلة تحتاج إلى حل، أي أنه لا يرى المشكلات . كالذي يرغب أن يكون مكتشـفاً أو مخترعـاً ولكنـه لا يجـد شيئاً يكتشفه أو يخترعه. صحيح أن وجود مشكلة ما ليس أمراً مسـتحباً ولكـن البحـث عـن أسـاليب حل المشكلة أمـر مسـتحب. إن كرهنـا للمشـكلات لا يعنـي عـدم وجودهـا. ولكـن الصـعوبة تكمـن في معرفة المشكلة. وإذا كان هناك رغبة واهتمام مـن المـتعلم فـيمكن العثـور عـلى مشـكلات كثـيرة. المهـم كيـف تنظـر للأمـور. إن إثـارة التسـاؤلات ترشـدك إلى التعـرف عـلى المشـكلات وإن

رغبتك في التعمق أو التوسع في معرفة شيء ما تعطيك عدداً من المشكلات التي تحتاج إلى بحث ودراسة. تأمل في هذه الأسئلة :

* كيف تعمل إشارات المرور الضوئية ؟

* لماذا لا تسقط الطيور الميتة من السماء ؟

* لماذا تبدو السماء زرقاء اللون ؟

* ما الفرق بين الغيوم البيضاء والغيوم الداكنة ؟

هذه الأسئلة تكشف عن مشكلات. فالشخص المهتم يجد فيها مجالاً للتعلم والشخص الذي لا يقبل الأمور دون فهم وإدراك يجد فيها مجالاً للبحث والتمحيص. ويرى جون ديوي أن المفكر الواعي هو مفكر متشكك بالضرورة. فالشك هو الذي يدفعه للبحث من أجل إزالة الشك والوصول إلى حالة من الرضى النفسي. لا بد من وجود دافعية داخلية عند الشخص لحل المشكلات. كما ينبغي أن ننمي الثقة بالنفس عند المتعلم. فالذي يعمل في حل المشكلات لا بد أن يكون واثقاً من قدراته ومن خطواته. وهذا يستدعي التخطيط والترتيب وتوفير الجو الحر والمرح الذي يخلو من التهديد والاستهزاء والتحقير. كما يتطلب الدعم من المعلم والإصغاء إلى آراء الطالب واقتراحاته وتقدير أفكاره والثناء عليه وتقديم النصح والإرشاد والمعونة له.

وباختصار يحتاج الطفل للولوج في حل المشكلات إلى المثيرات التي تثير تفكيره، وتتحدى أبنيته العقلية بحيث تولد عنده الدافعية للبحث والسير في حل المشكلة. كما يحتاج إلى إيلائه الثقة من طرف المعلم والوالدين تشجيعاً له وتقوية لثقته بنفسه وإمكاناته. ويحتاج الطفل أيضاً إلى الدعم في مجال التخطيط والحصول على المعرفة من مصادرها. وإلى الجو الآمن المرح .كما يحتاج لوجود من يستمع إليه ويمدحه ويثني عليه ويقدم له النصح والإرشاد. وفيما يلي قائمة بأنواع السلوك التي يلزم أن يتبعها المعلم لتوفير الدعم المناسب للأطفال في أسلوب حل المشكلات :

* تعلم مع الطفل جناً إلى جنب .

* اعترف للطفل بأنك يمكن أن تخطئ وأنك لا تعرف كل شيء .

* أعط الطفل ثقتك لتشجعه على اتخاذ القرارات .

* لا تتدخل إلا عند الضرورة وفي الوقت المناسب .

* شجع التعاون والمحاورة مع الآخرين .

* أعط الطفل الوقت الكافي للتفكير والتأمل في الأشياء .

* كافئ الطفل عندما يخاطر في موقف ما . تقبل النتائج المختلفة حسب قدرات الطلاب واختلافاتهم .

* اثن على جهود الطالب وشجعه .

ب- القدرة المعرفية :

ما هي العوامل والمؤثرات المعرفية التي تساعد في إنجاح عملية حل المشكلات؟ وكيف يمكن تنميتها ؟ تتكون القدرة المعرفية من ثلاثة أقسام: معرفة، وذاكرة وما وراء المعرفة. لا يستطيع أحد أن ينكر أهمية المعرفة في حل المشكلات. لا بل إن إحدى مميزات الخبير في حل المشكلات عن المبتدئين هو أن الخبير يعرف أكثر منهم. وإن تذكر المعلومة في الوقت المناسب أو عند الحاجة إليها له أثر كبير في حل المشكلات. ولكن خبراء حل المشكلات لا يتميزون بالمعرفة فقط بل إنهم يعملون بتلك المعرفة. وإن إحدى الصعوبات التي يعاني منها البطيئون في حل المشكلات هو عدم معرفتهم للطريقة المناسبة لاستخدام المعرفة المخزونة لديهم فيما يتعلق بحل المشكلات.

إن المعرفة والذاكرة مرتبطتان بعضهما مع بعض بحيث يصعب الفصل بينهما. وإن الذاكرة تلعب دوراً هاماً في حل المشكلات. وتشكل مصدراً للقوة عندما تعمل جيداً. وبخاصة عندما تتذكر المشكلات المشابهة وكيف حلت. ومن الضروري مساعدة الطلاب في تقوية الذاكرة وتعويدهم على حفظ الأشياء الهامة. ولكن كيف نقوي الذاكرة ؟ أو كيف نزيد من المقدرة على الحفظ ؟ هذا هو

السؤال. يرى الخبراء أن العوامل التالية تعد مشجعة للتذكر وتزيد من القدرة على الحفظ :

* نتذكر الشيء عندما يكون مهماً بالنسبة لنا .

* نتذكر الشيء عندما يكون له ارتباط شخصي معنا .

* عندما يكون الشيء ذا معنى بالنسبة للشخص فإنه يسهل حفظه وتذكره .

* نتذكر الشيء عندما تربط المعلومة المراد حفظها بشيء معروف لنا .

* يسهل تذكر الشيء عندما يكون له تطبيق عملي فوري .

* يسهل تذكر الشيء عندما يكون ضمن طاقة الفرد و قدرته .

* الإعادة والتكرار تساعد على الحفظ و على التذكر .

وأما المقصود بإدراك ما وراء المعرفة فهو معرفة كيف عرفت الأشياء ومعرفة المنهج التفكيري الذي تستخدمه. إن التمكن من مهارات ما وراء المعرفة يساعد في اكتساب المعرفة والتحكم بها والسيطرة على عمليات التفكير. وتشير نتائج الأبحاث الميدانية أن أفضل الأطباء هم الذي يعرفون كيف يطبقون معرفتهم و متى يطبقونها. مع العلم أنهم ليس بالضرورة أن يكونوا أكثر الأطباء معرفة بالموضوع .

ينبغي تشجيع الأطفال على وصف أعمالهم أو تحويلها إلى نشاط شفهي من خلال الطلب إليهم لشرح أعمالهم لزملائهم أو لأنفسهم. إن استخدام الذكاء اللغوي له أثر كبير في توعية الأطفال على ما يقومون به. إن هذا الأمر يوعيهم على كيفية حدوث التعلم عندهم وبالتالي ينمي قدرتهم على تعلم كيفية التعلم. ومن الأسئلة التي يمكن أن يستخدمها المعلم من أجل مساعدة الأطفال على إدراك ما وراء المعرفة والسيطرة عليه ما يلي :

* هل فكرت في الموضوع تفكيراً شاملاً ؟ فكر قبل أن تعمل .

* هل وضعت خطة للعمل ؟ ضع خطة للتعلم .

* هل أعرف ما أريد أن أعمله ؟ أعد قراءة التعليمات. أو صف لي ما تريد عمله.

* هل هناك أشياء أخرى ينبغي توفيرها قبل أن أبدأ ؟

* ما هي الأشياء التي أعرفها ذات العلاقة بهذه المشكلة والتي يمكن أن تساعدني في الحل ؟

* هل مرت عليك مشكلات مشابهة ؟

غالباً يفتقر الأطفال إلى مهارات ما وراء المعرفة في مجالات التخطيط والتوقع والسيطرة والضبط

.

جـ- الخبرة :

يرى الخبراء أن التفكر عملية غير متناهية أي أنها عملية مستمرة ما استمرت الحياة. وأن التفكير لا يتعلق بالمعرفة فقط بل يتعلق بالعمل أيضاً وليس المعرفة إلا أداة للعمل.

نحن نعرف المعلومة (س) من أجل معرفة المعلومة (ص) أو إنجاز شيء ما. فالمعرفة إذاً أداة للعمل أو لمعرفة جديدة وهي أي المعرفة المتصلة بالكون قابلة للتعديل والتغيير فهي معرفة مفتوحة النهايات.

وعندما نوفر للأطفال المثيرات التي تتحدى تفكيرهم وتحفزهم على العمل فإنما نساعدهم في التحول من موقف التابع للآخرين إلى موقف المستقل، إننا نساعدهم على التعلم الذاتي، وعلى البدء في البحث والانطلاق في حل المشكلات.

ويبين الشكل (12-3) العوامل المؤثرة في عملية حل المشكلات.

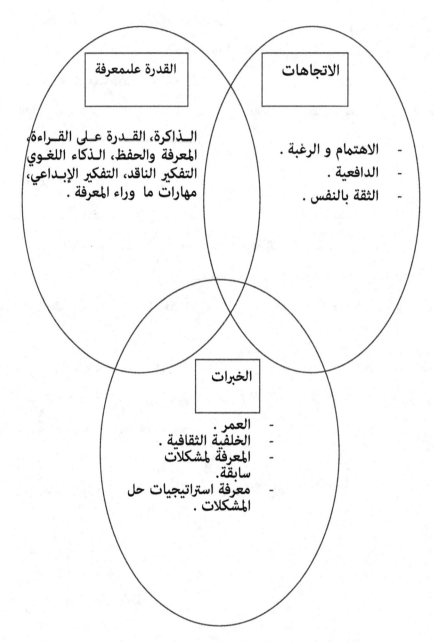

تعليم التفكير

القدرة علىمعرفة
الذاكرة، القدرة على القراءة، المعرفة والحفظ، الذكاء اللغوي التفكير الناقد، التفكير الإبداعي، مهارات ما وراء المعرفة .
الاتجاهات
- الاهتمام و الرغبة .
- الدافعية .
- الثقة بالنفس .
الخبرات
- العمر .
- الخلفية الثقافية .
- المعرفة لمشكلات سابقة.
- معرفة استراتيجيات حل المشكلات .

شكل (12-3) العوامل المؤثرة في عملية حل المشكلات

الفصل الثالث عشر

أسلوب حل المشكلات في الميزان

تشير آراء المعلمين الذي جربوا تدريس حل المشكلات وبعض الأبحاث في الأدب التربوي إلى أن التدريس بأسلوب حل المشكلات حقق مزايا لم تتوفر في أساليب التدريس الأخرى وبخاصة أسلوب التدريس التقليدي. ومن جهة أخرى فإنها تشير إلى وجود عقبات و صعوبات لم تكن موجودة في أسلوب التدريس التقليدي، وسوف نستعرض كلاً من المزايا والمعوقات فيما يلي :

المزايا

يشير الأدب التربوي في مجال التدريس باستخدام حل المشكلات إلى المزايا التالية:

1. تعلم الطلاب في الصفوف التي استخدم فيها حل المشكلات أكثر من غيرهم ممن استخدموا الأسلوب التقليدي في التدريس .

2. ازداد استخدام الطلاب للمكتبة والرجوع إلى مصادر المعلومات الأخرى زيادة كبيرة .

3. استطاع الطلبة الربط بين موضوع التعلم وخبراتهم الخاصة والعالم الخارجي.

4. أقبل الطلاب على التعلم بمتعة ورغبة زائدتين .

5. أسلوب حل المشكلات ملائم للطلبة .

المعوقات

يفيد الأدب التربوي أنه نشأ عن استخدام أسلوب حل المشكلات في التدريس عدد من المعوقات وقد أمكن التغلب على كثير منها ومن هذه المعوقات ما يلي:

1. لم تكن تغطية الموضوعات العلمية التي تم معالجتها بأسلوب حل المشكلات تغطية منتظمة. فقد استطاع الطلبة المتفوقون فهم الموضوع جيداً، بينما

نجد أن قسماً من الطلبة غطى الموضوع بشكل متقطع وهم الطلبة الضعاف ودون الوسط.

2. بعض الأساتذة لم يتمكنوا من استخدام أسلوب حل المشكلات بطريقة فعالة.

3. يجد الطلبة ذوو القدرات المحدودة صعوبة في التعلم بأسلوب حل المشكلات.

4. يطلب الطلبة المتفوقون عند تجريب الحلول المقترحة أجهزة وأدوات أكثر مما هو متوفر. بينما يحتار الطلبة الضعاف ويضطربون في اختيار الأجهزة والأدوات التي يحتاجونها من بين الأجهزة والأدوات المتوفرة .

5. يعجز قسم من الطلبة عن حل المشكلة ضمن الوقت المقرر ويستدعي ذلك إبقاء أجهزتهم محضرة للحصة القادمة مما يولد مشكلة تنظيمية لحاجة الصفوف الأخرى للمكان .

6. أسلوب حل المشكلات متعب للمعلم أكثر من الأساليب التقليدية. إذ يتطلب الأمر مزيداً من التحضير والبقاء في حالة استنفار للإجابة عن تساؤلات الطلبة وتقديم المساعدة اللازمة لهم .

اقتراحات للتغلب على المعوقات :

ينصح الخبراء في اتباع عدد من الإرشادات التي تساعد في التغلب على المعوقات التي نشأت من استخدام أسلوب حل المشكلات في التدريس ومنها :

1. تقسيم الموضوع إلى مقاطع يسهل تغطيتها ومراقبة تقدم الطلبة في تعلمها. ويستدعي ذلك أن يضع المعلم تصوراً مسبقاً لما يمكن أن يقترحه الطلبة من حلول أو لما يمكن أن يرغبوا في تجريبه وأن يجهز المواد التي يمكن أن يحتاجوها.

2. ينصح المعلمون بأن يختاروا تمارين حل المشكلات من النوع الذي يمكن تغطيته في حصة واحدة أو حصتين متتاليتين. أما إذا كان التمرين من نوع المشكلات المفتوحة التي تستدعي مزيداً من البحث خارج الحصة فيمكن اتباع الترتيب التالي:

أ. أن تكون مرحلة التخطيط في حصة واحدة أو حصتين .

ب. أن تكون مرحلة التنفيذ في حصة واحدة أو حصتين .

ج. أن تكون مرحلة التقويم في حصة واحدة أو حصتين .

ثم تكون مرحلة إعداد التقرير والنتائج النهائية في حصة أخرى إذا لزم الأمر.

3. عدم طرح مشكلات أعلى من مستوى الطلبة، وينبغي في هذا المجال أن تصاغ المشكلة صياغة واضحة وأن تتضمن أقل قدر ممكن من القرارات وخاصة بالنسبة للمرحلة الأساسية الدنيا، وأن تكون المشكلة ملائمة للمستوى الفعلي للطلبة .

4. قبل البدء بتدريس حصة حل المشكلة ينبغي أن يكون المدرس قد أعد قائمة من الإرشادات الضرورية للطلبة التي تساعد في حل المشكلة وتحضير عدد من التلميحات التي تفتح آفاقاً للتفكير في حل المشكلة .

5. إن أسلوب حل المشكلات يختلف حسب المستوى العقلي للطلبة فبينما يعطي المعلم المخطط في الصفوف الدنيا ويساعدهم في القيام بمهماتهم ويساعدهم في صياغة الاستنتاجات ولا يكلفهم كتابة الملاحظات وكتابة التقارير، يطلب من الطلاب الكبار أن يقوموا هم بأنفسهم بكل ذلك ويقدم لهم التوجيهات والإرشادات، ويطلب منهم تسجيل الملاحظات وتقديم التقارير المكتوبة .

6. إتاحة الفرصة للطلبة بعرض نتائج أعمالهم في نهاية التمرين فقد دلت التجارب أن عرض الطلبة لنتائج أعمالهم بأشكال مختلفة يساعدهم في فهم المشكلة .

7. لا ينبغي أن يكون حل المشكلات هو الأسلوب الوحيد بل ينبغي استخدام أساليب أخرى في التدريس ويكون أسلوب حل المشكلات أسلوباً مكملاً .

إرشادات هامة للمعلم

إن على المعلم الذي يستخدم حل المشكلات أن يعي الأمور الآتية :

1. يجب أن تكون الأهداف من استخدام أسلوب حل المشكلات واضحة جداً للمعلم الـذي يستخدمه .كما يجب أن تكون نتائج التعلم التي سيحصل عليها الطلبة واضحة ومحددة سلفاً قبل البدء في حل المشكلة. ومن المناسب أن تصاغ أهداف التعلم سلفاً. فإذا كان الهدف هو تعلم مفهوم معين فلا بد من تحديده مسبقاً كأن يقال: بعد حل المشكلة سوف يتمكن الطلبة مـن الحصول علـى فهم أوسع لمفهوم الجهد أو لمفهوم الحجـم أو . . . وإذا كـان الهـدف التـدرب علـى مهارة معينة أو اكتساب مهارة جديدة، فمن الأفضل أن يصاغ الهدف بدلالة تلك المهارة كأن يقال: سيكتسب الطلبة بعد حل المشكلة مهارات قياس الطول أو قياس الضغط أو مهارة التعامل مع جهاز كذا أو . .

وإذا كان الهدف هو تنمية مهارات البحث العلمي أو تنميـة قدراتهم في التجريب العلمـي أو الاستقصاء العلمي أو مهارات التخطيط أو مهارة كتابة التقارير وإعدادها فإن المشكلة عندئذ تعد وسيلة والتوصل إلى حل لها لا يكون غاية المعلم، بل الغاية هي التعرف علـى مهارات حل المشكلة والتعامل معها تعاملاً علمياً، بذا لا يكون الهدف هو الوصول إلى حل صحيح للمشكلة بل قد لا يكون لها حل صحيح واحد. بل إن الهدف هو تدريب الطلبة على مهارات معينة وإجراءات معينة.وفي مثل هذه الحالة لا يتوجب على المعلم أن يحكم فيما إذا كان الجواب الذي وصل إليه الطلبة صحيحاً أم لا، بل يتوجب عليه أن يناقش معهم الخطوات والإجراءات التي اتخذوها للوصول إلى الجواب. فإذا كانت الاستنتاجات التي توصل إليها الطلبة متفقة مع البيانات التي حصلوا عليها فإن الجواب يعد صحيحاً.

2. مـن الضروري أن يأخـذ المعلم خبرة الطلاب السابقة بعـين الاعتبـار قبـل تصميم المشكلة وتكليفهم بحلها. فـإذا تبـين أن الطـلاب قـد مـروا في خـبرة مشابهة وأن المشكلة المطروحة تعد تكراراً لخبرة سابقة فمن الأنسـب عـدم عـرض المشكلة علـى الطلبة لأنهـا لا تشكل تحدياً لقدراتهم كما لا تتطلب ابتكاراً لحلـول جديدة

بل يمكن القول: إنهم لم يواجهوا مشكلة جديدة تتطلب حلاً وإنما هي إعادة لتمرين سابق لأن الطلاب يعرفون ما ينبغي فعله تماماً. وكمثال على ذلك إذا سبق أن تعرض الطلاب إلى حل المشكلة التالية :

سقطت مجموعة مفاتيح مدير المدرسة في بئر المدرسة فكيف تستخرجها دون أن تغوص في الماء ؟

ثم بعد ذلك يطلب منهم حل المشكلة التالية: سقطت مجموعة مفاتيح والدك في بئر الماء الموجود في بيتكم فكيف تخرج المفاتيح دون أن تغوص في الماء ؟

إن هذه المشكلة تعد تكراراً للمشكلة السابقة ولا تشكل تحدياً لأفكارهم وبالتالي لا يعد استخدامها بالنسبة للطلبة أنفسهم من أسلوب حل المشكلات ولكنها تعد من ضمن أسلوب حل المشكلات إذا ما استخدمت مع مجموعة طلبة جديدة ولم يمروا بخبرة المشكلة السابقة .

3. قد يستخدم أسلوب حل المشكلات لإثارة اهتمام الطلاب بموضوع معين وإثارة حب الاستطلاع لديهم و تشويقهم للإقبال على التعلم. فإذا أردت تدريس مبحث الحرارة مثلاً يمكن البدء بمشكلة بسيطة وتطلب من الطلاب التفكير في حلها وتستخدم ذلك مدخلاً للموضوع، كأن تقول: طلب صديق لي يريد أن يشتري سيارة أن أنصحه بلون السيارة التي تكون أكثر برودة في الصيف. كيف نتوصل إلى معرفة لون السيارة ؟

4. تذكر دائماً أن أسلوب حل المشكلات ينبغي أن يضع الطلبة أمام وضع جديد يتطلب أن يفكروا في طرق مختلفة وخيارات متعددة للحلول وأن يتخذوا القرارات المناسبة وأن يجربوا الحل المختار ويقوِّموا نتائجهم. ولا يجوز ان يستخدم الطلبة مجموعة من القواعد المعروفة لديهم وأن يكرروا خبراتهم أو أن يتذكروا الحل الصحيح لأنه سبق لهم معرفته.

5. تذكر دائماً أن لأسلوب حل المشكلات تبعات إدارية وإجراءات يجب أن يقوم بها المعلم مسبقاً :

إن استخدام المشكلات المفتوحة وذات الطبيعة العملية يترتب عليه أعباء كثيرة في مجال الإدارة في المدرسة. ويعتمد ذلك على الطريقة التي تدار بها عملية حل المشكلة وفي هذا الصدد يمكن طرح التساؤلات التالية:

* هل طرحت مشكلة واحدة على جميع طلبة الصف وطلبت منهم أن يولدوا طرقاً مختلفة لحلها ؟

* هل طرحت مشكلة واحدة على جميع طلبة الصف ولكنك قسمتهم إلى مجموعات بحيث تأخذ كل مجموعة جانباً معيناً من المشكلة وتضطلع بمعالجته ثم تقوم بجمع وتركيب أجزاء المشكلة لتصل إلى حل متكامل لها في النهاية ؟

* هل أعطيت مشكلات مختلفة لكل مجموعة من الطلبة وطلبت منهم أن تعمل كل مجموعة على انفراد لحل المشكلة الخاصة بها ؟

* هل أعطيت لكل طالب في الصف مشكلة مختلفة ليقوم بحلها على انفراد؟

* هل قمت بإعطاء كافة الحقائق والمعلومات والأفكار والمهارات ذات العلاقة بالمشكلة للطلبة قبل البدء في حلها ؟

* هل استفدت من القوة الدافعة التي تولدها المشكلة في نفس الطالب وتثير حبه للاستطلاع بحيث تدفعه للبحث وجمع المعلومات الضرورية لحل المشكلة ؟

تكشف لنا هذه الأسئلة كيف أن طريقة طرح المشكلة وإدارتها على أرض الواقع في المدرسة يحدد كثيراً من الأمور الواجب اتخاذها والمواد والأجهزة والظروف الواجب توفرها حتى يؤتي أسلوب حل المشكلات أُكله في عملية التدريس .

*** *** ***

الوحدة الخامسة

تعليم التفكير عبر النهج

الفصل الخامس عشر : نماذج تنمية التفكير عبر النهج

الفصل الرابع عشر

تعليم الأخلاق

قد يستغرب بعض التربويين في إدخال تعليم الأخلاق في كتاب مخصص لتعليم التفكير ولكن بعد قراءة هذا الفصل قد يغير المرء رأيه ويرى أن تعليم الأخلاق مرتبط بتعليم التفكير بل هو ثمرة أساسية من ثماره.

إن تنمية المعرفة وسعة الاطلاع وسرعة الإدراك وتنمية حس المسؤولية ورفع درجة الوعي والاهتمام والنباهة عند الطلاب تعد من الأولويات في عصرنا الحاضر التي ينبغي العناية بها على مستويات الأسرة والمدرسة والمجتمع. لأن الأطفال في عصرنا الحاضر يمطرون بأفكار متنوعة ومشتتة من وسائل الاتصال ووسائل الإعلام والمجتمع. وفي الوقت نفسه يطالبون بالالتزام بالأخلاق والعادات والتقاليد الاجتماعية وبالمعرفة وتحمل المسئولية. إن هذا الوضع جعل الأطفال في موقف غير متوازن ترجح فيه عادة كفة وسائل الاتصال والإعلام والقنوات الفضائية التي لا تلتزم بخلق ولا دين وقد أحسَّ المفكرون في الغرب والشرق بالخطر الذي يحدق بالأطفال المعاصرين. وكان المفكرون والتربويون الغربيون أسرع استجابة منا لهذا الخطر. فقاموا ببناء برامج ومناهج خاصة للتربية الخلقية وتنمية المهارات الاجتماعية والعاطفية وتشجيع تعلمها. وأما نحن في الشرق فقد اكتفينا بالشجب والاستنكار، وفي أحسن الأحوال بالوعظ والإرشاد. ولكن تغيير السلوك والأخلاق يتطلب أكثر من الوعظ والإرشاد. إنه يتطلب برامج ومناهج مدروسه ونشاطات عملية وممارسات فعليه يقوم بها الأطفال والمعلمون والطلاب والتربويون. ويجب أن تبدأ هذه البرامج من مرحلة الروضة وتستمر تصاعدياً حتى المرحلة الثانوية. وينبغي أن تشارك فيها المدرسة والأسرة والمؤسسات الدينية والاجتماعية. فإذا تآزرت الجهود في ترقية السلوك العاطفي والاجتماعي لدى الطلاب، عندها يمكن أن نتفاءل بتربية خلقية سامية لأجيال المستقبل.

ومن القضايا التي يتفق عليها غالبية الناس بصرف النظر عن اتجاهاتهم إن كانت دينية أو يسارية أن مدارسنا ينبغي أن تقدم تربية تخرج الطالب الواسع المعرفة، المتحمل لمسؤولياته، الطالب الذي يعتني بنفسه وبالآخرين. وأن تزود طلابها بالمهارات والاتجاهات والقيم اللازمة لكي يصبح الطالب مواطناً منتجاً ومفيداً للمجتمع. ولكن الاختلاف يقع في الوسائل والأساليب التي يمكنها أن تحقق النواتج المتفق عليها التي ذكرناها آنفاً.

ولعل أفضل الأمور التي تحسم الاختلاف في هذه الناحية، اللجوء إلى الأدب التربوي ونتائج البحوث الميدانية التي أجريت في الغرب بطبيعة الحال، وكم كنا نرغب أن يكون هنالك بحوث في بلادنا في هذا المجال. إلا أن لدينا نحن العرب والمسلمون رافداً آخر يمكن الاستفادة منه إضافة إلى نتائج البحوث الميدانية ألا وهو مخزوننا التاريخي لعلماء التربية الخُلُقِيَّة والسلوك في العصور الإسلامية المختلفة. هؤلاء العلماء الذين نهلوا من نبع القرآن الكريم والسنة النبوية الشريفة. كما ينبغي أن نستفيد من خبرات الأمم الأخرى.

ففي سنة 1994م أنشأت جميعة التشارك من أجل تنمية التعلم الاجتماعي والعاطفي (CASEL) في أمريكا تهدف إلى مساعدة المدارس والأسر على تربية الأطفال ليكونوا واسعي المعرفة، ومتحملين لمسؤولياتهم، ومهتمين بقضاياهم. وتتكون هذه الجمعية من شبكة من التربويون والعلماء عبر أقطار العالم. وقد حددت هدفين أساسين لها: الأول: نشر الوعي بأهمية التربية الاجتماعية والعاطفية بين التربويين والمدربين وصناع السياسات التربوية والهيئات العلمية. الثاني: اقتراح برامج للتربية الاجتماعية والعاطفية من الروضة حتى المرحلة الثانوية وتسهيل تنفيذها في المدارس وإجراء البحوث الميدانية في هذا المجال. هذا مع العلم أن مصطلح التربية الاجتماعية العاطفية (Social Emotional education) يستعمل في الغرب مرادفاً لمصطلح التربية الخُلُقِيَّة أو تعليم الأخلاق والسلوك عندنا.

ومن المشكلات البارزة في المدارس الأمريكية التي تهدف الجمعية (CASEL) إلى إيجاد حلول لها انتشار المخدرات وانتشار العنف، والنزوع إلى الجنوح والتمرد على الأنظمة والقوانين. كما تسعى الجمعية إلى وضع معايير وتصميم برامج وتدريب معلمين لهذه الغاية. وللجمعية موقع على شبكة الانترنت يمكن الرجوع إليه للاستزادة من المعلومات حول برامجها، وقد أشار عدد من البحوث الميدانية إلى العجز في التربية الاجتماعية العاطفية في المدارس الأمريكية وأوصى كثير من الباحثين بضرورة تنمية ودعم هذا النوع من التعليم راجع في هذا المجال (Langdon, 1996) وقد أشار شرايغر ويسيبرغ إلى البرامج التي وجهت لعلاج مشكلات أخلاقية محددة مثل المخدرات أو العنف أو عدم التسامح وبين أن النتائج الحاصلة من هذه البرامج كانت ضعيفة وعزى ذلك إلى عدم التنسيق والتكامل بينها وعدم وجود استراتيجية موحدة لها (Shriver&Weissberg,1996) وفي السنوات الأخيرة بدت تظهر برامج متكاملة تهدف إلى تنمية التعلم الاجتماعي والعاطفي في أمريكا. وقد قامت جمعية ASCD بنشر عدة كتب في هذا المجال.

وقد تطور الأمر إلى ظهور مصطلح التربية الخُلُقِيَّة كما جاء في خطاب الرئيس كلينتون حول حالة الاتحاد عام 1997، ومنها كتاب التربية الخُلُقِيَّة لليكونا (Lickona,1991) ومنها كتاب الذكاء الاجتماعي لجولمان (Goleman,1995) وقد نشرت مجلة القيادة التربوية التي تصدرها جمعية ASCD مقالات عدة لعدد من التربويين الأمريكيين ينادون بالعودة إلى التربية الخُلُقِيَّة منهم (بلايت وغاردنر، 1990) و (بوير، 1990) و (الياس، 1997) و(لوكهود، 1993) و(جونسون، 1992).

تعليم الأخلاق في المجتمعات العربية

لا شك أن التربية الخُلُقِيَّة تختلف من مجتمع إلى آخر. فالأخلاق قضية نسبية، فالتربية الخُلُقِيَّة في المجتمع الأمريكي تختلف عنها في المجتمع العربي أو المجتمعات الإسلامية، والتربية الخُلُقِيَّة في المجتمعات الأوروبية قد تختلف عنها في

أمريكا، كما تختلف قطعاً عن التربية الخُلُقِيَّة في مجتمعاتنا الشرقية. ولكن هذا الاختلاف لا يمنع من وجود قضايا مشتركة بين سائر المجتمعات الإنسانية. ومن هذه القضايا المشتركة: الانضباط الذاتي، والقدرة على اتخاذ القرارات الاجتماعية وحل المشكلات الاجتماعية، واحترام الذات، والتكيف مع الضغوط النفسية والاجتماعية، واحترام الآخرين، والصدق، والأمانة، وتحمل المسؤولية ومقاومة المغريات الاجتماعية، ومقاومة المخدرات والكحوليات والجنوح، ومقاومة سلبيات الإعلام والقنوات الفضائية الإباحية، والتعايش مع التنوع الثقافي، والشعور الإنساني مع الآخرين. وهكذا نجد أن هنالك مساحة واسعة يمكن أن نلتقي فيها مع المجتمعات الإنسانية الأخرى في مجال تعليم الأخلاق ويمكن الاستفادة من تجاربها وتبادل الخبرات معها في المساحات المشتركة بيننا.

يشعر كثير من المهتمين بالشؤون التربوية في الدول العربية بالحاجة الماسة إلى تحسين المدرسة في الدول العربية، كما يشعرون بفشل النظام التعليمي في دولنا في مجال تعليم الأخلاق. ويحرص الغيورون على إصلاح النظام التعليمي بحيث يصبح قادراً على تخريج الإنسان المنتج الذي يتمتع بمعرفة واسعة ويتحمل مسؤولياته ويهتم بشؤونه وشؤون أمته. ولكن كثيراً منهم يختلف في كيفية تحقيق ذلك. فمنهم من ينادي بتغيير المناهج، ومنهم من ينادي بتغير لغة التدريس من العربية إلى الإنجليزية وبعضهم ينادي بثنائية اللغة، وإن قليلاً من التأمل يكشف لنا أن هذه الأمور لا تقدمنا قيد أنملة من الأهداف المرجوة بل قد تبعدنا عن الهدف. فالقضية أعمق من ذلك بكثير، إنها تحتاج من المسؤولين والمختصين إلى تَفَكُّرٍ وتأمل واهتمام بالتنشئة الاجتماعية للأطفال على نحو عميق ومستمر ومنظم. وينبغي أن نستفيد من تجارب غيرنا في هذا المجال. فقد حاول بعض التربويين الأمريكيين حل المشكلات السلوكية عن طريق تقوية المهارات الأساسية، وحاول آخرون حلها عن طريق تقوية التفكير الناقد، وأخرون عن طريق احترام التعددية الثقافية، وأخرون عن طريق محاربة المخدرات والعنف والجنوح في المدراس. ولكنهم في النهاية

توصلوا إلى ضرورة وضع برامج منظمة ومدروسة ومبنية على نتائج الأبحاث، وأن يتولى تنفيذها معلمون مدربون لهذه الغاية، وأن يتم تعاون وتشارك بين المدرسة والأسرة والمجتمع والمؤسسات الدينية في تصميم وتنفيذ برامج التربية الخُلُقِيَّة .

ماذا نعني بالتربية الخُلُقِيَّة

إن التربية الخُلُقِيَّة كما ذكرنا سابقاً قد تختلف في بعض جوانبها من مجتمع إلى آخر ولكنها تلتقي في مساحات واسعة، والجانب الذي يخصنا وقد نختلف فيه مع الثقافة الغربية هو ما يتعلق بالثقافة الإسلامية والقيم الإسلامية الثابتة، ولا يحق لأحد أن يعترض علينا في ذلك، لأنهم في الغرب يربطون التربية الخُلُقِيَّة في بلادهم بثقافتهم ودينهم.

فليس من العجب أن نربط تربيتنا بثقافتنا وديننا فهو حق لنا كما هو حق لغيرنا وبناءً على ما سبق فإنه ينبغي ربط التربية الخُلُقِيَّة في مدارسنا بإطارها القيمي الإسلامي وبثقافتنا العربية الإسلامية التي لا تتوقف عند المظاهر والشكليات والفهم السطحي بل تنظر إلى المقاصد والغايات وتتخطى الحواجز المذهبية والفئوية والإقليمية والعرقية الضيقة لتهتم بالدوافع الداخلية الذاتية والاستراتيجيات الفكرية والتفكير فيما وراء التفكير، كما تنظر إلى بناء الكفايات الاجتماعية والعاطفية لدى الفرد.

ونعني بالكفاية الاجتماعية والعاطفية أن يصبح الفرد قادراً على فهم واستيعاب الجوانب الاجتماعية والعاطفية في حياته وأن يصبح قادراً على التعبير عنها وإدارة أمور حياته إدارة ناجحة مثل إدارة تعلمه، وتكوين صداقات مع أقرانه وحل مشكلات الحياة اليومية، وأن يتبنى المتطلبات المعقدة لنموه وتطوره وأن يعمل على تحقيقها. وتتضمن الكفايات الاجتماعية والعاطفية الوعي على الذات، والانضباط الداخلي والعمل في مجموعات متعاونة، والاهتمام بشؤونه وشؤون الآخرين.

تعليم الأخـــــلاق

وإن تعليم الأخلاق يعني تلك العملية التي يتم من خلالها تطوير تعليم الأخلاق وتحسين المهارات والاتجاهات والقيم اللازمة لاكتساب الكفايات الاجتماعية والعاطفية ومهارات الاتصال والتواصل واتخاذ القرارات ومهارات حل المشكلات التي يمكن أن تطبق في الظروف الحياتية على اختلاف أنواعها. وهكذا نجد أن تعليم الأخلاق مرتبط بتعليم التفكير.

كما يمكن القول أن تعليم الأخلاق يتطرق إلى ما هو أكثر من ذلك، وعلى سبيل المثال يمكن أن يتضمن مساعدة الطالب على تنمية المعارف والسلوك الذي يوفر له الكفايات الصحية والأكاديمية والبدنية نظراً لتداخل هذه المجالات وارتباطها ببعضها.

ومن النواتج التعلمية التي نطمح إلى تحقيقها من خلال تعليم الأخلاق أن يُدَرَّس الطلاب ليكونوا مواطنين صالحين يتحلون بقيم إيجابية ويتفاعلون مع المجتمع بطريقة بناءة وفعالة. وإن التحدي الذي يواجه المعلمون والقادة التربويين هو كيفية تصميم طرق التدريس التي تساعد في تحقيق النواتج التعليمية بنجاح.

أساليب التدريس المناسبة لتعليم الأخلاق

لا توجد طريقة واحدة بحد ذاتها لتعليم الأخلاق. بل يمكن أن يتم ذلك بطرق متعددة، وجهود متواصلة ومتعددة كذلك، ومنها تعليم الأخلاق بطريقة غير مباشرة من خلال التدريس الصفي، ومنها أيضاً توظيف النشاطات اللامنهجية، ومنها توفير مناخ مدرسي يساعد ويحث على الالتزام بالأخلاق الحميدة، ومنها إدماج الطلاب في برامج لخدمة المجتمع. هذا بالإضافة إلى تصميم برامج خاصة لتعليم الأخلاق بطريقة مباشرة حيث يتم التعلم من خلال ممارسة أنشطة وخبرات منظمة ومبنية على نسق علمي خلال اليوم الدراسي. وفيما يلي ملخصٌ لإحدى البرامج الذي صمم لتعليم التربية الخُلُقِيَّة من الروضة حتى الصف الثاني عشر وتم تطبيقه في مدرسة نيوهافن في أمريكا، ويهدف هذا البرنامج إلى:

أن يكتسب الطالب قاعدة معلومات ومجموعة من المهارات الأساسية وعادات العمل والقيم التي تجعل أعماله ذات معنى على طول حياته.

أن يشعر بدافعية ذاتية للمشاركة الأخلاقية المسئولة مع أقرانه وأسرته ومدرسته ومجتمعه.

أن يطور حساً بقيمته الذاتية وفاعليته في مواجهة التحديات والمسئوليات اليومية.

أن يصبح ماهراً في سلوكه الاجتماعي وأن يبني علاقات ايجابية مع أقرانه ومع الكبار.

أن يندمج في ممارسات إيجابية آمنة لحماية صحته وسلوكه السوي.

ويلخص برنامج التربية الخُلُقِيَّة في القضايا الأساسية التالية:

أولاً: المهارات وتتكون من المهارات الرئيسية التالية:

أ-   الإدارة الذاتية وتتكون من المهارات الفرعية التالية:

الانضباط الذاتي.

المراقبة الذاتية.

التعامل مع الإجهاد.

المثابرة.

التكيف العاطفي.

مكافأة الذات.

ب- حل المشكلات واتخاذ القرارات وتتكون من المهارات الفرعية التالية:

التعرف على المشكلة.

الوعي على مشاعره.

المنظور النسبي الواقعي.

صياغة أهداف واقعية.

الوعي على الاستجابات التكيفية الاستراتيجية.

التفكير في الحلول البديلة.

التفكير المترابط منطقياً.

اتخاذ القرارات.

التخطيط.

السلوك التشريعي.

ج- الاتصال والتواصل وتتكون من المهارات الفرعية التالية:

فهم الاتصال غير اللفظي.

إرسال الرسائل.

استلام الرسائل.

إتساق التواصل مع المواقف.

ثانياً: الاتجاهات والقيم وتتكون من القيم والاتجاهات الرئيسية التالية:

أ- ما يتعلق بالنفس وتتكون من القيم والاتجاهات الفرعية التالية:

احترام الذات.

الشعور بالكفاءة.

الأمانة.

الإحساس بالمسئولية.

الرغبة في النمو والتطور.

قبول الذات.

ب- ما يتعلق بالآخرين وتتكون من القيم والاتجاهات الفرعية التالية:

الوعي على القيم والتقاليد الاجتماعية المرعية مع الأقران ومع الأسرة ومع المجتمع.

قبول الاختلافات الفردية.

احترام الكرامة الإنسانية.

الاهتمام بالآخرين والشفقة عليهم.

تقدير التعاون مع الآخرين.

الدافعية لحل النزاعات أو لإصلاح ذات البين.

الدافعية للمساهمة مع الآخرين.

ج- ما يتعلق بالواجبات وتتكون من القيم والاتجاهات الفرعية التالية:

الرغبة في العمل الجاد.

الدافعية لحل المشكلات العملية.

الدافعية لحل المشكلات الأكاديمية.

إدراك أهمية التربية والتعليم.

احترام الملكية الخاصة.

ثالثاً: المحتوى المعرفي ويتكون من المجالات الفرعية التالية:

أ- الصحة الشخصية ويتكون من المجالات الفرعية التالية:

الابتعاد عن الكحوليات والمخدرات.

الابتعاد عما يؤدي إلى الأمراض الجنسية والإيدز والزنى.

التغذية السليمة.

التمارين الرياضية.

النظافة الشخصية

السلامة الشخصية والإسعافات الأولية.

فهم الخسارة الشخصية.

استثمار أوقات الترويح.

المعرفة الروحية.

ب- العلاقات وتتكون من المجالات الفرعية التالية:

فهم معنى العلاقات.

الوعي بالثقافات المتنوعة.

بناء علاقة ايجابية مع الأقران والمجوعات العرقية والثقافية المختلفة.

فهم الحياة الأسرية.

العلاقات مع الوالدين.

العلاقات مع الأقارب.

التكيف مع الخسارة.

الإعداد للحياة الزوجية.

حل النزاعات والحد من العنف.

الارتباط بشلة الأقران.

ج- المدرسة والمجتمع وتتكون من المجالات الفرعية التالية

الحضور والغياب.

قبول المسئولية وإداراتها.

المشاركة التكيفية مع المجموعة.

وضع أهداف أكاديمية واقعية.

تكوين عادات عمل فاعلة.

المسئولية البيئية.

الاندماج مع المجتمع.

التخطيط للحياة العملية.

التشارك والتعاون مع الأسرة والمجتمع المحلي

لتحقيق أهداف برنامج التربية الخُلُقِيَّة لا بد من إقرار شراكة بين المدرسة والأسرة والمجتمع المحلي على أسس من التعاون البناء من أجل إيجاد الفرص المناسبة التي تؤدي إلى:

تحسين الإدارة الذاتية لدى الطلاب وتحسين القدرة على حل المشكلات واتخاذ القرارات وتحسين مهارات الاتصال.

زرع القيم والاتجاهات الاجتماعية الايجابية نحو الذات والآخرين والعمل.

تزويد الطلاب بمعلومات مفيدة عن الصحة والعلاقات مع الآخرين والمسئولية المدرسية والاجتماعية.

وينبغي أن تسهم النشاطات الاجتماعية التي تنظمها المدرسة في ترقية مهارات التواصل والمشاركة في مجموعات عمل تعاونية، وفي دعم التحكم الذاتي في العواطف الشخصية والتعبير المناسب عنها. كما ينبغي أن نوجه النشاطات لحل المشكلات سلمياً مبنياً على التفكير التأملي والتفكير العميق. وبعبارة أوضح ينبغي تسخير المهارات والاتجاهات والقيم المذكورة في برنامج التربية الخُلُقِيَّة السابق من أجل تشجيع المنحنى التأملي التعلمي من مجالات الحياة المختلفة.

أهمية التربية الخُلُقِيَّة

هل يمكن للإنسان أن ينجح في حياته دون تربية خلقية؟ وهل يستطيع الطلاب أن ينجحوا في حياتهم المدرسية دون تربية خلقية؟ قد يجادل البعض أن النجاح الأكاديمي سواء كان في المدرسة أو الجامعة لا يحتاج إلى أخلاق أو إلى تربية خلقية. ونحن نختلف مع هذا المفهوم ونرى من منظورنا الإسلامي أن الأخلاق هي أساس النجاح ولكن ماذا يقول البحث التربوي في هذه القضية؟

لقد طرح موضوع التربية الخُلُقِيَّة أو تعليم الأخلاق في الأدب التربوي في أمريكا بمسميات مختلفة. فبعضهم أطلق عليه تهذيب السلوك أو تعليم السلوك (Character Education) وبعضهم أطلق عليه التعليم الاجتماعي العاطفي (Social Emotional Learning) (SEL) وبعضهم أطلق عليه الحد من السلوك السيء (PreventionLearning) ورغم وجود بعض الاختلاف في مضمون هذه المصطلحات إلا أنها تتفق في قضايا جوهرية مثل الحد من الجنوح والتحلي بعدد من السلوك والممارسات الأخلاقية الجيدة، ومن هذا الباب نجد أنها تلتقي مع ما قصدناه من مفهوم التربية الأخلاقية في مساحات واسعة. تشير النتائج التراكمية لعدد من الدراسات أن القاسم المشترك الأعظم بين المدارس التي حققت نجاحاً أكاديمياً لطلابها هو وجود برامج فيها مخصصة للتربية الاجتماعية العاطفية أو

وجود برامج لتعليم السلوك الجيد بشكل أو بآخر. (Carnegie Council on Adolescent Development, 1989)

وقد أشارت دراسات أخرى إلى أن تعليم السلوك ساعد في تطوير التفكير وتنميته، كما ساعد في تحسين النشاطات التعلمية المعرفية (Brendtro, Brokenleg & Vam Bockern, 1995) (Perry, 1996).

وقد أظهرت أبحاث الدماغ في الآونة الأخيرة أن كثيراً من تعلم المهارات والمعلومات التي تخزن في مواقع مختلفة من الذاكرة مرتبطة بالعاطفة (الحارثي،2002) (Perry,1996) (Goleman,1995).

وقد أوضح سيلوستر (Sylwester, 1995) ستة مجالات يسهم فيها التعلم الاجتماعي العاطفي في تحسين التفكير وهي:

- تقبل عواطفنا والسيطرة عليها.
- استعمال النشاطات فوق المعرفية.
- استعمال النشاطات التي ترفع مستوى التفاعل الاجتماعي.
- استعمال النشاطات التي توفر غطاءً عاطفياً.
- تجنب الإجهاد العاطفي المكثف في المدرسة.
- إدراك العلاقة بين العواطف والصحة.

وقد أشار سيلوسيتر أيضاً إلى أن الذكاء المتعدد يعتمد على النواحي الاجتماعية ويتداخل معها. فمن الصعب أن نفكر في الذكاء اللغوي أو الموسيقي أو الاجتماعي خارج السياق الاجتماعي والنشاطات التعاونية، وكذلك أنواع الذكاء الأخرى مرتبطه بالنواحي الاجتماعية من خلال الممارسات المعتادة.(Sylwester, 1995,PP,117)

ومن جهة ثانية من المعروف أن العاطفة ذات أهمية كبيرة في العملية التعليمية، لأن العاطفة هي الدافع للانتباه، والانتباه سبب للتعلم والتذكر. ولكن المتأمل لمدارسنا يجد أنها تخلو من العاطفة، وأن معظم المواد الدراسية والمناهج تدرس على نحو منفصل عن العاطفة الدينية أو الوطنية أو القومية، وأنها عبارة عن معلومات

مجردة غير مرتبطة بدوافع الطالب ونوازعه وعواطفه ورغباته، وغالباً غير مرتبطة بالحياة الواقعية للمتعلم. إن فصل العاطفة عن التفكير المنطقي والتفكير الاستدلالي قد يسهل عملية التقويم المدرسي ولكنه يفقد التعلم القوة الدافعة المحركة للسلوك. وقد شبه سيلوستير هذه العملية بمن يحاول فصل وجهي العملية عن بعضها. فمن الصعب فصل العاطفة عن الممارسات المهمة الأخرى في الحياة. (Sylwester, 1995, PP72-75) .

إن تعليم الطلاب الأخلاق يعني تعليمهم المهارات والاتجاهات والقيم والخبرات التي تحفزهم لمقاومة السلوك المدمر والجنوح وتؤهلهم لتحمل المسئولية وتمكنهم من اتخاذ القرارات الصائبة المبنية على الفكر العميق والنظرة الشمولية، وتفتح أمامهم الباب على مصراعية للتعلم والنمو والتقدم.

ويرى دوزنبري وفالكو أن من التجارب الفاشلة تلك البرامج التي ركزت على إعطاء الطلاب معلومات عن مخاطر المحظورات كالمخدرات مثلاً دون مساعدتهم لفهم الأبعاد الاجتماعية والعاطفية لضغط شلة الأقران، وكذلك فهم الأبعاد الاجتماعية والعاطفية للتكيف والأمانة والتفكير المنطقي ومترتباته. (Dusenbary & Falco, 1996)

تجربة مدارس الرواد

قمنا في مدراس الرواد بمدينة الرياض بالمملكة العربية السعودية بمحاولة لتدريب المعلمين على ممارسة الأخلاق الإسلامية في معاملاتهم المدرسية مع الطلاب والإداريين والزملاء.

وحيث أن المطلوب هو تعليم الطلاب على ممارسة الأخلاق الإسلامية كان هناك اقتراحان أحدهما: البدء بتصميم برنامج للطلاب لتعلم الأخلاق الإسلامية والآخر البدء بالمعلمين أولاً وتعليمهم الأخلاق الإسلامية ثم الانتقال إلى الطلاب ولدى مناقشة الاقتراحين تبين أنه من الأفضل البدء بتدريب المعلمين أولاً. لأن فاقد

الشيء لا يعطيه، ولأن الطلاب وبخاصة في المرحلة الابتدائية يتعلمون بالقدوة أكثر من التعلم بالوسائل الأخرى. وقد صمم البرنامج لتحقيق الأهداف العامة التالية:

- تعميق الفهم لبعض القيم الإسلامية ذات الصلة بالعملية التعليمية.
- البحث في كيفية تطبيق هذه القيم في مجال عمل المعلم.
- كيفية تحويل القيم والأخلاق الإسلامية إلى ممارسات واقعية في فعل التدريس.
- التعرف على اقتراحات المعلمين حول كيفية تفعيل القيم والأخلاق الإسلامية في كافة مستويات الفعاليات المدرسية.

أسلوب التدريب

استخدمنا في التدريب أسلوب المشاغل التربوية (ورش عمل) بحيث يتم إعداد حقيبة تدريبية خاصة بقيمة معينة ويتم مناقشة الحقيبة في مجلس التدريب المركزي بحضور جميع المدربين ويتم بعد ذلك إدخال الملاحظات والتعديلات على الحقيبة في ضوء ما يتمخض عنه النقاش. وقد اتفق أن يتم التعريف بالقيمة لمدة عشر دقائق في بداية المشغل ثم ينقسم المشاركون إلى مجموعات عمل مصغرة لإجراء النشاطات المتضمنة في الحقيبة، ثم تلتئم جلسة عامة لمناقشة أراء المجموعات.وقد حاولنا الابتعاد بقدر الإمكان عن التنظير وعن القضايا الخلافية وركزنا على استخراج المعلومات من المعلمين المتدربين أنفسهم لتكون المعلومات ألصق بالواقع المعاش في المدرسة. وقصدنا من ذلك أن ننقل المتدرب من حالة التلقي الاستهلاك للمعرفة إلى حالة إنتاج المعرفة.

المحتوى المعرفي للبرنامج

تكون البرنامج التدريبي لممارسة الأخلاق الإسلامية من المشاغل التربوية التالية:

الحوار وأثره في تربية الطلاب.

تهذيب الألفاظ وآفات اللسان.

القيام بحق الرعية.

الدين المعاملة، والدين النصيحة.

احترام الكبير والعطف على الصغير.

الوفاء بالعهد.

الهمة العالية.

العمل الهادف وعمل المعروف.

الصدق والإخلاص في النية.

النقد الذاتي ومحاسبة النفس.

مسؤولية المعلم التربوية.

كيفية تأثير المعلم في طلابه.

وقد نفذ هذا البرنامج في العام الـدراسي 1427/26هـ في أيـام الخمـيس مـن كـل أسـبوع، وكـان التدريب يبدأ من الساعة الثامنة صباحاً حتى الساعة الثانية عشرة ظهراً.

المشاركون في التدريب (الفئة المستهدفة):

الفئة المستهدفة هم جميع معلمي المواد الدراسية في مدارس الرواد وقد بلغ عدد الـذين شـارك منهم في التدريب (219) معلماً.

تقويم البرنامج وانتقال أثر التدريب

استخدمنا أسلوب التقويم البنائي حيث كان يجري تقويم اللقاء التـدريبي أولاً بـأول وقـد كانـت نتائج التقويم العام لجميع المشاغل التدريبية على النحو التالي: 53.4٪ بدرجـة ممتـاز، 23.3٪ بدرجـة جيدجداً، 11.8٪ بدرجة جيد، 12.7٪ بدرجة متوسط وهكذا يتضح لنا أن تقدير المتـدربين للفائـدة التي حصلت لهم أو بعبارة أخرى مـدى تحقيق البرنامج للأهداف التـي صـمم مـن أجلهـا 76.7٪ بتقدير جيدجداً فـما فـوق. وأمـا بالنسبة لانتقـال أثـر التـدريب إلى غرفـة الصـف فقـد أوكلنـا هـذه المهمـة للمشرفـين التربـويين ليـتم تقـدير انتقـال أثـار التـدريب مـن خـلال ملاحظـة كيفيـة

التعامل بين المعلم والطلاب وملاحظة لغة الخطاب التربوي في أثناء الزيارات الصفية. وقد كان انطباع المشرفين بصفة عامة جيداً جداً وأفادوا بأنهم لمسوا ذلك من خلال التفاعل اللفظي للمعلم والمفردات التي يستخدمها والعبارات التي يصرفها للطلاب في أثناء العملية التدريسية.

وأما أثر ذلك على الطلاب ومدى تمثلهم للأخلاق الإسلامية وتأثرهم بأخلاق المعلم فيحتاج إلى دراسة خاصة. ولكن يمكن القول بأن سلوك المعلم الإيجابي لا بد أن يكون له أثر ايجابي على سلوك الطلاب.

إن هذه التجربة الوليدة تحتاج إلى مزيد من التحسين والتطوير والمتابعة كما ينبغي أن لا يقتصر البرنامج على المعلمين بل ينبغي أن يتم تصميم نشاطات منهجية ولا منهجية للطلاب وأن ينخرطوا في برامج الخدمة الاجتماعية وأن يترافق ذلك ببرامج تدريب للمعلمين وبرامج توعية لأولياء أمور الطلاب وللطلاب أنفسهم. كما ينبغي إشراك المؤسسات الدينية والاجتماعية والشخصيات المؤثرة في المجتمع في برامج تعليم الأخلاق الإسلامية.

إن هذه التجربة جديرة بأن تطور وتكرر ليس في مدارس الرواد فحسب بل في مدارس أخرى ليتم فيها تبادل الخبرات وتحسينها.

الاهتمام والجدية في العمل

إن المتأمل في حال كثير من الطلاب في مدارسنا وجامعاتنا يرى نوعاً من اللامبالاة والميل إلى الاسترخاء والدعة والهزل وضعف في الاهتمام بكثير من القضايا الرئيسية في حياة الشباب الشخصية والمجتمعية.

وفي كثير من الحالات تجد الجهل بقضايا المجتمع والأمة الرئيسة وغياب الاهتمام بها.

بل إن كثيراً من شباب اليوم لا يشعر بقيمته وأهميته في الحياة، فهو هائم على وجهه مستسلم لا يدري إلى أين يسير، وذلك لشعوره بالعجز عن التأثير في مجريات الأمور شعوراً قد يؤدي إلى الإحباط.

لماذا فقد الشباب حيويته وتألقه؟

سؤال يؤرق المرء عندنا يقارن حال الشباب اليوم بحال الشباب في الخمسينات من القرن العشرين، عندما كان الشباب يتصدون لأعداء الأمة ويقودون التغيير ويبادرون بالعمل ويتجاوبون مع الأحداث في أي بقعة من بقاع العالم العربي والعالم الإسلامي وكأنها تقع في ديارهم. وهل للنظام التربوي أثر في استلال النخوة والحمية والغيرة والاهتمام والجدية من نفوس الشباب؟أم أن هنالك أمور أخرى ساهمت في ذلك؟ وكيف نعيد للشباب ألقه وحيويته؟ مما لا شك فيه أن العوامل التي أثرت على الجيل الحاضر من الشباب وأوصلته إلى حال من اليأس والإحباط واللامبالاة كثيرة ومتشعبة؛ منها ما يعزى لوسائل الإعلام ومنها ما يعزى إلى الأسرة ومنها ما يعزى للمجتمع والتغيرات الاجتماعية والاقتصادية والتكنولوجية، والانفتاح الذي وفرته وسائل الاتصال الحديثة والغزو الثقافي الممنهج الذي تتعرض له أمتنا، ومنها ما يعزى أيضاً إلى النظام التربوي. وسوف أتناول الجانب الذي يخصنا نحن المعلمون والتربويون، وسوف أبدأ من مرحلة الطفولة المبكرة ودور المدرسة في التنشئة الاجتماعية للطفل؛ لأنها الأساس الذي يبنى عليه ما بعده من مراحل التعليم.

يحدث الاهتمام والجدية عندما يحس الأطفال بأن الكبار يعتبرونهم مهمين وعندما يحس الأطفال بأن الكبار يقبلونهم على ما فيهم، وكما هم، ويحترمونهم بصرف النظر عن نوع الموهبة التي لديهم. وأقصد بالكبار هنا المعلم أو المعلمة والأب والأم والمدير أو المديرة وكل من له دور في تربيتهم وتعليمهم. إن حالة الاهتمام بالمسؤوليات التي توكل إلى الطفل والجدية في العمل والتعاطي مع الأحداث تنشأ عند الطفل نتيجة لوجوده في مجتمع يهتم بجميع أفراده ويعتقد أن كل فرد لديه ما يمكن أن يقدمه لمصلحة المجتمع، ويقدِّر الإمكانات الشخصية لجميع أفراده ويحترمها ويشكر عليها.

إن هذا الأمر لا يخص الأطفال فحسب، بل إنه يخصنا جميعاً. إن إنجازنا يتحسن عندما نوجه اهتمامنا إلى أعمالنا، وعندما نشعر أن الآخرون يقدرون إنجازاتنا ويحترمونها ويكافئون عليها. وهذا الأمر نفسه صحيح بالنسبة للأطفال. الاهتمام شيء يمكن أن يعبر عنه باللغة اللفظية وغير اللفظية في غرفة الصف وفي المختبر وفي ردهات المدرسة وساحاتها وفي الألعاب الرياضية والنشاطات الحرة، وفي جميع أنواع التعامل مع الأطفال. إن إشعار الأطفال بأهميتهم في الحياة وفي المجتمع له دور أساسي في معالجة الأنانية وضيق الأفق، والجنوح. إن إشعارهم بأن لهم دور في الحياة وأن الأمة بحاجة إليهم والمجتمع بحاجة إلى مشاركاتهم ومبادراتهم ينمي فيهم الاتجاهات الإيجابية نحو الجدية في العمل والاهتمام بأنفسهم وبغيرهم والاهتمام بإنجاز ما يوكل إليهم من أعمال.

أهمية تعليم الأخلاق في الحياة العملية

يتجاوز أثر التربية الخلقية أو تعليم الأخلاق حدود المؤسسة التعليمية إلى الحياة العملية بعد التخرج. فقد دلت بعض الدراسات على أن العمال القادرين على إدارة تعاملاتهم مع الآخرين بكفاءة ، والقادرين على الاهتمام بشؤونهم الشخصية أكثر فاعلية في تحسين الإنتاج من غيرهم من العمال. وقد أدرك كثير من أصحاب العمل أن الإنتاجية تعتمد على كفاءة القوة العاملة اجتماعياً وعاطفياً، وأن ما يتمتع به الفرد من كفاءة أخلاقية في النواحي الاجتماعية والعاطفية قد تكون أكثر أهمية من الدرجة العلمية التي يحملها، أو الجامعة التي تخرج منها، أو المعدل الذي حصل عليه، وفي بعض الأحيان قد تكون الكفاءة الاجتماعية أهم من المعرفة التقنية التي لديه. وأصبح أرباب العمل يركزون على القدرة على حل المشكلات، والقدرة على التفكير الشمولي، والتوجيه الذاتي الداخلي، والدافعية الذاتية نحو استمرارية التعلم مدى الحياة (Adams&Hamm,1994) وقد لخصت دائرة العمل والتوظيف والتدريب الأمريكية الحاجات التي يطلبها أرباب العمل في الخريجين كما يلي:

- مهارات تعلم كيفية التعلم.

- مهارات الاستماع والتعبير الشفوي.

- مهارات التكيف والتفكير الناقد وحل المشكلات وبخاصة ما يتعلق منها بتخطي الحواجز والعقبات وصعوبة العمل.

- مهارات الإدارة الذاتية، واحترام الذات، وتحديد الأهداف، والدافعية الذاتية، وتطوير الذات، والافتخار بالإنجازات.

- الفاعلية في العمل في مجموعات تعاونية، والمهارات الاجتماعية، ومهارات التفاوض والعمل بروح الفريق.

- الفاعلية التنظيمية، والقيادية، وتحقيق المشاركات.

- الكفاءة في القراءة والكتابة والحساب.

(Elias et.al. ,1996,P.6)

وقد أشار غولمان إلى أن متطلبات سوق العمل أصبحت واضحة ومحددة. فإن على الأجيال الجديدة أن تكون مؤهلة أخلاقياً أكثر من التأهيل الفني والمهارات التخصصية في الفرع المعرفي والمهارات التي يوفرها التعليم التقليدي في الجامعات والمؤسسات التعليمية الأخرى. إن سوق العمل المعاصر يتطلب صفات جديدة في الخريجين؛ منها أن يكون الشخص مفكراً مرناً، سريعاً في حل المشكلات، يعمل بروح الفريق، قادراً على التكيف حسب متطلبات العمل. وبالإضافة إلى ذلك فإنه أي الموظف ينبغي أن يمتلك المعلومات الضرورية لإدارة العمل الموكل إليه، ويمتلك مهارات التعلم السريع المنتظم في مواقع العمل ومهارات التكيف حسب البيئة المتغيرة للعمل، ومهارات التشارك والعمل مع الآخرين، والقدرة على تحفيز الزملاء للعمل، والتعامل مع أناس مختلفين في ثقافاتهم وفي مواقف مختلفة أيضاً. وبعبارة أخرى فإن العمل بذكاء هو متمم للعمل الجاد. (Golemon, 1995).

تبين هذه الأبحاث الارتباط الوثيق بين تعليم الأخلاق وتعليم التفكير، لأن تعليم الأخلاق يعني تعديل السلوك، ولا يتم ذلك إلا بتعديل التفكير.

وقد استجابت إدارات التربية والتعليم للحاجات الجديدة التي يتطلبها سوق العمل وتتطلبها التربية العاطفية أو التربية الأخلاقية ومنها على سبيل المثال المعايير التي وضعتها إدارة التربية في ولاية نيوجرس وطلبت أن تكون هذه المعايير محوراً مشتركاً لجميع المواد الدراسية وهي:

- سيستخدم جميع الطلاب مهارات التفكير الناقد أو مهارات اتخاذ القرارات ومهارات حل المشكلات.

- سوف يظهر جميع الطلاب مهارات الإدارة الذاتية.

- سوف يطور جميع الطلاب مهارات التخطيط للحياة والمهارات المطلوبة لسوق العمل.

وفي مجال الصحة والتربية البدنية وضعت إدارة التربية في ولاية نيوجرس المعايير التالية:

- سيتعلم جميع الطلاب المعلومات الضرورية للوقاية من الأمراض، والمعلومات الضرورية للرعاية الصحية.

- سيتعلم جميع الطلاب مهارات العناية بالصحة الشخصية وصحة المجتمع ومهارات الحياة.

- سيتعلم جميع الطلاب أضرار التدخين والمشروبات الكحولية والمخدرات وأثارها السلبية على النواحي العاطفية والاجتماعية والصحية والعقلية للفرد.

(Elias et.al. ,1996,P.8)

كيف يمكن أن نساعد الأطفال على تعلم الأخلاق ؟

إن الإجابة عن هذا التساؤل الكبير لا يمكن أن تحويه بعض صفحات من كتاب؛ لأن تعليم الأخلاق من أصعب المهام في مجال التربية والتعليم إن لم يكن أصعبها على الإطلاق. ولهذا السبب اختار لها الله سبحانه وتعالى خيرة خلقه، فهي مهمة الأنبياء عليهم الصلاة والسلام. وفي هذا يقول رسول الله سيدنا محمد صلى

الله عليه وسلم: (إنما بعثت لأتمم مكارم الأخلاق) وبناء على ما سبق سوف نقدم بعض المقترحات لعل بعض المؤسسات التربوية تستفيد منها.

ينبغي أن يكون تعليم الأخلاق عملية مستمرة منذ الروضة وحتى الجامعة ويجب أن تكون من صلب مهام جميع المدرسين بغض النظر عن تخصصاتهم العلمية.

يجب أن يكون تعليم الأخلاق من صلب مهام المدير ومسؤولي الخدمات الطلابية وسائر الإداريين في المدرسة.

ينبغي أن تتبنى الثقافة المدرسية تعليم الأخلاق وأن يكون المناخ المدرسي والجو النفسي فيها مساعداً على السلوك الأخلاقي وداعماً له.

يجب أن يشارك التربويون والشخصيات المؤثرة في النظام التعليمي وفي المجتمع وأولياء الأمور، ويحضروا النشاطات التي تدعم الاتجاهات والقيم والمهارات والسلوكات الإيجابية، سواء كان ذلك في أثناء اليوم الدراسي أو بعده أو في العطل المدرسية. وينبغي أن تكون المشاركة فاعلة من أجل تنمية حس المسؤولية وتنشئة المواطن المنتج.

ينبغي تدريب المعلمين وإعدادهم إعداداً خُلُقياً ومسلكياً لكي يكونوا قدوة حسنة لطلابهم، إضافة إلى تزويدهم بالمهارات اللازمة لتعليم الأخلاق.

ينبغي إعداد برامج خاصة لتعليم الأخلاق وتوفير الإمكانات اللازمة والوقت الكافي لتدريب المعلمين والطلاب عليها.

وأخيراً وليس آخراً فإن هذا الموضوع من أهم موضوعات التربية والتعليم ويحتاج إلى تأليف كتب فيه لتفي حقه. وإن هذه العجالة ما هي إلا محاولة لإثارة الموضوع على أمل أن يتصدى له العلماء والمعلمون والتربويون من أبناء هذه الأمة المعطاءة بالبحث والتدريس، لعل الله سبحانه وتعالى أن ينفع به أبناءنا ويجعل فيهم خير خلف لخير سلف.

*** *** ***

الفصل الخامس عشر

نماذج تنمية التفكير عبر المنهج

إن فكرة تنمية التفكير عبر المواد الدراسية المختلفة في المنهج المدرسي ليست فكرة جديدة ولكن الجديد في الموضوع هو ازدياد التركيز عليها وتناولها بطرق حديثة ومنظور جديد وسوف نستعرض تطور الفكرة وصولاً إلى المنظور الجديد. فقد اقترح عدد من المربين طرقا ونماذج مختلفة لتنمية التفكير. وقد تضمن النموذج الاستقصائي لتنمية التفكير الخطوات التالية :

1. تحديد المشكلة .

2. صياغة الفرضيات .

3. جمع البيانات و تسجيلها .

4. اختبار الفرضيات .

5. صياغة النتيجة و تطبيقها .

وقد اقترح برونر (Bruner) نموذجاً لتنمية التفكير من خلال تعليم التفكير الاكتشافي كما اقترح كذلك استراتيجية التفكير الاستقبالي واستراتيجية التفكير الانتقائي وقد اعتمد برونر على استخدام البيئة في التعليم واستخدام الخبرات الموجهة باعتبارهما مدخلا لتنمية التفكير وتطويره. ويرى برونر أن أي طفل يستطيع تعلم أي خبرة في أي موضوع في أي مرحلة من مراحل العمر إذا ما توفر المعلم المخلص والاستراتيجية المناسبة. ويرى أيضاً أن الاستراتيجية المناسبة لاكتساب المفهوم تتكون من ثلاث مراحل هي :

1. مرحلة عرض المعلومات .

2. مرحلة اختبار اكتساب المفهوم .

3. مرحلة تحليل استراتيجية التفكير

ويمكن تطبيق المراحل الثلاث المذكورة من خلال نماذج التفكير الثلاثة السابقة الذكر :

نموذج التفكير الاستقبالي : Reception Thinking

في هذا النموذج يتم تعليم المفهوم حسب الخطوات التالية :

أ- مرحلة عرض المعلومات أمام المتعلم، وتوضيح معنى المفهوم المستهدف وتنقسم هذه المرحلة إلى الخطوات التالية :

* يعرض المعلم أمثلة موجبة تؤيد المفهوم وأمثلة سالبة تناقض المفهوم .

* يقارن الطلاب بين الأمثلة الموجبة والأمثلة السالبة .

* يعطي الطلاب فرضية اسم المفهوم، ويقومون بتجريبها واختبارها .

* يصوغ الطلاب تعريفاً للمفهوم بناءً على السمات الرئيسية التي تم ذكرها .

ب- مرحلة اختبار تحقيق المفهوم وتقسم إلى الخطوات التالية :

* يعطى الطلاب مزيد من الأمثلة الإضافية غير المصنفة .

* يؤكد المعلم الفرضية التي يعطيها الطلاب واسم المفهوم. ويعيد صياغة التعريف في ضوء السمات الرئيسة .

* يعطي الطلاب أمثلة جديدة منتمية وغير منتمية للمفهوم .

جـ- مرحلة تحليل استراتيجية التفكير

التي تم بواسطتها تحقيق المفهوم المراد اكتسابه وتتكون من الخطوات التالية:

* يطرح الطلاب أفكاراً معينة .

* يناقش الطلاب دور الفرضية والصفات

* يناقش الطلاب أنواع الفرضيات وعددها (قطامي1990، ص 275-276) .

نموذج التفكير الانتقائي (Selection Model)

في هذا النموذج تطرح أمثلة للمفهوم متنوعة ومتعددة دون أن تصنف إلى أمثلة منتمية أو أمثلة غير منتمية. ولا يوجه فيها الطلاب إلى جهة محددة بل يتركون

لينتقدوا الأمثلة ويصنفوها في ضوء فهمهم و يتم تعليم التفكير فيها عن طريق المراحل الثلاث كما يلي :

أ - مرحلة عرض البيانات وتحديد الصفات وتتم حسب الخطوات التالية :

- يعرض المعلم أمثلة موجبة (منتمية) وأمثلة سالبة (غير منتمية) .

- يترك الأمر للطلاب لمعرفة أي الأمثلة منتمية وأيها غير منتمي .

- يحاول الطلبة تحديد المفهوم ويختبرون صحته .

ب - مرحلة اختبار اكتساب المفهوم :

- يعطي الطلبة أمثلة إضافية غير مصنفة .

- يولد الطلبة أمثلة من خبراتهم .

- يثبت المعلم الفرضيات ويعيد صياغة التعريف اعتماداً على الخصائص الرئيسة.

جـ - مرحلة تحليل استراتيجية التفكير :

وتتم عن طريق الخطوات التالية :

- يصنف الطلاب الأفكار التي تم عرضها .

- يناقش الطلاب دور الأفكار والفرضيات التي تم عرضها .

- يناقش الطلاب نوع الفرضيات المطروحة وعددها (قطامي،1990م، ص277 - ص279).

نموذج برونر للتفكير الاكتشافي   Discovery Thinking Model

يرى برونر أن على المعلمين أن يضعوا التلاميذ في مواقف تعليمية تجبرهم على التجريب بأنفسهم ليكتشفوا بنية الموضوع الدراسي. ويقترح أن يتعلم الطلبة عن طريق قيامهم بالنشاطات التي تساعدهم في اكتشاف المبادئ بأنفسهم. لذلك فهو يرى أن التعليم الصفي ينبغي أن يجري باستخدام الأسلوب الاستقرائي. فالمعرفة في نظره عملية وليست نتاجاً؛ فهو يرى أن تعلم الاكتشاف من أهم الموضوعات التي يمكن أن يتعلمها الطلبة، وذلك لأن التعليم بالاكتشاف يثير حب الاستطلاع عند

الطلبة، كما يثير الدافعية للتعلم ويجعلهم يقبلون على التعلم بشوق ورغبة. ويعودهم على التفكير المستقل في إيجاد حلول للمشكلات التي يواجهونها. ويرى برونر أن من أهم واجبات المعلم أن يدرب الأطفال على التفكير التخريصي أو الحدسي أو التخميني بأن يفسح لهم المجال لإبداء تخيلاتهم وتخريصاتهم للموضوع ثم يبدأ بمناقشتها بأسلوب منتظم مبيناً نقاط القوة ونقاط الضعف فيها. كما ينبغي أن يهيئ المعلم الظروف في الموقف التعليمي لكي يندمج الأطفال في إجراء الأنشطة الاكتشافية. ويطرح أسلوبين للتعلم الاكتشافي: الاكتشاف الموجه الذي يتم فيه توجيه الطلاب من خلال بعض الأسئلة التي تثير اهتمام الطلاب عن طريق عرض مشكلات تثير تفكيرهم وتحفزهم للبحث عن الحل ويعطى الطلاب بعض التلميحات ويشجعون على إجراء التجارب وصياغة الفرضيات. وأما النوع الثاني فهو التعلم الاكتشافي غير الموجه الذي يشترك الطلاب فيه بكل طاقاتهم. ويستخدم في التعلم الاكتشافي التفكير الحدسي والتفكير التحليلي .

نموذج التفكير الاستقرائي

يقوم هذا النموذج الذي يسمى أيضاً نموذج هيلدا تابا على ثلاثة افتراضات :

1. أن التفكير يمكن أن يعلم.

2. أن التفكير عملية ذهنية نشطة يتفاعل فيها الطفل مع المعلومات.

3. تتسلسل عمليات التفكير في سياق منطقي على شكل مهمات ويتكون من ثلاث استراتيجيات تتكون كل واحدة من ثلاث مراحل على النحو التالي:

1 - استراتيجية تكوين المفهوم وتتكون من ا لمراحل الثلاث التالية:

أ - مرحلة التعداد و وضع العناصر في قوائم .

ب - مرحلة وضع الأشياء في مجموعات .

جـ _ مرحلة وضع الأشياء في فئات .

2 - استراتيجية تفسير ا لبيانات وتتكون من المراحل الثلاث التالية :

أ - تحديد العلاقات والأبعاد .

ب - شرح و تفسيرها الأبعاد والعلاقات .

جـ - الوصول إلى استدلالات .

3- استراتيجية تطبيق المبادئ. وتتكون من المراحل الثلاث التالية :

أ - الوصول إلى فرضيات وتنبؤات .

ب - شرح ودعم التنبؤات والفرضيات .

جـ - التحقق من الفرضيات والتنبؤات .

مناحي التدريس الرئيسة

هناك ثلاثة مداخل أو مناحي للتدريس مستخدمة في المدارس حالياً وهي :

المنحى التقليدي في التدريس :

يفترض المنحى التقليدي للتدريس أن الأفكار القيمة والمعلومات الصحيحة موجودة عند المعلم، وأن على الطلاب الإصغاء للمعلم لالتقاط المعلومات والأفكار التي يبثها إذا أرادوا أن يتعلموا ويفهموا دروسهم. يسمى هذا المنحى النموذج الانتقالي للمعرفة Transmission Model وهو منحى التدريس المستخدم في المدارس الثانوية في معظم دول العالم الثالث.

في هذا المنحى التدريسي لا تؤخذ أفكار الطالب بعين الاعتبار بل تعتبر غير مهمة. فإن لسان حال المعلم يقول: لا يهمني ماذا تفكر به، إن المهم أن تصغي إلي في أثناء التدريس وأن تفهم الموضوع الذي أدرسه والأفكار التي أناقشها في غرفة الدرس والمعلومات المطلوبة في المنهج.

ويفترض الأسلوب التقليدي في التدريس أن المعرفة يمكن أن تنقل من المعلم إلى الطلاب عبر الكلمات أو الرسائل المسموعة والمرئية وأن دور الطالب يتلخص في التقاف المعرفة المرسلة من المعلم واستيعابها. كما هو مبين في الشكل (14-1) ثم استرجاعها في الوقت الذي يطلب منه ذلك. فهو نموذج استرجاعي .

شكل (14-1) المنحنى الانتقالي للتدريس

المنحنى الاستكشافي :

ومن الطرق الحديثة في التدريس المنحى الاستكشافي للمعرفة أو النموذج الاستكشافي الـذي ناقشناه باختصار آنفاً. يفترض هـذا النموذج أن الأفكـار الصحيحة موجـودة في مكان ما في الكـون الخارجي وأن الطلاب يستطيعون باستخدام طرق البحث الصحيحة أن يجدوها أو يعـثروا عليها. وإذا ما استطاع الطلاب العثور عليها فيجب عليهم فهمها واستيعابها في عقـولهم. وإن دور المعلـم في هـذا النموذج يتلخص في تهيئة البيئة التعليمية المناسبة للتجريب: ومن الملاحظ أن هـذا النموذج أهمـل أيضاً الأفكار التي يمكن أن يحضرها الطالب إلى الموقف التعليمي. ويوضح شكل (14-2) هذا النموذج

شكل (14-2) النموذج الاستكشافي

ومــن الضروري التنويــه أن دور المعلــم في النمـوذج الاستكشـافي يتضـمن التخطيـط للخـبرات التعليمية من حيث محتواها وأدواتها وطريقة تنفيذها وأن الطالب هو الذي يبحث و يعمل و يقوم بتنفيذ النشاط من أجل اكتشاف المعرفة. ويمكن اعتباره نموذجاً إنتاجياً. حيـث يقـوم الطالـب بإنتـاج المعرفة لنفسه .

منحنى تعليم التفكير:

يتميز منحى تعليـم التفكيـر عـن المنحيـين السـابقين أنـه يبـدأ بتقديـر أفكـار الطالب الخاصـة واحترامها. أي أنه يبدأ بالاعتراف بكينونة الطفل والاعتراف به بصفته كائناً مفكراً له آراؤه وانطباعاتـه ومشاعره الخاصة، وهذا ما يميزه عن المنحى الانتقالي الذي يعتبر الطفل أسطوانة فارغة تحتاج إلى من يملؤها علماً ومعرفة، كما يميزه عن المنحى الاستكشافي الذي يعتبر الطفل آلة تحتاج إلى من يشغلها أو يعطيها شرارة بدء التشغيل لتقوم بعملها فيما بعد. ويمكن تسمية منحـى تعليـم التفكيـر بـالنموذج التحويلي لأنه يسعى لتحويل أفكار الطفل إلى حالة جديدة غير تلك الحالـة التـي هـو عليهـا. ويبـين الشكل (14-3) نموذج تعليم التفكير.

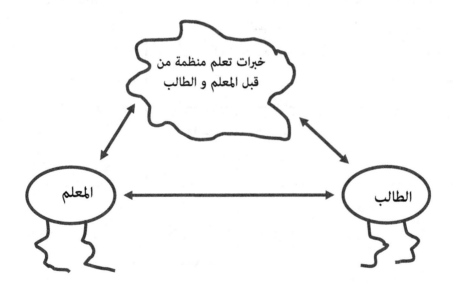

شكل (14-3) نموذج تعليم التفكير .

إن هذا لا يعني أن النموذج الانتقالي أو الاستكشافي لا يفيد بل لكل منهما المجال الذي يستخدم فيه. ويبين الجدول التالي مقارنة بين نماذج التعليم الثلاثة المذكورة آنفاً.

جدول (14-1) مقارنة بين النموذج الانتقالي و النموذج الاستكشافي ونموذج تعليم التفكير .

النموذج الانتقالي	النموذج الاستكشافي	نموذج تعليم التفكير
- يقوم على عبارات مثل: - دعني أريك كيف تعمل. - دعني أخبرك كيف تعمل. - يناسب تعليم المهارات الدنيا . - يناسب تلقين التعليمات والأوامر مثل احتياطات السلامة و الأمان . - إعطاء الطلاب معرفة جديدة تلزمهم لتفعيل طريقة البحث أو التجريب . - شرح المعلومات الضرورية أو القواعد والقوانين التي ينبغي التقيد بها . - يكون دور الطالب سلبياًَ متلقياً للمعلومات.	- يكون دور الطالب نشطاً في التعامل مع الخبرات التعليمية المخطط لها . - يشترك الطالب في إيجاد العلاقات واكتشافها وحل المشكلات . - لا يستفاد بالضرورة من أفكار الطالب التي يحضرها للموقف التعليمي . - لا يضمن حدوث تطور نوعي في طريقة تفكير الطالب بعد أن يقوم بعملية التعلم الاستكشافي . - يتضمن النموذج عملية نقل المعرفة بطريقة مخفية أو ضمنية في عملية الاستكشاف . - لا يسأل عن مساهمات الطالب الخاصة ولا عن نوعية الخبرة التي قد يكون الطالب قد حصلها عدا المعرفة المقصودة .	- إن المحور الرئيسي لهذا النموذج يدور حول : ماذا يفكر الطفل ؟ - يركز النموذج على مهارات التفكير العليا في عملية التعلم . - يركز على المنحى التفكيري للطفل وليس على منحى المعرفة المنقولة أو منحى العمل والنشاط. - يهدف إلى تحقيق المنحى التحويلي للتعلم، حيث يأخذ المادة الفكرية الخام من تفكير الطفل ومن عملياته المعرفية وما وراء المعرفة ثم يسرع عملية التعلم من خلال الربط بين المعرفة والعمل والتفكير . - يبدأ من الأفكار التي يملكها الطفل ثم يبحث في طرق تنميتها وتحسينها للوصول إلى الوضع المرغوب .

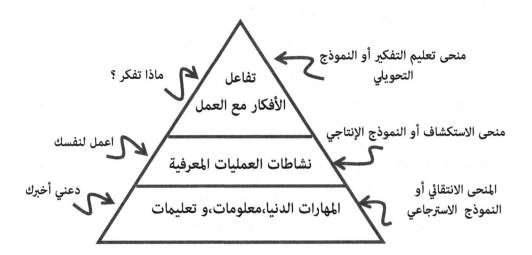

شكل (4-14) هرم نماذج التعليم

يبن الشكل (4-14) هرم مناحي التعليم الثلاثة حيث يقع المنحى الانتقالي في قاعدة الهرم والمنحى الاستكشافي في وسطه ومنحى تعليم التفكير في قمة الهرم من حيث أنه يركز على تنمية مهارات التفكير العليا وتفاعلها مع العمل ويكون دور المتعلم فيه نشطاً إيجابياً .

ويعتمد التقسيم التقليدي للمنهج على تقسيم المواد الدراسية إلى مواد علمية ومواد أدبية. وكانت النظرة إلى المواد الأدبية أنها مواد إنسانية تحفل بالمشاعر والعواطف والخيالات والإبداع والتذوق الأدبي. وأما النظر للمواد العلمية فكانت أنها مواد تعتمد التفكير المنطقي والتفكير العلمي والتعبير بالأرقام والمعادلات المجردة وأنها لا تحفل بالمشاعر والأحاسيس بل تعتمد على القوانين والمعادلات والتعبيرات الكمية المحددة. وهكذا نرى أن النهج التقليدي يضع حدوداً فاصلة بين القسم العلمي والقسم الأدبي وكانت طرق التدريس والتقويم تدعم هذا الاتجاه وتتبناه .

أما الاتجاه الحديث في تصميم المنهج فإنه ينزع إلى تحطيم الحدود بين القسم الأدبي والقسم العلمي أو بين المواد الأدبية والمواد العلمية. لأن المواد العلمية تحتاج إلى المشاعر والإبداع والخيال والتذوق كما تحتاج المواد الأدبية إلى المنطق

والتفكير العلمي والتفكير المنطقي. إن ما ينقصنا في المدرسة الثانوية على وجه الخصوص هو المنهج الذي يستطيع تحطيم الحدود الفاصلة بين المواد الدراسية وفتحها بعضها على بعض لتحقيق الالتحام فيما بينها. كما ينقصنا طريقة التدريس التي تستطيع تنفيذ ذلك المنهج بحيث تزود الطلاب بالخبرات التحويلية وتملكهم المهارات اللازمة لتحويل الأفكار من مواد خام غير منظمة إلى منهجية عليا للتفكير. نريد المنهج الذي يدور محوره حول التفكير وحل المشكلات والتعلم. نريد المنهج الذي تنمي فيه المواد العلمية النواحي الأدبية وتنمي فيه المواد الأدبية النواحي العلمية. فالتفكير الإبداعي والتفكير التشعيبي أو التباعدي ضروري للعلوم وبخاصة عند تكوين النظريات والفرضيات، والتفكير المنطقي ضروري للمواد الأدبية كما هو ضروري للمواد العلمية.

وثمة قضية أخرى لا بد أن يعالجها المنهج ألا وهي قضية الفجوة بين النظرية والتطبيق. فالنظرية تشجع الخيال الحر والتفكير والتأمل والربط بين الموضوعات وتكوين العلاقات بين مجالات الدراسة. وكلما أوجدنا علاقات وارتباطات وتطبيقات أكثر بين مواد المنهج المختلفة زادت القدرة على التحويل من النظري إلى العملي وزادت المهارات العلمية. وأما النواحي العملية أو التطبيقية فهي تشمل القدرة على عمل أشياء وهي تتعلق " بمعرفة كيف " إن ما نحتاجه هو ربط مستوى " معرفة ماذا " بمستوى " معرفة كيف " ليشكلا معاً مستوى " معرفة لماذا ". ويجب ذأن ينظر إلى جميع المواد الدراسية وكأنها مشاركة في مشروع تعاوني يهدف إلى توحيد النظرية مع التطبيق لمساعدة الطلاب ليصبحوا مفكرين ممارسين في آن واحد. إن المنهج المدرسي ليس فقط ما يقدم من خلال التدريس؛ ولكنه أيضاً ما يستخلصه الطالب من الخبرات والتفاعلات التي تجري في المدرسة. فإذا لم يكن هنالك معرفة ومهارات مستخلصة وإذا لم يكن هنالك تغيير في التفكير وإذا لم يستطع الطالب أن يعمل ارتباطات وتحويلات من أنواع مختلفة فمعنى ذلك أنه لم يحدث التعلم بغض النظر عن التدريس الذي حصل .

الفصل السادس عشر

تنمية التفكير عبر المواد الدراسية

سوف نحاول في هذا الفصل توظيف معرفتنا حول تنمية مهارات التفكير في تدريس المواد الدراسية. والسؤال الذي نسعى للإجابة عنه في هذا الفصل هو كيف نربط النظرية بالتطبيق وكيف نعلم المهارات التحويلية عبر المواد الدراسية في المنهج؟ سوف نأخذ كل مادة على حدة ونطرح الأفكار التي تساعد في تحقيق الهدف المنشود.

اللغة العربية

من المعروف عند أهل اللغة أن هناك أربع مهارات رئيسة للغة وهي الاستماع والتحدث والقراءة والكتابة ومن المعروف عند علماء التربية أنه كلما زادت مهارة الشخص في الاستماع التحدث والقراءة والكتابة زادت قدرته على التفكير الجيد.ولقد سبق أن ذكرنا في فصل سابق أن هناك ما يسمى الكلام الخفي وهو الذي عبر عنه الشاعر العربي عندما قال:

إن الكلام لفي الفؤاد وإنما جعل اللسان على الفؤاد دليلا

الكلام المخفي هو التفكير وهو الكلام الذي في الفؤاد لأنك عندما تفكر فإنك تتكلم بكلام مخفي في نفسك لا يطلع عليه أحد إلا الله .ولذلك اعتبر بعض المفكرين المعاصرين الكلام المخفي مهارة خامسة من المهارات اللغوية .وقد سبق أن ذكرنا الذكاء اللغوي ومكوناته الأربعة، وبذلك فإن مكونات الذكاء اللغوي الرئيسة تصبح خمسة هي: الاستماع والتحدث، والقراءة، والكتابة، والكلام المخفي (التفكير) وهو حديث النفس.

ولكن الكلام المخفي الذي نحدث به أنفسنا ليس شيئا عابرا، إنه يؤثر على اتجاهاتنا ويؤثر على أفعالنا ويؤثر على فهمنا للعالم الخارجي .فعندما تصف شيئا ما لنفسك بطريقة مختلفة فمعنى ذلك أنك فهمته بطريقة مختلفة كذلك. ومن هذا

المنطلق يجب تشجيع الأطفال على شرح ما يعملونه لأنفسهم؛ لأن ذلك يساعد على الربط بين الفكر والعمل. وفي حالة العمل في مجموعات ينبغي تشجيع أفراد كل مجموعة على إخراج الكلام المخفي إلى زملائهم. وهذا يعني إخراج أفكارهم إلى حيز الوجود. فالكلام المخفي كما ذكرنا سابقا هو الأفكار التي تدور في رأس الشخص، إن إخراج هذه الأفكار إلى حيز الوجود على شكل كلمات مسموعة أو رسومات أو إشارات أو أعمال من شأنه أن يجسد الفكرة ويجعلها قابلة للنقاش والدراسة والنقد، الأمر الذي يعني إدخال تغييرات نوعية في تفكير الطفل أي تحويل التفكير إلى حالة جديدة غير التي كان عليها ولهذا أطلقنا على منحى تعليم التفكير المنحى التحويلي. ويعبر البعض عن إخراج الكلام المخفي إلى حيز الوجود بالتفكير بصوت مرتفع.

كما أن استماع الطالب إلى آراء زملائه والتعرف إلى طريقة تفكيرهم يمكن أن تكسبه فهما لأسلوب الآخرين في حل المشكلات.

ومن الضروري أن يؤكد المعلم على أفراد المجموعة بضرورة الاستماع إلى أفكار بعضهم بعضا، وأن يبصرهم بفوائد ذلك ويعرفهم على طريقة طرح الأسئلة ومناقشة الأفكار المطروحة. فالتعبير عن التفكير بأي طريقة كانت يشجع عملية التفكير .

الاستماع والتحدث

تنتج المعرفة حسب رأي بياجيه من التفاعل بين البيئة التعليمية والمتعلم، إذا اعتبرنا هذا الكلام صحيحا فإن دور المعلم يتلخص في تنظيم غرفة الصف لتشجيع الطالب على الاندماج في العمل بطرق شتى مثل العمل في مجموعات أو العمل الفردي أو الاشتراك في حلقات النقاش التي يقودها المعلم أو أحد الطلاب. ومن الأساليب التي تساعد في الفهم تعريض الطالب للأسئلة والاستفسارات عما يقوم به. لأن ذلك يضعه في موقف يجبره على التفكير في السؤال والتعبير عما يجول في خاطره مما يتيح مناقشة أفكاره وتعديلها .فيتعلم الطفل نتيجة لذلك كيف

يمكن أن يضع أفكاره في كلمات ويوصلها إلى الآخرين. ومن العوامل التي تساعد الطفل على التعبير عن أفكاره ما يلي :

التمهل :

أعط الطالب برهة من الوقت للتفكير. لا تتعجل الإجابة. فبعد طرح السؤال تأنّ عليه وامنحه الفرصة للتأمل والتفكير، قد تكون فترة الصمت مملة أحياناً ولكنها مفيدة للطفل .

القبول :

لا تتعجل في الحكم على أفكار الصبي. امنح نفسك فرصة للتفكير في إجابته أعد صياغتها حاول تفسيرها. قارنها مع أفكار أخرى، طبقها أشعره بأنك أوليتها اهتمامك. إن هذا الوضع يشكل قبولاً سلبياً للإجابة إذا لم تكن صحيحة. أما إذا كانت الإجابة صحيحة فينبغي تشجيعه والثناء عليه .

الاستيضاح :

عندما لا تكون الإجابة واضحة أو مفهومة من قبل المعلم. استوضح من الطالب. لا تحاول تفسير إجابته. بل اطلب منه أن يوضح أفكارها ويوسعها،كأن تقول له: هل يمكنك تفسير ماذا تعني بقولك ... ؟ أعد علي الإجابة ثانيةً؟ لم أتمكن من فهم مقصودك ؟ وضح لي.

التسهيل :

ينبغي أن يزود المعلم الطالب بالفرصة للتأكد من صحة أفكاره كأن يقول له: هل أنت متأكد من ... ؟ دعنا نتفحص الأمر ؟ لنجرب ..

التحدي :

يجب تشجيع الأطفال على تحدي أفكار بعضهم بعضا. كأن تسأل الطالب: هل توافق على الفكرة التي طرحها زميلك؟هل تتفق معي على أن ..؟ ما رأيك في ...؟ هل ترى مشكلة في ...؟

القراءة

تشير الأبحاث الحديثة في الأدب التربوي المعاصر إلى أن كثيراً من المعلمين يعتقدون أن تدريس القراءة يتضمن تعليم معاني المفردات والقواعد اللغوية والأفكار فقط. لذلك فهم يركزون في تدريسهم للقراءة على هذه العناصر. وإن الطلاب الذي يتعلمون بهذا الأسلوب التدريسي لا تتكون لديهم مهارات القارئ الحاذق الذي يدرك المعاني العميقة، وينقد ما يقرأ ويحلله ويستخلص منه المعاني والعبر .

وكثير من الطلاب الذين يفهمون المعنى الظاهري أو المعنى الحرفي لما يقرؤون يجدون صعوبة في فهم المعنى الضمني الذي قصده المؤلف. وبصفة عامة نجد أن لديهم ميلاً لتفسير معاني المفردات فقط وليس المعنى الكلي للجمل التي تتشكل منها الكلمات. وفي أحسن الأحوال يفهمون ما يقال أو يقرأ ولكن يعجزون عن فهم لماذا قيل ؟ أو لماذا كتب بهذه الصيغة أو تلك ؟ لأنهم ينظرون إلى القراءة بطريقة محدودة. ويصرفون جل وقتهم في معرفة معاني الكلمات الصعبة، ويتقيدون بالمعاني الحرفية دون النظر إلى السياق الذي جاءت فيه. ويحجرون على عقولهم التحليق في سماء الأفكار وآفاق الخيال الرحب .ويعتقد المعلمون الذين يدرسون القراءة بالطريقة السابقة أن القراءة الفعالة مرتبطة بدرجة حذق القواعد اللغوية فقط. وقد دلت نتائج الأبحاث الميدانية على أن هذا الاعتقاد غير صحيح .

صحيح أن المكونات الأساسية للقراءة هي فك الرموز أو فهم معاني المفردات ومعرفة القواعد اللغوية ثم فهم المعنى. ولكننا لا نريد أن يقتصر فهم الطالب على المعنى الحرفي فحسب. بل نريد أن يتعلم الطلاب أن يقرؤوا ما خلف السطور. فالكتاب يعطي جزءاً من المعلومات التي يحتاجها الطالب لفهم الموضوع، وعلى الطالب أن يكون الجزء الآخر من خلال اكتشاف المعنى الذي يقصده الكاتب.

تعليم القراءة بين القديم والحديث

تركز الأبحاث الحديثة لتدريس القراءة التي تؤدي إلى التعلم ذي المعنى وتنمي مهارات التفكير على تزويد الطالب بمهارات القراءة الناقدة ومهارات اكتشاف النقاط الرئيسة والكلمات المفتاحية ومهارات تكامل المعرفة وتأليفها مع المعلومات والخبرات السابقة. لقد أطلقنا على هذا النوع من القراءة "القراءة الحاذقة "

يرى الخبراء أن القراءة الحاذقة عبارة عن نشاط تفكيري يتضمن التفكير الناقد من خلال فك الرموز المكتوبة وتحويلها إلى معان، ويشمل ذلك فهم معاني المفردات والجمل والعبارات. كما تتضمن التفكير الإبداعي من خلال استخدام الخيال والتعرف على الموضوع أو الشخص المعني واستخلاص النتائج المتعددة وحل المشكلات. فالقارئ الحاذق هو الذي يستخلص المنطق من اللغة ويستطيع أن يحاجج من خلال فهمه لما يقرؤه، ولا يقتصر فهمه على معاني المفردات أو على التعرف على مفردات كثيرة. القارئ الحاذق هو الذي يستخدم علم المعاني وعلم النحو والصرف في التنبؤ بالمعاني الغامضة للكلمات والجمل. إن الطلاب الذين تتوفر فيهم هذه الخصائص يتقدمون في دراساتهم وتحصيلهم بسرعة أكبر مما يفعله الطلاب الذين يعتمدون على الآخرين في تعريف المعاني والمفردات .

فإذا لم يمتلك الطالب هذه المهارات ولم يتمكن من استحضار المعلومة المناسبة للموقف الجديد من مخزونه المعرفي السابق، فإن فهمه واستيعابه لمعاني النص لن يكون كاملاً. وإن تعليم القراءة الحاذقة للطلاب لا بد أن يتضمن التركيز على العمليات العقلية العليا أو عمليات ما وراء المعرفة التي تضبط عملية الفهم والاستيعاب مثل القدرة على التخطيط واستشراف المستقبل وتوقع الأحداث المستقبلية والنتائج المبنية على المقدمات. كما ينبغي أن تتضمن عملية تدريس القراءة الحاذقة تحسين المهارات الأدائية عند الطلاب مثل مهارات الإلقاء والنطق والتحدث، وتغيير النبرة بما يتناسب مع المعنى والتعبير الجسمي أو الحركي

والشفوي ومهارات الإصغاء والانتباه. وينبغي أن يتعلم الطلاب كذلك كيفية التنسيق بين عمليات الفهم والتذكر والحفظ والإدراك. بحيث يتمكن الواحد منهم من تكوين المعنى وبناء المعرفة بناء تكاملياً شاملاً. فيتعود النظرة الكلية الشمولية للأحداث ويرى وجهات النظر المختلفة ويتخلص من التمركز حول ذاته ويتحرر من التقيد بوجهة نظره الخاصة ليتفهم الرأي الآخر ويقارنه مع فهمه للحدث من أجل التوصل إلى القرار الصائب والنظرة الثاقبة. فالقارئ الحاذق هو القارئ الذي يسيطر على عمليات الاستيعاب والفهم ويوجهها في اتجاهات متعددة بحثاً عن المعنى ويتحسب للمشكلات المتوقعة ويخطط لحلها ويختار الحل الأفضل ثم يختبر صحته. وخلاصة القول: إننا ندعو إلى أن تكون القراءة وسيلة للتعلم وليس غاية في حد ذاتها. فهناك فرق بين من يتعلم ليقرأ وبين من يقرأ ليتعلم .

وقد تبلور في الأدب التربوي اتجاهان لتعليم القراءة الحاذقة: الأول المنحى الصعودي الذي ينطلق من تعلم مفردات اللغة وقواعدها ويصعد نحو المعرفة وتحديد المغزى المقصود؛ والذي يمكن أن نسميه المنحى اللغوي. وأما الثاني فهو المنحى النزولي أو الاستنباطي الذي ينطلق من المعرفة الواسعة وينحدر نحو المعنى اللغوي فيطوعه للمعنى المقصود. ويمكن أن نسمي هذا الاتجاه بالمنحى المعرفي .

ويبين الشكل (15 - 1) كلاً من المنحى الصعودي الذي يسمى أيضاً المنحى المؤسس على اللغة (Bottom-up Language –based process) والمنحى النزولي الذي يسمى أيضاً المنحى المؤسس على المعرفة (Top-down Knowledye –based process)

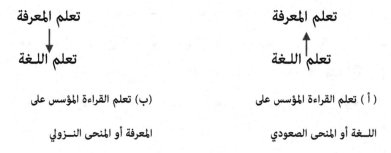

(أ) تعلم القراءة المؤسس على اللغة أو المنحى الصعودي

(ب) تعلم القراءة المؤسس على المعرفة أو المنحى النزولي

شكل (15-1) تعلم القراءة وفق المنحى الصعودي أو المنحى النزولي.

فقد توقف الجدال بين المختصين حول أيهما أفضل المنحى الصعودي أم المنحى النزولي.

وتشير الأبحاث المعاصرة وآراء المنظرين المعاصرين على أن تعلم القراءة الحاذقة يمكن أن يتم وفق طريقة توليفة تجمع بين العمليتين الصعودية والنزولية بحيث تتداخل العمليتان وتتفاعل معاً. وبالإضافة إلى ذلك فقد بينت الأبحاث الأخيرة أن قدرة الطالب على القراءة الحاذقة تتأثر بدرجة سيطرته على عملية الاستيعاب والفهم. أي على درجة وعيه لما يستوعبه.

ما المقصود بالقراءة الحاذقة (Reading Proficiency)

هي تلك القراءة التي يتعلم الطلاب فيها القدرة على نقد ما يقرؤون وعلى تمييز الأفكار الرئيسة من غيرها والتعرف على التفصيلات المساعدة، كما يتعلمون كيف يؤلفون بين معلوماتهم السابقة وبين ما يقرؤون تأليفاً يكون معاني جديدة. كما يتعلمون مهارات التخطيط والتوقع وكيف يسيطرون على فهمهم وينسقون بين عمليات الفهم والحفظ والإدراك .

ويشير الأدب التربوي في هذا المجال إلى أن معظم معلمي القراءة يجهلون العمليات الفكرية التي يستخدمها الطلاب أثناء القراءة . كما أنهم لا يعرفون المشكلات التي تواجه الطلاب في القراءة ولا يعرفون فيما إذا كان هناك استراتيجية معينة يتبعها الطلاب للتغلب على هذه المشكلات وما مدى نجاحهم في تنفيذ هذه الاستراتيجية إن وجدت. ويظن معظم معلمي القراءة أن تعليم القراءة عبارة عن تعليم الطلاب اللفظ السليم للمفردات علاوة على فهم معاني تلك المفردات و فهم القواعد اللغوية، ويهملون ما وراء ذلك من عمليات عقلية .

الأسلوب الحديث لتعليم القراءة :

يميز الأدب التربوي بين أسلوبين في تعليم القراءة: الأسلوب التقليدي الذي يقتصر على معرفة معاني المفردات ومعاني الجمل ومعرفة قواعد النحو والصرف والإجابة على أسئلة الدرس المتعلقة بفهم المعنى .

والأسلوب الحديث الذي يتعدى ذلك إلى تعليم الطلاب بالإضافة إلى ما ذكر مهارات القراءة الناقدة. وتعليمهم كيف يميزون بين الأفكار الرئيسة والتفصيلات المساعدة الأخرى. وكيف يستدعون معرفتهم السابقة ويوظفونها في فهم المادة المقروءة وكيف يولفون بين أجزاء المعرفة لتكون معنى متكاملاً شاملاً. كما يتضمن الأسلوب الحديث تعليم الطلاب مهارات التخطيط والتوقع المبني على المعلومات المتوفرة ومهارات التنسيق بين علميات الفهم والحفظ والسيطرة عليها وتوجيهها نحو إدراك المعاني العميقة للنصوص.

السيطرة على عمليات الاستيعاب :

يرى المختصون أن عملية السيطرة على الفهم والاستيعاب تعد من عمليات ما وراء المعرفة (Metacognetive Process) وأن حل مشكلات القراءة بتطلب السيطرة التامة على عملية استيعاب المادة المقروءة . لذا فإن سيطرة الطلاب على فهمهم وضبطه يعد من الضرورات التي تلزم لتقويم عمليات القراءة وتحديد المشكلات كما هي ضرورية أيضاً لاختيار استراتيجيات لحل المشكلات.

ويرى بعض الباحثين أن القراءة الفاعلة (Effective Reading) هي التي تركز على تعليم المكونات المعرفية مثل التنسيق بين النباهة (الفطانة) والتذكر والاستيعاب والعمليات الإدراكية. وإن هذا النوع من القراءة هو الذي يمكن القارئ من السيطرة على استيعابه ويمكنه بالتالي من التخطيط وتوقع النتائج وتحسين الأداء باستمرار .

ويرى باحثون آخرون أن تعلم القراءة الفاعلة ينبغي أن لا يقتصر على العلمية الصعودية التي ينتقل إليها المتعلم من تعلم اللغة إلى تعلم المعرفة أو على العملية النزولية التي ينتقل فيها المتعلم من تعلم المعرفة إلى تعلم اللغة بل يجب التوليف بني العمليتين بحيث تصبح العمليتان متداخلتين متفاعلتين باستمرار. ويستدل من الأبحاث الميدانية في هذا المجال أن قدرة الطالب على القراءة الفعالة أو النشطة تتأثر بدرجة سيطرته على استيعابه للمقروء أي على درجة وعيه لما يستوعبه .

وتشير معظم الدراسات الميدانية إلى الفروقات في مستويات السيطرة على عملية الفهم تعزي في معظمها إلى حذق القراءة وليس إلى حذق اللغة. لذا تشير الأبحاث إلى ضرورة تصميم برامج في القراءة لكي يتعلم الطلاب كيف يستخدمون استراتيجيات القراءة الفاعلة بطريقة آلية. وكيف يستخدمون الاستراتيجيات التي تجعل الطلاب يقرؤون لكي يتعلموا وليس يتعلمون لكي يقرؤوا.

تلك الاستراتيجيات التي تساعدهم في تكوين المعنى. فالمعنى ليس في الصفحات ولكنه في العقل والقلب. وإنه لن يكون هنالك معنى في الصفحة التي تقرؤها إلا إذا قررت أنت أن فيها معنى .

القراءة الحاذقة هي التي تعلم الطلاب كيف يفسرون النصوص و كيف يدخلون في حوار مع النص وكيف يثيرون التساؤلات من أجل استخلاص النتائج .

ويرى كثر من الباحثين أن تعليم القراءة الحاذقة ينبغي أن يستخدم هذين المنحيين بطريقة تفاعلية وتكاملية ولا ينبغي أن يقتصر على أحدهما .

أشارت بعض الأبحاث الميدانية التي أجريت على الطلبة الذين يعانون من صعوبات في القراءة أن أحد الأسباب في ضعف القراءة يعود إلى الفوضى المعرفية عندهم. ويقصد بالفوضى المعرفية الاقتصار على فهم معاني المفردات بشكل منعزل عن موقعها في العبارة أو الجملة. أي أنهم يعتبرون أن القراءة عبارة عن لفظ الكلمات لفظاً صحيحاً وفهم معانيها. فعندما يقرؤون قصة ما مثلاً فإنهم يفهمون كلماتها ولكنهم يعجزون عن فهم مغزى القصة والحكمة من تناسقها والمعنى المقصود من توالي الأحداث بالطريقة التي عرضت به. فهم لا يستخدمون التفكير في أثناء القراءة ويكونون غير راغبين في بذل المجهود اللازم لاستخلاص المعنى من النصوص (Stephenson et.al,1979,P.10-59).

بينما نجد القارئ الحاذق يعمل فكره في حل المشكلات والمواقع الغامضة التي تتضمنها القصة. فهو يبذل قصارى جهده في استخلاص المعاني والأفكار من

الكلمات والعبارات والمواقف. وإن القارئ المفكر لا يقتصر على ترديد الكلمات والألفاظ وتحويلها إلى كلام مسموع. ولكنه يندمج في عملية اكتشاف مستخدماً أنواع التفكير المختلفة في بناء المعنى الكلي للموضوع. فالكلام المكتوب يحتمل معاني مختلفة ولا يقتصر على المعنى الذي يبدو للوهلة الأولى. وكثير من الأطفال يعجزون عن فهم المعنى المقصود من الكلام المكتوب كما يجدون صعوبة في فهم المعاني المجردة وعلاقتها بالمفردات والأصوات. أو طريقة لفظ المفردة أو العبارة .

كثير من الطلاب يقرؤون دون تفكير. ولكي يتبين لك ذلك اسأل الطفل: ماذا تعمل وأنت تقرأ ؟ قليل منهم من يجيب بأنه يفكر فيما يقرأ. يجب أن نحسّن معرفة الأطفال عن القراءة من خلال إثراء خبراتهم في معاني الكلمات والعبارات. يجب أن نحسن معرفتهم في مستوى " معرفة كيف " من خلال تشجيعهم على التفاعل مع معاني النصوص ومشاركتهم في فهمها ومناقشتهم فيها. ويجب أن نساعدهم في معرفة أهمية القراءة والكتابة في الحياة وأن نضرب لهم أمثلة من خبراتنا في الحياة التي توضح أهمية القراءة الجيدة والكتابة الجيدة. كما ينبغي تمليكهم مفاتيح استخراج المعاني من النصوص. وفيما يلي بعض المقترحات التي تساعد المعلم في خرص[1] استيعاب الطفل للقراءة :

1. **ضبط المعنى:** ويقصد به التأكد من أن الشخص المعني استوعب الأفكار الرئيسة للموضوع .

2. **إخضاع النصوص للمساءلة:** ويقصد به توضيح المعنى، ورصد الشكوك أي المعاني المشكوك فيها، وضبط المعاني الغامضة أو المفهومة فهماً جزئياً. وتحري الأسباب الكامنة وراء الأحداث .

3. **توسيع النصوص:** بمعنى إضافة أفكارك ومشاعرك وتنبؤاتك لما سيحصل لاحقاً. واقتراح تخيلات ومعانٍ مجازية للنص. مثل ماذا يمكن أن تعمل لو كنت في

---

[1] خرص: يقصد بها قياس قدرة الطالب على الاستيعاب على سبيل الحزر والظن مأخوذة من قولهم خرص النخل أي قدَّر ما عليه من الرطب تمراً . فهو خارص .

مكانه ؟ أو ما هو السلوك المتوقع منك فيما لو كنت في ذلك الموقف ؟ أو ماذا تتوقع أن يحدث بعد ذلك ؟.

4. محاكمة النص: بمعنى تكوين رأي شخصي فيما يتعلق بالنص، وإبداء وجهة النظر الشخصية حيال الأفكار المطروحة وملامح الموضوع وخصائصه الرئيسة. كأن يتساءل المرء هل يبدو الأمر معقولاً ؟ أو هل يكون ذلك معنياً؟.

5. مناقشة الموضوع: ويقصد بذلك البحث عن أسباب وقوع الأشياء أو الأسباب التي يمكن أن تؤدي إلى وقوعها. وتحليل دوافع السلوك، واستخلاص النتائج، ووضع الفرضيات، والتنظير .

6. مراجعة النص: ويقصد بذلك التوقف بعد الفراغ من مناقشة النص ودراسته لمراجعة الخبرات التي حصلنا عليها والتأكد من استيعابها وتناسقها وتقويم أغراض كاتب النص ومدى تحققها. وإبداء الرأي العام أو الانطباع العام مع ذكر المبررات والدواعي. وينبغي أن يشمل الانطباع العام النقاط التالية: العنوان، والتصميم، والإخراج، والمحتوى، وقائمة المراجع، والمصادر والرسومات والأشكال والخرائط.

الكتابة

تعني الكتابة إنزال الأفكار على الورق. يرى الخبراء أن الكلام والكتابة حالتان للتعبير اللغوي إلا أنهما منفصلتان. فالكلام هو وضع الأفكار في أصوات أو تحويل الأفكار إلى أصوات مسموعة. أما الكتابة فهي رسم الأفكار على الورق أي تحويل الأفكار إلى لغة مكتوبة. وتعد الكتابة ذات طبيعة أكثر تعقيداً من حيث التركيب والبناء من الكلام أي اللغة المسموعة، إلا أنها أي الكتابة أكثر وضوحاً منه. ونقصد بالكلام هنا التعبير الشفوي عن الأفكار أو القدرة على النطق والتحدث. وإذا سلمنا بأن مهارة التحدث منفصلة عن مهارة الكتابة، فإنه من المعقول أن لا يكون الشخص الماهر في الكتابة، ماهراً بالضرورة في الكلام أو التحدث، والعكس صحيح .

ومن المساهمات الأساسية للكتابة في تنمية التفكير قدرتها على تخليص الشخص من ضرورة حفظ كل شيء في رأسه. الأمر الذي يخفف الضغط على الذاكرة ويريح الفكر ويحرره ليتفرغ لأمور أخرى. هذا بالإضافة إلى أن الكاتب يستطيع أن ينتهج نهجاً فكرياً و يلتزم به، بينما لا يستطيع المتحدث الالتزام أو الثبات على نهج فكري واحد في حديثه، وقديماً قال العرب: الحديث ذو شجون.

ويمكن تلخيص ميزات الكتابة في تنمية التفكير على الكلام المسموع أو التحدث فيما يلي :

- تسمح الكتابة بمراجعة الأفكار وتنقيحها .

- يستطيع الكاتب أن يوسع الموضوع ويمده في اتجاهات مختارة .

- يستطيع الكاتب أن يولد الأفكار أو يستكملها أو يدخل فيها عناصر جديدة أو يحذف منها . بينما لا يسمح الموقف للمتحدث بإجراء مثل تلك التعديلات غالباً.

- يتحكم الكاتب في المسارات الفكرية للموضوع .

- تنمي الكتابة القدرة على التفكير المجرد .

- تعطي الكتابة الفرصة للطفل للتفكير ليس فيما يقوله فحسب بل وكيف يقوله .

- تساعد الكتابة في اكتشاف عالم الطفل من خلال طرحهم للأفكار والعلاقات ورؤيتهم للأسباب والنتائج، الأمر الذي يسهل الدخول إلى عالم الطفل وإجراء التعديلات الفكرية اللازمة. الكتابة عبارة عن تجسيد لعملية التفكير. يتم في هذه العملية التفاعل بين الكاتب من جهة وبين الرسالة التي يريد أن يوصلها للجمهور وبين الوسيلة التي ستحمل هذه الرسالة سواء كانت مقالة أو قصيدة أو تمثيلية، وبين النحو والصرف وقواعد الهجاء والبلاغة والتركيب اللغوي، وبين الخيال والإدراك والتخطيط والإخراج.

فالكتابة عملية تفكير معقدة. وإن من أكبر الصعوبات التي تواجه تعليم الكتابة هي: الضعف في مهارات التحويل والتكييف والتعديل. أي مهارات بث الأفكار في عملية الكتابة أو تركيب الأفكار وتسلسلها وتكيفها لتلائم المواقف الجديدة أو تحويلها إلى مواقف وسلوك. وتقسم الأنشطة التي تساعد الأطفال في تنمية مهاراتهم الفكرية وتحسين قدرتهم على الكتابة إلى ثلاثة أقسام:

نشاطات قبلية :

مثل التفكير في موضوع الكتابة ومناقشته مع الآخرين وجمع الملاحظات وتدوينها والمشاركة في جلسات العصف الفكري، وعمل التصنيفات ووضع خطة للكتابة.

نشاطات في أثناء الكتابة :

مثل الرسم، وتوسيع الأفكار، ومراجعتها، وتحويلها إلى مجالات أخرى .

نشاطات بعدية :

مثل طلب إبداء الرأي من الآخرين وبخاصة الخبراء والمختصين والمشاورات، والتحرير والطباعة. إن الرغبة في الكتابة هي الشرط الضروري للكاتب الناجح ولكن هذا الشرط غير كافٍ . هناك عوامل أخرى مؤثرة في النجاح مثل طبيعة الرسالة التي يود الكاتب أن يوصلها للجمهور، ونوعية الجمهور المستهدف، ونوعية الكتابة، وغرضها. لذا لا بد للكاتب من الإجابة على عدد من الأسئلة وتحديد موقفه منها. ومن هذه الأسئلة :

- من هي الفئة المستهدفة بالرسالة ؟ هل هم الأطفال أم المعلمون . . .

- لماذا نكتب ؟ ماالغرض من الكتابة ؟ هل هو التسلية أم الوصف، أم الإقناع أم..؟

- ما الشكل الذي تخرج عليه الرسالة؟ هل نخرجها على شكل تمثيلية، أم قصة، أم قصيدة، أم ...
- ما الأفكار الرئيسة التي تريد تضميها في الرسالة ؟
- كيف ستكتبها ؟
- ماذا سنعمل بما كتبناه ؟ ما الإجراء الذي سيتخذ بالنسبة للناتج النهائي ؟

الرياضيات

تتميز الرياضيات عن كثير من المواد الدراسية بأنها ليست مجموعة من المهارات المنعزلة أو قطعاً من المعرفة المنفصلة بعضها عن بعض. وإنما هي شبكة من البناء الفكري تبنى فيها الأفكار بعضها على بعض، وترتبط معاً بعلاقات وقوانين. وإن أهم عنصر في التفكير الرياضي هو القدرة على رؤية العلاقات التي تربط بين الأفكار أو المفهومات والقدرة على تمييز الأنماط واكتشافها. وإن أهم واجب لمعلم الرياضيات هو تبصير الطلاب بالبنية المنطقية للرياضيات، وليس تحفيظهم القوانين والعلاقات الرياضية في معزل بعضها عن بعض. نريد أن يدرك الأطفال المنطق الذي تشير إليه القوانين والعلاقات الرياضية .

ولكي يفهم الطلاب العلاقات والقوانين الرياضية فهماً عميقاً، ولكي نشجعهم على اتباع التفكير الرياضي ينبغي أن نستثمر جميع أنواع الذكاء في تعليم الرياضيات. لقد طغى الأسلوب الرمزي في تعليم الرياضيات بحيث أصبح الطالب لا يرى ارتباطاً بين ما يتعلمه في الرياضيات وبين الواقع المعاش. حتى ظن بعضهم أن الرياضيات شيء مليء بالرموز والقوانين والقواعد والمعادلات ينبغي أن يتعلمه المرء لكي يدخل إلى الجامعة أو لكي يحصل على شهادة ما. إن نظرتنا للموضوع لها أثر كبير على طريقة التعليم وغايته. وهناك مداخل مختلفة لتعليم الرياضيات. وإحدى هذه المداخل أن ينظر إلى الرياضيات باعتبارها طريقة لحل المشكلات عقلياً وعلى الورق وفي الحياة الواقعية.

ويمكن تمثيل هذه المشكلات بطرق مختلفة منها :

أ - التمثيل الشفوي :

ويتضمن ذلك الكلام المخفي أي التفكير كما يتضمن الكلام المسموع واستخدام الذكاء اللغوي في وصف المشكلة وحلها. ويشمل أيضاً التعبير عن خطط الحل وإجراءاته و عملياته بالكلمات.

ب - التعلم التفاعلي :

وهو التعلم الذي يتم بمشاركة الآخرين والعمل معهم لتحقيق هدف مشترك. ويتضمن ملاحظة الآخرين ومحاورتهم و تبادل الآراء والخبرات والأفكار معهم. وطرح الأسئلة والاستفسارات .

جـ- استخدام المحسوسات :

ويتضمن استخدام الأجسام المادية في إنجاز الواجبات الرياضية. كما يتضمن استخدام التطبيقات العملية والأدوات الرياضية في البحث عن نموذج للمشكلة والعمليات.

د- التمثيل البصري :

ويتضمن وضع العمليات الرياضية في شكل بصري، أي جعلها مرئية للطلاب مثل: استخدام الرسومات والصور والأشكال لجعل المشكلة مرئية بالنسبة للأطفال، الأمر الذي يسهل على الأطفال اكتشاف الأنماط والأشكال. والتفكير باستخدام المصطلحات المكانية أو الفضائية والرسومات، والتصاميم الهندسية .

هـ- التمثيل الرمزي :

ويتضمن هذا المنحى استخدام الرموز والتعابير المجردة لتسجيل المشكلات الرياضية، وتفسيرها والعمل على حلها. كما يتضمن ترجمة المسائل والمشكلات إلى رموز رياضية.

ويرى كثير من التربويين أن تعليم الرياضيات ينبغي أن يركز على الطريقة التي يصل الطلاب من خلالها إلى حل المشكلات الرياضية. وإن البحث عن هذه

الطرق وتنميتها هو في الواقع تنمية للتفكير الإبداعي. ومن الأسئلة التي يمكن أن يطرحها المعلم على الطلاب من أجل تنمية تفكيرهم ما يلي :

■ لماذا فكرت بهذه الطريقة ؟

■ هل يمكن أن تفسر لي ما تقصده ؟

■ كيف يمكن أن تشرح هذا لشخص آخر ؟

■ أعطني مثالاً آخر .

■ هل يمكن شرح ذلك بطريقة أخرى ؟

■ ألا توجد طريقة أخرى للحل ؟

■ ما هو التطبيق العملي لهذه الفكرة ؟

مجالات تعليم الرياضيات

تتكون الرياضيات من المجالات الرئيسة التالية: الحساب، والجبر، والهندسة و الإحصاء وحل المشكلات .

الحساب :

ينبغي أن يهتم المعلم عند تعليم الحساب بمفهوم الأطفال للأرقام وأن لا يقتصر اهتمامه على العمليات الحسابية فقط (الجمع والطرح والضرب والقسمة). فإن للأطفال طرقهم الخاصة في إجراء المحاسبات ومن الضروري فهم الآلية الفكرية التي يعمل بها الطالب وتصويبها إن كانت خاطئة وتشجيعه إن كانت صحيحة.

ومن الأشياء التي تنمي تفكير الطلاب وتشكل حافزاً لهم على استخدام التفكير الرياضي تحدي أبنيتهم العقلية من خلال تكليفهم بصياغة مسائل رياضية في موضوع الدرس. ولتشجيع التفكير المنطقي يمكن التركيز على استخدام عبارة " إذا. . . فإن " للربط بين التفكير المنطقي والحياة الواقعية. وقد سبق أن ناقشنا هذه العبارة عند الحديث عن التفكير الناقد. ومن الضروري التنويه للطلبة بأن الجزء الثاني من هذه العبارة يجب أن يكون له ارتباط منطقي بالجزء الأول .كأن تقول: إذا أمطرت غداً فإننا لا نستطيع الخروج في رحلة. ولا

نقول: إذا أمطرت غداً فإن عيد ميلاد عبد الصمد، لأن العبارة الثانية غير مرتبطة بالعبارة الأولى. ومن تطبيقاتها المباشرة في الرياضيات إذا كانت $2 \times$ س $= 16$ فإن $5 \times$ س $= 000$؟

الجبر:

إن التفكير الرياضي عبارة عن عملية بحث عن الأنماط شأنه في ذلك شأن كثير من أنماط التفكير . تبدأ عملية البحث عن الأنماط بإدراك المكونات منعزلة بعضها عن بعض. ثم العمل على هذه المكونات وتحريكها والتعامل معها بطرق مختلفة لاكتشاف فيما إذا كان بالإمكان تكوين نمط معين بها. ولذا ينبغي تدريب الطلاب وتعريضهم للخبرات التي تتطلب منهم تكوين الأنماط واكتشافها منذ الصفوف الأولى للمرحلة الابتدائية. وينبغي توظيف جميع أنواع الذكاء في تلك الخبرات.

الهندسة:

إن التعامل مع الهندسة يعني التعامل مع الأشكال أو بعبارة أخرى إنه عبارة عن التعامل مع أنماط من الخطوط في المستوى الأفقي أو في الفضاء. وهنا أيضاً ينبغي الاهتمام بما يدور في ذهن الطفل أكثر من الاهتمام بما يرسم ويخطط على الورق إذا أردنا أن ننمي تفكيره و يجب تعريف الطلاب بالمصطلحات الهندسية والمفردات التي تستخدم في الحوار الهندسي. إن البحث في الأشكال الهندسية يمنح الطفل فرصة في تجريب ما ستكون عليه الأشكال عندما تحلل أو تفحص بدقة. وهناك سؤالان أساسيان ينبغي أن يسعى المعلم لمعرفة إجابتهما: الأول: ما هي الأفكار أو المعرفة التي يستعملها الطالب في الخبرة الصفية ؟ الثاني: ما هي الأفكار أو المعرفة التي يأخذها الطالب من مروره في الخبرة الصفية ؟

الإحصاء:

إن التعامل مع البيانات والمعلومات الإحصائية والاحتمالات أصبح من ضروريات الحياة المعاصرة. وإن تنمية قدرة الأطفال على التعامل مع البيانات من خلال الخبرة

العلمية والممارسة الفعلية لجمع البيانات وتحليلها أصبح من الأمور المطلوبة في تدريس الرياضيات. ومن الأسئلة التي يجدر أخذها بعين الاعتبار في هذا المجال:

- هل المعلومات والبيانات كافية ؟
- هل المعلومات متناسقة وتكون معنى ؟
- ماذا يمكن أن تستخلص منها ؟
- هل عرضت البيانات بطريقة مناسبة ؟

حل المشكلات:

إن تدريس الرياضيات مليء بحل المسائل أو حل المشكلات . ومما ينبغي التنويه له في هذا المجال أن تكون المسائل أو المشكلات ذات علاقة باهتمامات الطلاب وبالحياة العملية. فبدلاً من إعطائهم مسائل مجردة بعيدة عن واقع حياتهم واهتماماتهم وظفها في حل قضايا ملموسة لهم. وتمتاز مشكلات الرياضيات أن لها نقطة بداية ولها غاية واضحة ينبغي الوصول إليها. وتتضمن استراتيجيات تشجيع التفكير التطبيقي في الرياضيات استخدام المشكلات الواقعية والألغاز التي تتحدى تفكير الأطفال، وتقديم العمليات الرياضية في ثوب من الواقعية. كما أن مناقشة العمليات الرياضية، وتشجيع الأطفال على كتابة أفكارهم أو تحويلها إلى أشكال أو رسومات أو كلمات أو رموز مكتوبة مما ينمي التفكير ويعطي منطلقات للحوار معهم بغرض تطوير التفكير .

مادة العلوم

ينظر إلى عملية إدماج أسلوب حل المشكلات في المنهج الرسمي للعلوم من بعدين: الأول يتناول مدى استخدام حل المشكلات في المنهج؛ والثاني يتناول مدى التنوع في المشكلات.

فإذا أخذنا البعد الأول نلاحظ أن هناك اتجاهين متطرفين في الموضوع: ففي أقصى اليسار نجد من ينادي ببناء المنهج حول المشكلات أي ينادي بأن تكون المشكلة المحور الذي يبنى عليه المنهاج. وفي أقصى اليمين نجد من يقول بأن المنهج

هو الأساس وإن حل المشكلات ليس أكثر من أسلوب من أساليب التدريس قد يستعمل إذا دعت الحاجة إلى ذلك. أي أن المشكلات هنا تكون مرتبطة ببعض موضوعات المنهج فقط ويلخص الشكل (15-2) البعد الأول المذكور.

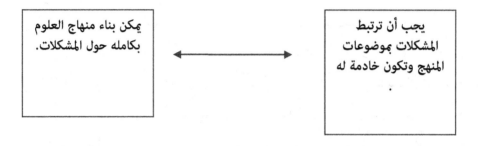

يجب أن ترتبط المشكلات بموضوعات المنهج وتكون خادمة له .

↔

يمكن بناء منهاج العلوم بكامله حول المشكلات.

شكل (15-2) مدى استخدام حل المشكلات في المنهج

يعتبر الفريق اليساري المنهاج وسيلة لتنمية مهارات حل المشكلات. ويتم -في رأيه- تعلم المعلومات والمهارات والاتجاهات من خلال ممارسة الطلاب لحل المشكلات. ويشكل هذا التصور أمنية لدى المدافعين عن أسلوب حل المشكلات. إذ أن المدارس التي تطبق هذا المنحى نادرة جداً إن لم تكن معدومة .

أما الفريق اليميني فهو أكثر واقعية حيث ينادي باستخدام أسلوب حل المشكلات في بعض موضوعات المنهاج التي يلائمها الأسلوب. وهناك عدد كبير من المدارس يستخدم أسلوب حل المشكلات في بعض جوانب المنهج .

أما البعد الثاني لعملية إدماج أسلوب حل المشكلات في المنهج فهو يتناول مدى التنوع في المشكلات التي يطلب حلها.

ونجد هنا فريقين متطرفين أيضاً. الأول يرى استخدام أنواع متعددة من المشكلات لتغطية جميع جوانب المنهج. والثاني يرى أنه ينبغي الاقتصار على المشكلات ذات العلاقة بالموضوعات التطبيقية. أي تلك التي تقع في الحد الفاصل بين العلوم والتكنولوجيا. أو ذات الطبيعة التكنولوجية. ويلخص الشكل (15-3) البعد الثاني للموضوع :

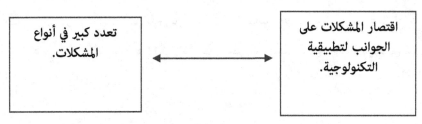

شكل (15-3) مدى التنوع في المشكلات عبر المنهج

وإذا ما جمعنا هذين البعدين معاً على محورين متعامدين كما في الشكل (15-4) نجد أن الربع

(أ) يمثل المدارس التي لا تستخدم أسلوب حل المشكلات إلا في المجالات التطبيقية والتكنولوجية المرتبطة بالمنهج. ويمثل هذا النوع من المدارس غالباً الحالة الراهنة لتدريس العلوم وبخاصة في المرحلة الثانوية. أما الربعين (ب)،(ج) فيمثلان المدارس التي تستخدم أسلوب حل المشكلات عبر المنهج. كما تنوع كثيراً في المشكلات التي تطرحها للاستعمال. ولكنها في الوقت نفسه تراعي عوامل ربطها بالمنهج وربطها بالنواحي التطبيقية والتكنولوجية.

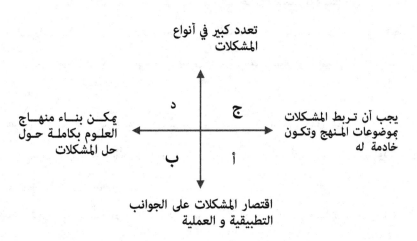

شكل (15-4) بعدي استخدام حل المشكلات في المنهج

وهذا النوع من المدارس يمثل خط الوسط بين المربعين (أ)،(د). أما المربع (د) فيمثل وصفاً مثالياً حيث ينادي ببناء جميع موضوعات المنهج حول المشكلات على

افتراض أن هناك مجموعة كبيرة من المشكلات المتنوعة. وهذا النوع من المدارس يندر وجوده على أرض الواقع.

يقول برونر في معرض دفاعه عن أسلوب التعليم الاستكشافي: إن عملية التعليم الاستكشافي لا يقصد منها قيادة التلاميذ لاكتشاف الأشياء الخارجية وإنما يقصد منها أن يكتشف الأطفال ما هو موجود في رؤوسهم. ولمزيد من إلقاء الضوء على هذه المقولة أجرى الخبراء تجربة بسيطة: حيث نفخوا بالونين بالهواء بحجم متساوٍ تقريباً وعلق كل منهما في كفة ميزان حساس. ثم طلب من الأطفال أن يتوقعوا الاتجاه الذي يتحرك به البالون الآخر إذا ما قمنا بتنفيس البالون الأول، وقد أجريت هذا التجربة أمام عدد من الأطفال من أعمار مختلفة. فما عسى أن تكون توقعاتهم ؟

عندما عرضت هذه المسألة على مجموعات من الأطفال من أعمار: 5 سنوات، و8 سنوات، و12 سنة و16 سنة في مدارس مختلفة؛ وجد الباحثون نتائج مذهلة. وكانت النتائج كما يلي :

أجابت مجموعة الأطفال من ذوي الخمس سنوات جميعها إجابة صحيحة، أما مجموعة الثماني سنوات فقد أجاب 75% منهم إجابة صحيحة 25% منهم أجاب إجابة خاطئة. وأما مجموعة اثنتي عشرة سنة فلم يجب أحد منهم إجابة صحيحة. وأما مجموعة الست عشرة سنة فقد كانت نسبة الإجابة الصحيحة 25% فقط وأجاب 75% منهم إجابة خاطئة .

وقد أجرى الباحثون عدداً من التجارب العلمية البسيطة المشابهة وحصلوا على نتائج مشابهة أيضاً.

إذا أخذنا الأمر على ظاهره فإن نتائج هذه التجارب تشير إلى أن قمة التفكير العلمي تحدث عند سن الخامسة من العمر ثم يتناقص مستوى التفكير العلمي حتى يصل إلى الصفر عند السنة الثانية عشرة من العمر، ثم يرتفع شيئاً بسيطاً في سن السادسة عشرة من العمر. ولكن مزيداً من التأمل والتفكير يدلنا على أن

هناك خطأً ما في هذه القضية .فكيف يمكن أن نفسر هذا النمط الغريب من النتائج التجريبية؟

لنتعرف أولاً على الإجابة الصحيحة للمسألة: الجواب الصحيح أو التوقع الصحيح هو أن البالون الآخر سوف يتحرك إلى الأسفل. وذلك لأن للهواء وزناً وأن الهواء داخل البالون مضغوط أي أن كمية الهواء داخل البالون أكبر من كمية الهواء المساوية لها في الحجم من الهواء الموجود خارج البالون. وبعبارة أخرى إن وزن الهواء في البالون أكبر من وزن الهواء الخارجي المساوي له في الحجم لأن الهواء داخل البالون مضغوط. صحيح أن أطفال الخمس سنوات أجابوا بأن البالون يتحرك إلى الأسفل وهي إجابة صحيحة ولكن عندما سئلوا: لماذا يتحرك البالون للأسفل ؟ قدموا تفسيرات غير علمية وخاطئة. ولكن الأطفال الأكبر سناً قدموا تفسيرات عدة وأفكاراً حدسية أو إيحائية متنوعة للقضية معظمها غير صحيح. ولكن تنوع الأفكار يعطي دلالة على أنهم أعملوا فكرهم وقدموا أفكاراً جديدة. تفيد هذه التجربة أن الأفكار الإيحائية أو الحدسية للأطفال بحاجة إلى مباحثة واختبار واستفسار، وأنها إذا بقيت دون بحث وتمحيص فإنها تصبح عائقاً يحول دون نمط استيعابهم للعلوم ولمجالات الخبرة الأخرى.

يقول خبراء تدريس العلوم: إن العلم عبارة عن مادة وطريقة وبعبارة أدق: العلم التجريبي[1] (Science) عبارة عن طريقة بحث واستفسار ومجموعة من الأفكار والاتجاهات والمهارات والمعارف في آن واحد. وما دام الأمر كذلك فإن طريقة البحث والاستفسار والمحاورة جزء لا يتجزأ من العلوم. وإن الطريقة التي تدرس بها العلوم لا تقل أهمية عن المادة العلمية نفسها. وإن من واجب معلم العلوم أن يغذي حب الاستطلاع الطبيعي عند الأطفال بمحفزات استكشاف الأشياء وتجريبها،

(1) مفهوم العلم في التراث العربي الإسلامي كان يصرف لعلوم الدين. أما المفهوم المعاصر فإنه يصرف غالباً للعلوم التجريبية التي يقصد بها الكيمياء والفيزياء والأحياء وغير ذلك وتعبر عنها كلمة (Science) في اللغات الأوروبية .

والتفكير فيها بعمق، لمعرفة كيف تحدث الظواهر. نريد أن ننمي في الطفل نزوعه للاستكشاف والبحث، وننمي فيه أيضاً الرغبة العارمة للمعرفة ينبغي أن يبدي المعلم رغبته في التعلم مع الأطفال جنباً إلى جنب ويظهر حماسته ورغبته في الاطلاع لأن ذلك يذكي جذوة الرغبة في التعلم عند الأطفال ويولد عندهم الحماسة لطلب العلم. فالرغبة في التعلم والشوق إلى معرفة حقيقة الأشياء من صفات كبار العلماء والباحثين.

يبدأ الأطفال بتطوير أفكارهم عن الكون منذ الصغر، ويكونونها بناءً على ملاحظات لها علاقة بالأسباب الظاهرة أحياناً وبناءً على الإشاعات أو المصادفات أو ما يسمعون من هنا وهناك أحياناً أخرى. ولكن معظم أفكارهم غير مجربة، ولم تتم مناقشتها بعمق ومعظمها غير صحيح.

يرى كثير من الباحثين في تفكير الأطفال أن لديهم أفكاراً حدسية إيحائية عن الكون والحياة قبل أن يدرسوا العلوم. ومن الضروري و الحالة هذه إخضاع أفكارهم للبحث والتجريب والمساءلة وإلا أصبحت عائقاً يمنعهم من الفهم العلمي الحقيقي. وليس بالضرورة أن يخبر الأطفال بأن أفكارهم خطأ أو غير صحيحة، ولكن من الضروري أن يفكروا فيها وفي الاحتمالات الأخرى والبدائل الأخرى المتوفرة. وأن يطلب منهم تجريبها في مقابل النظريات والأفكار العلمية وأن يشرعوا في عملية الاستقصاء العلمي لأفكارهم إذا أرادوا أن يفكروا تفكيراً علمياً.

لعل أهم خطوة في التفكير العلمي هو التحرك من رؤية " ماذا يحدث ؟ " إلى رؤية " لماذا يحدث " أو التحرك من التعرف على الأشياء والظواهر إلى التعرف على الأسباب والمسببات. وإن الصفة العامة للأطفال دون سن السابعة من العمر عدم اهتمامهم بأسباب حدوث الظواهر والأحداث. وإنما يهتمون بوصفها فقط. فالكون بالنسبة لهم شيء يرى ويوصف ولا داعي للبحث في أسباب حدوث الأشياء أو الوقائع لأن عقولهم قاصرة عن إدراك الأسباب غير المرئية للأحداث. وفي الغالب فإنهم يعزون عمليات التغيير والأحداث التي تقع في الكون إلى عامل السحر والخيال.

يرى بعض التربويين أن عملية التفكير العلمي عبارة عن عملية خطية تبدأ بالمشاهدة ثم التسجيل ثم تكوين الفرضيات ثم التخطيط للتجريب ثم تنفيذ التجريب ثم استخلاص النتائج. ولكن هناك حالات كثيرة تبدأ فيها العملية العلمية من سؤال أو فكرة. فالتفكير العلمي ليس تفكيراً من نوع آخر إنه التفكير المألوف الذي نستخدمه في حياتنا اليومية. فلم تعد صورة العالم الذي يقبع وحيداً في مختبره يجري التجارب وينتظر سقوط الأفكار عليه هي الصورة المرغوبة للمفكر العلمي. ولكن الطريقة العلمية الحديثة هي التي ترسمها برامج البحث العلمي المعاصرة التي تتميز بوجود فريق من العلماء والباحثين الذين يعملون معاً على مجموعة من القضايا المترابطة فيجربون ويعيدون التجريب مراراً وينقحون المعرفة من أجل تحقيق غاية مشتركة.

إن أسلوب التدريس الذي ينمي التفكير العلمي هو الذي يضع الطلاب في مواقف ليمارسوا العمل التعاوني في تجريب أفكارهم واختبارها ويعيدوا الاختبار كلما دعت الحاجة ليتعلموا من خلال مشاركتهم في تنفيذ الأنشطة والتجارب. فالمطلوب من المدرسة أن تبني برامج البحث العلمي الخاصة بها بالتعاون بين الطلاب والبيئة المحيطة من أجل توليد الأفكار والنشاطات والتساؤلات واستمرارية البحث والاستقصاء .

إن عملية البحث العلمي عبارة عن عملية بحث عن الأنماط أي البحث عن القوانين التي يمكن أن تعرف من البحث في الظواهر الطبيعية. إن حياتنا مليئة بالأنماط والعادات والتنظيمات. فهي إما أن تكون أنماطاً طبيعية أو أنماطاً من صنع الإنسان التي تربط الأفكار بعضها مع بعض وتسهل بناء توقعات مستقبلية بناءً على تلك الأنماط .

وإن من الصفات التي منحها الله سبحانه وتعالى لدماغ الإنسان القدرة العجيبة على تمييز الأنماط واكتشافها. ولا يمنع هذا أنه في بعض الحالات قد تخيب توقعاتنا المبنية على الأنماط لسبب أو لآخر. وينبغي أن يكون ذلك حافزاً

للاستمرار في البحث عن أنماط جديدة. والأنماط الطبيعية موجهة من قبل اللـه سبحانه وتعالى لخدمة هدف محدد أو تحقيق غاية محددة. وفي الغالب قد نجهل نحن تلك الغاية التي يخدمها النمط. وقد حبا اللـه الأطفال القدرة على تمييز الأنماط من خلال اللعب وحب الاستطلاع والعقل المتفتح والخيال الواسع والاندماج في النشاطات العملية. ولكن من الضروري أن يكون نشاط الأطفال منظماً وموجهاً لتحقيق أهداف محددة وأن لا يترك للعب العشوائي. ولكي يندمج الأطفال في نشاط منظم لاكتشاف الأنماط نقترح مرورهم في ثلاث مراحل من البحث على النحو التالي :

1. **المرحلة الأولى** : مرحلة توليد الأفكار. وتتكون من الخطوات التالية :

    ▪ التأمل في الظواهر الطبيعية والأشياء المحيطة .

    ▪ إثارة الأسئلة. وهذه خطوة ضرورية لأن عملية البحث العلمي تحتاج إلى بداية. والأطفال بحاجة لمن يساعدهم في الشروع في البحث والتخطيط له. ومن أمثلة الأسئلة التي تحفزهم للبحث وتثير حب الاستطلاع لديهم ما يلي :

        ○ هل تجمد الماء الساخن أسرع من الماء البارد ؟

        ○ ماذا تحتاج البذور لكي تنمو ؟

        ○ ما أفضل تصميم للطائرة الورقية لكي تطير أطول مسافة ممكنة ؟

        ○ لماذا تبقى الغيوم في السماء ؟

    ومن الضروري إفساح المجال أمام الطلاب لإجراء مناقشات غير رسمية للنشاطات وتشجيعهم على التفكير بصوت عال لأن ذلك يساعد في تنقيح أفكارهم وفي إيجاد معنى للتعلم كما يساعدهم في تشكيل أنماط لخبراتهم. فإن ثمار عملية البحث العلمي لا تجنى إلا من خلال المناقشات المفتوحة.

        ○ تكوين الفرضيات وتأتي هذه الخطوة نتيجة لمرورهم في خطوات التأمل و التفكير وإثارة التساؤلات .

2. **المرحلة الثانية** : مرحلة جمع المعلومات والبيانات .وتتكون من الخطوات التالية:

   ○ الملاحظة والمشاهدات .

   ○ تفسير المشاهدات .

   ○ استخلاص النتائج .

3. **المرحلة الثالثة** : مرحلة اختبار الفرضيات والنظريات وتتكون من الخطوات التالية:

   ○ مرحلة البحث والاستقصاء والاستفسار الموجه .

   ○ اختبار الأفكار وتجريبها .

   ○ تصميم التجربة العادلة وتنفيذها .

من الضروري أن يحتفظ كل طالب بدفتر ملاحظات يدون فيه مشاهداته وانطباعاته عن عملية البحث التي يقوم بها. قد يرسم فيه بعض الرسوم أو يدون النتائج والقوانين والأشياء التي لا يريد أن يتحدث بها للآخرين. إن دفتر الملاحظات عبارة عن امتداد لذاكرة الفرد ونشاطه الذهني. وهو بمثابة مستودع للأفكار الهامة فهو يساعد الطالب في تحديد غرضه و يساعده في إثارة الاستفسارات العلمية.

ومن الضروري لفت انتباه الطلاب لملاحظة التفصيلات فالناس يشاهدون الظاهرة الواحدة من زوايا مختلفة. فما يراه شخص قد لا يراه شخص آخر. والمطلوب مساعدة الطلاب ليروا الظاهرة من زوايا مختلفة و ليروا بأعين الآخرين وليس بأعينهم فقط كما قال الشاعر العربي :

رأت قمر السماء فذكرتني	ليالي وصلها بالرقمتين
كلانا ناظر قمراً ولكن	رأيت بعينها و رأت بعيني

ومن التمارين التي تساعد في تنمية هذا الاتجاه؛ إجراء المقارنات بين الأشياء المتشابهة وتحديد أوجه التشابه وأوجه الاختلاف. ويحتاج الطلاب لملاحظة أثر مرور

الزمـن على الأشياء . كيف ينمو النبات ؟ ما التغيرات التي تحصل من يوم إلى آخر ؟ مـا المـدة اللازمـة لذوبان قطعة الجليد ؟ أو لتبخر كمية من الماء ؟ كـمـا أنهـم بحاجـة لاكتشاف العلاقـات بـين الأشـياء والظواهر. ما الأنماط التي تلاحظها في ظاهرة ما؟ ما علاقة البخار المتصاعد من قدر الطعام مع البخار المتكاثف على زجاج النافذة ؟ ما العلاقة بين القلم الذي يبدو منكسراً عندما يوضع في كأس مـاء وبـين العدسة المكبرة ؟.

يجب عدم الاكتفاء بمشاهدة الطلاب لأمر مـا بـل ينبغـي مسـاعدتهم عـلى التفكـير فيما يرونـه ويعملونه. ويجب إعطاؤهم الوقت الكافي كـذلك ومساعدتهم عـلى رؤيـة التفصيلات، وتبـين أوجـه الشبه والاختلاف وملاحظة التغيرات التي تحدث مع مرور الزمن.

<u>**الجغرافيا**</u>

إن الأسئلة التي يثيرها الأطفال في موضوع الجغرافيا هي أسـئلة تتعلـق بالمكان في الغالب. وإن تحديد الأمـاكن على الخارطة من القضايا الهامة بالنسبة لتعليم الأطفال. إن بناء الخارطـة تحتـاج إلى معرفة عدد من الرموز فالخرائط عبارة عن تمثيل رمزي للأمكنة. فالأطفال بحاجة إلى تحديد أمـاكنهم وأماكن الآخرين على الخارطة. وبعد التعرف على عدد من الخرائط المتنوعة وإتقانهم لقراءة الخارطة وفك رموزها. ينتقل المعلم إلى تنمية مهارة بناء الخارطة على مستويات بسيطة أولاً. ويمكن تكليفهم أولاً برسم خارطة لغرفة نومهم أو لغرفة الصف . وبعـد ذلك يمكن تكليفهم برسم خارطة لموقع منـزلهم أو موقع مدرستهم ثم لجيرانهم. وهكذا يتدرج معهم ليصلوا إلى بناء الخارطة المألوفة للقطر الذي يعيشون فيه .

ومن الأمور التي تنمي الحس الجغرافي عند الأطفال مناقشة قضايا البيئة معهم. كيف نستخدم المساحات العامة والحدائق العامة ؟.

هـل هنـاك قضـايا تـؤدي إلى التلـوث ؟ وكيـف تقلل مـن ذلـك ؟ مـا الاختراعـات المناسبة ؟ وكـذلك يمكـن مناقشـة قضـايا النقـل العـام والمواصـلات واقـتراح الحلـول

المناسبة لمشكلات المرور. ومن الأساليب في هذا الصدد تكليف الطالب بعمل رحلة فكرية في البيئة المحيطة مع التركيز على قضية جوهرية أو قضايا معينة مثل: الأشكال المثيرة في البيئة، أو الروائح، أو المداخن، أو الأثاث، أو اللافتات، أو البيوت أو المحلات التجارية. ويمكن طرح أسئلة على كل منها من جوانب مختلفة ووضع إجابات لهذه الأسئلة أو المقترحات. مثلاً كيف تصل من منطقة إلى أخرى في البيئة المحيطة ؟ ما أسهل الطرق ؟ ولماذا ؟ ما أكثر الممرات أمناً ؟ ما أجمل الطرق؟ ما الأشياء التي تشاهدها ؟ ما الأشياء التي تعجبك ؟ ولماذا ؟ ما الأشياء التي لا تعجبك ؟ ولماذا ؟ ارسم خارطة للبيئة المحيطة وعين عليها الأماكن التي تتحدث عنها ؟.

التاريخ

لا يمكن فهم الحاضر دون فهم الماضي. إن معرفة الماضي وأعمال التفكير التأملي فيه يضيء لنا الحاضر ويساعدنا في التخطيط للمستقبل. فكيف تساعد الطلاب في تكوين فهم عميق للتاريخ ؟ .

تشير نتائج الأبحاث التربوية أن فهم الزمن يبنى بشكل تدريجي عند الأطفال. ويتدرج لديهم بناء العلاقات الزمانية بين الأحداث. وهم يدركون الحدث بشكل متكامل ويلاحظون نمط العلاقات الذي يساعد في بناء الفهم للحدث. ويشبه نمط الفهم التاريخي نمط فهم القصة. فكيف يدرك الأطفال القصة ؟ إن تكرار الأحداث وإعادة التفصيلات وتتابعات الأحداث في القصة تساعد الأطفال في إدراكها.

وإن دور المعلم هو في تجميع الحقائق في القصة وربط الأحداث بعضها مع بعض. ومساعدة الأطفال في تكوين علاقات بين الأحداث. وفيما يلي بعض التوجيهات التي تساعد الأطفال في التفكير في البناء التاريخي وفي التفصيلات كذلك. كما تساعدهم في التحرك من الأحداث إلى مسبباتها .

○ شجع الأطفال لبناء تسلسل زمني للأحداث التي مرت في حياتهم وذلك بتـدوينها في دفـتر خاص. وتحديد الأهداف الهامة. وتحديد الآثار التي ترتبت عليها. وكيف يربطون بـين مـا هو قبل وما هو بعد ؟

○ تكليف الطلاب بتسجيل الأحداث التي تقع في الصف أو المدرسة أو المنـزل لفترة زمنيـة معينة.ثم قارن بين ما سجله الطلاب. واسألهم: ماذا يمكن أن نستنتج من ذلك ؟.

○ ابحث في الأسماء التاريخية لبعض المدن أو الأماكن. لماذا سميت بهذا الاسم ؟.

○ ادرس بعض الصور التاريخية. ماذا تفهم منها ؟ مـا التلميحـات والإيحـاءات حـول طريقـة حياة الناس في تلك الفترة التاريخية ؟ اطلب من الطـلاب أن يتحدثوا عـن قضية تاريخيـة ذات علاقة بالموضوع .

○ كلف الطلاب ليقوموا بمقابلات مع أجدادهم أو جداتهم أو كبار السن .يسألونهم كيف كان حال المدارس في وقتهم. وكيف كانوا يـذهبون إلى المدرسة ؟ وكيـف كـانوا يقضون أوقات العطل الرسمية ؟ ويسألونهم عن مذكراتهم. ولا بد قبل إجراء هـذه المقابلات مـن تحضير قائمة أسئلة شاملة لطرحها أثناء المقابلة .ثم تسجيل الإجابات وتقديم تقريـر يعـرض أمـام زملائهم في الصف.

○ قارن بين متطلبات الحياة المعاصرة ومتطلبات الحياة في الماضي ؟

○ نظم زيارات للأماكن الأثريـة والتاريخيـة. اطرح أسـئلة قبـل الزيارة للمكـان واطلـب مـن الطلبة البحث عن إجابتها في المكتبة أو في أي مصدر آخر للمعرفة مثل: ما الفترة التاريخية للآثار أو للشخص الذي بنى ذلك الأثر أو عاش فيه أومات فيه ؟ من الذين كـانوا يعيشـون أو يحكمـون في تلـك الفترة ؟ كيـف يمكـن أن نتوصـل إلى معلومـات مـن استقصـاء الأثـر التاريخي؟.

- استخدم التمثيليات والمسرحيات لإحياء المناسبة التاريخية وتصوير الحياة الاجتماعية أو العلمية أو الاقتصادية أو السياسية فيها .
- اسأل دائماً لماذا حدثت الأمور بالشكل الذي وقعت عليه ؟ ما الأسباب ؟.
- وظف الحاسوب والتلفاز في دراسة الأحداث التاريخية. واستفد من المسلسلات التاريخية وناقشها مع الطلاب. ما مدى صدقها ؟ وما مدى نجاح المخرج أو فشله في تطوير الحدث ؟ ما مدى نجاح الممثل أو فشله في تمثيل الدور ؟.

التربية البدنية (الرياضة)

قديماً قالوا: العقل السليم في الجسم السليم. وهناك ارتباط بين الصحة العقلية والصحة البدنية ، فالتمارين الرياضية للجسم ضرورية لتوفير الصحة العقلية . إن المهارات الحركية والفضائية لا تنمو إلا من خلال الحركة والتربية البدنية ، فمن خلال الألعاب الحركية تنمو مهارات التعاون مع الآخرين كما تنمو مهارات التنافس مع الآخرين أيضاً كذلك .إن التحدي الذي يواجهه اللاعب في الألعاب الرياضية يزيد من قدرته على الانتباه والتركيز ويوفر له فرص التفكير الإبداعي كما ينمي عنده مهارات حل المشكلة من خلال سعيه لحل المشكلة التي يقع فيها أو من خلال سعيه للرد على التحدي الذي يعرض له .

ولكن يجب التمييز بين النشاطات الروتينية التي لا تحتاج إلى التفكير مثل غسل ممرات المدرسة وتنظيف الملاعب أو الركض في مسار محدد، وبين النشاطات الرياضية التي تنمي التفكير . فالتربية الرياضية يجب أن تنمي العقل والجسم معاً. وينبغي أن توفر التمارين الرياضية تحدياً للعقل والجسم أو قل للمهارات العقلية والمهارات الحركية معاً، مثل ألعاب الجمباز والفرق الرياضية مثل فريق كرة القدم أو فريق كرة اليد أو الكرة الطائرة أو السباحة والتمارين المتعلقة بها. ومن الإستراتيجيات التدريسية التي تنمي التفكير في التربية الرياضية إستراتيجية التهيئة الذهنية قبل النشاط الجسمي. أي التفكير أولاً فيما نريد أن

نعمله؛ ما الهدف من التمرين وما الغاية منه ؟ ما الفائدة التي نجنيها من عمل التمرين ؟ ما الحركة التي سنقوم بها ؟ كيف نتقن هذه الحركة ؟ إن التفكير أولاً وقبل البدء في التمرين يضفي على الحركة الجسمية فهماً عقلياً لها، فيتم التناغم بين النشاط العقلي وبين النشاط الجسمي وينصح المعلم بتتبع الخطوات التالية في التمارين الرياضية :

- أخبر الطالب بالذي سيعمله، حضره ذهنياً لذلك العمل وضح له الهدف من العمل.

- أجر التمرين أمام الطلاب لكي يستطيعوا أن يتبينوا النتيجة ويروها أمام أعينهم.

- اجعل الطلاب يركزون تفكيرهم على الحركة التي سيقدمونها قبل أدائها ومـن الأسـئلة التـي تساعد في التركيز الذهني مايلي :

ما الذي تنوي عمله ؟ ما الغاية منه ؟ ما الهدف الذي تسعى إليه ؟

تجنب كثرة التعليمات وركز على النتائج وإن قيمة " التفكير أولا " هي في أن الطالب سيركز على العمل أو الحركة التي سيقوم بها. إن التفكير في أثناء العمل يفسده كما أن العمل في أثناء التفكير يمنع من التفكير الواضح. لذا يفضل أن يتم التفكير أولاً ثم يبدأ العمل ثانياً. وبعبارة أدق: فكر أولاً. ثم قس التحدي الذي يواجهك، ثم ركز الانتباه على العمل ثم ابدأ الحركة.

الحاسوب

مـن الضروري التعرف عـلى خصـائص الحاسوب حتـى يمكن الاسـتفادة منـه. فالحاسوب لا يملك قدرة خاصة على التفكير كما لا يمتلك معلومات خاصة به. إن قوة الحاسوب في قدرته عـلى معالجة عدد كبير من المعلومات المعطاة له بدقة عالية . الحاسوب يمكن أن يثير التفكير و يحفزه، ولكنه لا يستطيع أن يقوم بالأعمال الروتينية اليومية فهو لا يفكر بل يثير التفكير. أما العقل البشري فهو على النقيض مـن الحاسوب لا يسـتطيع أن يفكر في نتـف من المعلومـات مجـزأة بـل

يعالج الأفكار العريضة التي تحتوي على معلومات كثيرة ويولدها ويسيطر عليها ويوجهها. إن تفكير الإنسان يتضمن التعرف على الآراء المختلفة والمشاعر والأحاسيس والدوافع والأفكار المختلفة. والخيارات، كما يتضمن الاختيار والتغاضي عن الأمور المشكوك بها والتركيز على بعضها الآخر .

إن الحاسوب يمكنه أن يسهل لنا عمليات التفكير من خلال العمليات المنطقية التي يمكنه أن يقوم بها ولكن لا يمكنه بأي حال من الأحوال أن يفكر بالنيابة عنا. هذه المقدمة ضرورية لفهم دور الحاسوب في العملية. عندما ينجح الأطفال في نشاط تعليمي مع الحاسوب فإن هناك سؤالاً ضرورياً يجب أن نطرحه على أنفسنا وعلى الطالب في آن واحد. وهو: من الذي يقوم بعملية التفكير في هذا النشاط ؟ وهل هناك عملية تفكير تجري في النشاط ؟ إن الجواب عن السؤال الأخير قد يكون " قليل من التفكير" إن معظم الألعاب الحاسوبية لا تنمي المهارات العليا للتفكير. يستثنى من ذلك قلة من البرامج التي تنمي بعض مهارات حل المشكلة. وفيما يلي بعض الجوانب التي يمكن أن يسهم فيها الحاسوب في تنمية التفكير :

1. **معالج الكلمات** Word processor

يمكن أن يوفر معالج الكلمات وسطاً يستطيع الطالب أن يقترح الأفكار والكلمات فيه. وبالتالي ينمي التركيز على معنى الكلمات كما ينمي مهارات التحرير مدعماً بالقصص والصور التي يمكن أن يزودها الحاسوب. كما يمكن استغلاله لتنمية مهارات أخرى .

2. **قاعدة البيانات** Database

توفر قاعدة البيانات الفرصة للطلاب للبحث عن أجوبة لكثير من أسئلتهم في المجالات التي توجد فيها معلومات في الجهاز. كما يمكن أن تسهل لهم الطريق للحصول على المعلومات في موضوعات مختارة. وهناك برامج حاسوبية تستطيع تحليل البيانات وعرضها على شكل رسومات بيانية وأشكال تسهل الفهم والتعامل مع البيانات الأمر الذي يتيح للطالب التعامل مع كمية كبيرة من المعلومات،

وهكذا فإن هذه البرامج تشجع الطلاب على اقتراح الفرضيات وإثارة التساؤلات واختيارها في ضوء ما توفره قاعدة البيانات .

3. توفر لغة اللوغو للأطفال فرصة اكتشاف بعض المفهومات الهندسية

ويمكن أن يبني الأطفال برامجهم الخاصة باستخدام اللوغو مما ينمي مهارات التفكير لديهم. قد يكون من واجبات المعلم أن يساعد الطلبة ليروا محدودية الذكاء الحاسوبي. وأن يبصرهم بما يمكن للحاسوب أن يقوم به وبما لا يستطيع القيام به. ويبصرهم بأن الحاسوب لا يعطي إلا ما يضع الإنسان فيه من برامج وأن الحاسوب أبكم أخرس أصم وأن الإنسان هو الذي ينطقه ويشغله ويغذيه بالبرامج والأفكار .

*** *** ***

الفصل السابع عشر

العوامل التي تعيق التفكير

هناك عدة عوامل تعيق التفكير السليم منها ما هو داخلي يتعلق بالشخص نفسه ومنها ما هو خارجي يتعلق بالبيئة المحيطة بالشخص ومن هذه العوامل:

الخوف من الفشل

هناك عدد كثير من العقبات التي تعيق نمو التفكير عند الأطفال. وإن من أعظم هذه العقبات الخوف من الفشل. بعض الأطفال يأخذون النظرة التفاؤلية. فهو يأمل بالنجاح ويتوقعه دائماً. يكتسب الثقة بالنفس من نجاح سابق. وإذا ما فشل مرة فإنه لا يتردد ولا يتقاعس بل ينهض ويستمر في سيره بخطوات واسعة. ولكن بعض الأطفال يأخذ النظرة التشاؤمية. فلا يستفيد من نجاحه السابق إلا قليلاً. بل يعتبر نحاجة السابق مجرد صدفة. فلا يولد لديه ثقة بالنفس. فهو يرى الفشل بين عينيه أينما ذهب ويعيش في جو من الرعب خوفاً من الفشل المتوقع. يتقاعس الطفل نتيجة لهذا الشعور وتثبط همته ويجبن عن ارتياد المجهول. يخشى من إبداء الرأي في الموضوعات المطروحة خوفاً من الانتقاد الذي يعتبره مظهراً من مظاهر الفشل، وهكذا يتوقف تفكيره عن النمو.

إن المطلوب من المدرسة بهيئتها التدريسية وإدارتها أن تجد الوسائل والأساليب المناسبة لمحاربة هذا الاتجاه التشاؤمي في نفوس الأطفال، ولإزالة العقبات التي تحول دون تنمية الثقة بأنفسهم. ينبغي أن تقدم المدرسة الإرشادات الضرورية لإزالة أسباب التشاؤم لتزرع محلها التفاؤل والأمل بالنجاح. فإن أفضل وسيلة للنجاح هو التفكير بالنجاح دائماً. ويجب مساعدة الأطفال لأخذ العبرة من حياة كثير من العظماء الذين واجهوا الفشل في بداية حياتهم ولكنهم لم يستسلموا له، بل استمروا في السعي وإعادة المحاولات حتى حققوا النجاح ووصلوا إلى قمة المجد في مجالهم. يجب أن يعرف الأطفال أن النجاح والفشل يتعاقبان في هذه الحياة تعاقب

الليل والنهار. ولا يمكن أن يدوم أحدهما. وإن النجاح يتولد من الفشل. بـل إن العظماء يستخدمون الفشل حافزاً للنجاح ودافعاً له.

الضغوط النفسية

إن كثيراً من أنواع الضغوط النفسية والقلق يشكلان عقبات تحد مـن التفكير. فالأطفال الـذين يعيشون جواً من التوتر يميلون للتهرب من أداء واجباتهم ويركزون تفكيرهم علـى الفشل المحتمـل. فهو في قرارة نفسه يظن أنه غير قادر على إنجاز الواجب. كما ينظر إلى نفسه نظرة دونية ويعتقد في داخله أنه إنسان سيئ. فما السبيل لحل عقدة هذا الشخص ؟.

من الأسباب المجربة في حل عقدة مثل هؤلاء الأشخاص؛ إجراء مناقشات مفتوحة مـع الطفل في جو من الثقة والحرية والطمأنينة من قبل أشخاص يثق بهم ويشعر بـاهتمامهم وتفهمهـم لمشكلته وعطفهم عليه ومحبتهم له مثل الوالدين والأصدقاء، إن هذه المناقشات من شأنها أن تزيـل العقبـات من طريق تنمية التفكير.

التعب

ويمكن أن يشكل التعب الجسمي والإجهاد العصبي عائقاً في سبيل تنميـة القـدرات المعرفيـة للأطفال. ومن الضروري أن يأخذ الأطفال قسطاً من الراحة و أن ينامـوا بالقـدر الكـافي لـكي يستعيدوا نشاطهم الذهني. ولذا فإن فترات النشاط القصيرة التي تعقبها فترات مـن الراحـة أفضـل مـن فتـرات النشاط الطويلة التي ترهق الطفل وتجهده جسـمياً أو عصبياً . فإن الطفل الحيـوي الـذي يشـعر بالراحة والانتعاش يفكر أفضل من الطفل المتعب .

مشتتات الانتباه

ويجب أن يحذر المربون من الأشياء التي تشتت الانتباه وتقلل التركيز مثل الأصوات المرتفعـة أو الأعمال التي تلفت انتباه الطفل سواءً كانت خارجية أو داخلية، فإنها تشكل عقبات في طريق التفكير الجيد. وليحذروا من البرامج التلفزيونية والإعلامية بصفة عامة فإنها من المشتتات .

الغموض

من الأمور التي تحد من التفكير عدم الوضوح أو غموض الواجب المكلف به الطفل. إن عدم الوضوح يشكل ضغطاً عصبياً على الطفل ويولد حالة من الارتباك الذهني، وتدور في ذهنه تساؤلات مثل: ما الذي ينبغي عمله ؟ كيف أبدأ ؟ لذا من واجبات المعلم أو الوالد أن يتأكد من وضوح الواجب أو المهمة في ذهن الطفل. وعليه أن يوضح له الهدف ويحدد له المطلوب. وللتأكد من ذلك اطلب من الطفل أن يشرح لك المهمة بلغته الخاصة .

ساعد الطفل في تحليل الواجب إلى مهمات أبسط وأقل تعقيداً. ولكن حذار من إعطائه الحلول أو الأجوبة مباشرة فإن ذلك لا يساعد في تعلمه ولا ينمي تفكيره. لا بد أن يبذل الطفل مجهوداً ويمارس حرية فحص أبنيته العقلية وأفكاره واختبارها ضمن إطار المساعدات والتوجيهات التي تزوده بها.

عوامل ثقافية

بعض العوامل الثقافية تشكل عوائق لتنمية التفكير عند الأطفال ومن ذلك ما نلاحظه من بعض الآباء أو الأمهات أو المعلمين الذين يقومون بحل المسائل أو تقديم إجابات فورية للطفل أو تقديم مساعدة مباشرة له في حل الواجبات البيتية. وهم في الواقع يفكرون نيابة عنه ويقدمون له الحلول لقمة سائغة دون أن يبذل فيها ما تستحقه من جهد فكري. قد يكون الدافع لذلك الشفقة أو الرحمة أو حب المساعدة أو أي سبب آخر، ولكن النتيجة تكون ضارة بالنسبة للطفل على المدى البعيد؛ رغم أنها قد تبدو مفيدة له في المدى القريب. وكذلك بعض معطيات التكنولوجيا قد تشكل عائقاً للتفكير لأنها تقدم حلولاً جاهزة لكثير من المشكلات التي ينبغي أن يفكر فيها الطفل ويتوصل إلى حلول ذاتية لها. ومن هذه الأجهزة الآلات الحاسبة والحاسوب والتلفاز وبعض أشرطة الفيديو. فبدلاً من أن تكون هذه الأجهزة مثيرة للتفكير ومشجعة له تصبح بديلاً للشخص وتقوم بالتفكير نيابة عنه. الأمر الذي لا يساعد في تنمية التفكير. وقد قدر عدد

الساعات التي يمضيها الطفل الأمريكي في غرفة الـدرس مـن الصف الأول حتـى تخرجـه مـن المرحلـة الثانوية بـ 11000 ساعة مقابل 22000 ساعة يقضيها أمام التلفاز.

التلفاز

يحذر الخبراء التربويون من أضرار التلفاز على الأطفال وبخاصة على تفكيرهم ومن هـذه الأضرار ما يلي :

- إبعاد الأطفال عن الكتب و المطالعة وحرمانهم من تطوير مهاراتهم وتوسيع مداركهم .

- حرمانهم من التحدي العقلي الذي ينمـي الـذكاء وذلـك مـن خـلال البـرامج الهابطـة التـي يقدمونها.

- إعاقة الطلاقة اللغويـة الفصحـى مـن خـلال تعريضهم إلى اللـهجات العاميـة والكلمـات والتعابير السوقية .

- عرض الخلافات والشجارات وأفلام العنف وكأنها أمر عادي من ضروريات الحياة اليومية .

- الآثار السيئة للإعلانات التجارية التي تعرض بطريقة بارعـة تـؤثر علـى عواطف الأطفال والكبار وتستثير شهواتهم مما يترك أثراً سيئاً على اتجاهاتهم وقيمهم وطريقة تفكيرهم .

- تشجيع السلبية عند الأطفال وإضعاف القدرة على النقد والتفكير الناقد.وحرمـان الأطفال من فترات التأمل والتفكير وذلك من خلال تحويلهم إلى فئة متلقية .

الاغتصاب الفكري

وذلـك مـن خـلال إجبارهم بطرق شـتى (عقليـة أو عاطفيـة أو شـهوانية) علـى الاستماع أو مشـاهدة أمور لا يرغبـون فيها أو علـى الأقـل هـم في غنـى عنها. وذلـك أن الطفل أو حتـى الإنسان البـالغ قـد يرغب في مشـاهدة منظر أو سـماع فكـرة أو

مشاهدة نشرة أخبار أو متابعة مسلسل ما ولكن حتى يتم له ذلك لا بد من مشاهدة أمور كثيرة أو الاستماع إلى أمور كثيرة لم يكن يرغب في سماعها أو مشاهدتها ومن هذه الأمور الإعلانات التجارية أو الفاصل الغنائي أو الموسيقي أو بعض المناظر المشينة التي تتخلل المسلسلات والأفلام. ومع تكرار هـذه المواقف يحمل المشاهد أفكاراً لم يكن يرغب في حملها. ولكنه لا يصحو إلا وقد عششت في مخيلته وتسربت إلى قلبه وخرجت إلى لسانه فتلبسه وهو لها غير طالب ولا راغب. فلا يلبث أن تسلب إرادته فيخوض فيها مع من يخوضون وهو غير واع لما حدث به ويعزو ذلك للتغير الاجتماعي والتغير الثقافي و المعاصرة والحداثة والتقدم .ويتبرأ من مسئوليته الشخصية عنها هروباً من محاسبة النفس. وقد يلقي اللوم على الدولة أو المجتمع أو الحضارة .

وتشير نتائج الأبحاث الميدانيـة أن الأطفال الـذي اعتادوا الاستماع والتلقي السلبي للعبارات العاطفية الحارة من التلفاز كانوا غير قادرين على الاستجابة للأشخاص العاديين في الحياة اليومية، وذلك لأن الأشخاص العاديين لا يجيدون التعبيرات العاطفيـة بالدرجـة التي يجيدها الممثلون على الشاشة الصغيرة ذلك لأن الممثلين تدربوا تحت إشراف خبراء حتى أتقنـوا أداء الحركـات والتعبيرات. كما أن الأطفال الذين اعتادوا مشاهدة التلفاز فقدوا القدرة على التعلم من الواقع لأن الواقع المعاش أكثر تعقيداً مما يشاهدنه على شاشة التلفاز.

وهكذا فقد يقع مثل هـؤلاء الأطفـال ضحية الإغـواء والتضـليل التلفزيوني يجبنـون عـن مواجهة الحياة الواقعية بنشاط وإيجابية في كبرهم نتيجة للسلبية التي عاشوها أثناء مشاهدتهم للبرامج التلفازية. ويـرى الخبراء أن حالة التضليل والسلبية والجبن عن مواجهة الحياة الواقعية التي يفرضها التلفاز على الفرد تشكل الخطر الحقيقي عليه أكثر من الخطر الذي تفرضه البـرامج بمـا تحتويه من عنف مروع أو أفكار حيوانية. وذلك أن للتلفاز أثراً مسكناً ومهدئاً كما أن له قدرة على الإغراء لأن ما يقدمه معد مسبقاً بعنايـة ولا يحتـاج إلى مجهود مـن المشاهد ولأننا حيوانات

بصرية على حد تعبير " غوته ". ولذا ينظر بعض الخبراء إلى التلفاز نظرة العقار المسكن الذي يمكن أن يوصف في بعض الحالات ولكن لا ينبغي المداومة عليه أو الإكثار منه خشية الإدمان. أو خشية أن ينقلب السحر على الساحر .

إذن لا بد من تنظيم جدول زمني لمشاهدة التلفاز ولا بد من ضبط أوقات المشاهدة ولا بد من تزويدهم بمهارات التفكير ليتبينوا البرامج المفيدة من غيرها. ويستطيعوا أن ينقدوا البرنامج التلفازي ويتعرفوا على مساوئه وحسناته. يجب أن يتحول الأطفال إلى نقاد لما يعرض على الشاشة الصغيرة .

تبعثر المعلومات

ثمة قضية أخرى ينبغي الانتباه لها؛ فإن البرامج التي تعرض على شاشة التلفاز لا تخلو من فوائد هنا وهناك. ولكن هذه الفوائد قد لا تثبت في ذاكرة الفرد. فقد تلمع في الذاكرة المؤقتة ثم تختفي في غمرة أحداث المسلسل. فالمعرفة التي يقدمها التلفاز معرفة مجزأة مقطعة الأوصال لا يستطيع الأطفال أن يربطوا بينها ويشكلوا منها بنية معرفية متكاملة. وهنا يأتي دور المربي الذي ينتظر منه أن يساعد الأطفال في ربط أوصال المعرفة وبناء علاقات ذات معنى بين الأفكار وتكوين بناء متكاملٍ منها. ويستطيع التلفاز أن يحفز على حب الاستطلاع ويثير اهتمام الأطفال في قضايا مختلفة مقدماً بذلك للمربين نقاط انطلاق للمناقشة والحوار. ولكن حتى نستفيد من هذه الخدمة التي يمكن أن يقدمها التلفاز لا بد من إجراء مناقشة عقب كل برنامج لتوضيح الأمر للأطفال. وكما يقول بعض الخبراء: أغلق التلفاز بعد مشاهدة البرنامج وافتح باب التفكير والمناقشة. عندها يمكن تلافي كثير من أخطار التلفاز.

الملوثات البيئية

من العوامل التي تعيق عمل الدماغ وتحد بالتالي من التفكير بعض المواد التي تسبب أضراراً للجهاز العصبي للإنسان. وكذلك المواد التي تسبب أضراراً على أجهزة الجسم المختلفة وتؤثر على الدورة الدموية وتغذية الدماغ فهي تؤدي إلى

أضرار غير مباشرة لعملية التفكير. ومن ذلك الملوثات الكيماوية التي تتسرب للإنسان عبر المحصولات الزراعية. أو المواد الحافظة للأطعمة والنكهات والملونات التي تضاف للمواد الغذائية.

ومن أمثلة على ذلك :

- ارتفاع نسبة الرصاص في الجو. فقد ثبت تأثيره على ذكاء الأطفال .
- دخان السجائر فهو مضر بالبالغين والأطفال والأجنة في بطون أمهاتها .
- المشروبات الكحولية فقد ثبت ضررها للكبار والصغار والأجنة في الرجم.
- المواد الكيماوية التي تضاف للأطعمة والمخصبات الزراعية فبعضها يحتوي على سموم تلحق أضراراً بالغة بالخلايا العصبية .
- بعض الملوثات الأخرى مثل ترسبات الألومنيوم في أنابيب المياه وترسبات الزئبق في حشوات الأسنان .

*** *** ***

الفصل الثامن عشر

العوامل التي تنمي التفكير

هناك ثلاثة عوامل لها دور حاسم في تعليم التفكير :

الطالب والدور الذي يـراه لنفسـه وفكرتـه عـن قدراتـه وإمكاناتـه. والمعلـم وطريقـة تدريسـه؛ والبيئة التي يجري فيها التعلم والتعليم. فإذا كان الطالب يقـوم بـدور المفكـر المتعلـم، وكـان المعلـم يقوم بدور المسهل والميسر للتعلم والتفكير، وكانت البيئة مناسبة لعمليات التعلم ومثيرة للتفكير فـإن تنمية التفكير تصبح أمراً واقعاً. كما يوضحها الشكل (17-1).

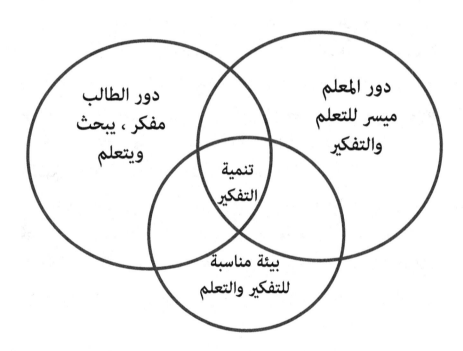

دور الطالب
مفكر ، يبحث
ويتعلم

دور المعلم
ميسر للتعلم
والتفكير

تنمية
التفكير

بيئة مناسبة
للتفكير والتعلم

شكل (17-1)

إن احترام الطالب لنفسه وثقته العالية بقدراته تعد عاملاً قوياً في تقدم الطالب الأكاديمي. لقد دلت الأبحاث الميدانية أن احترام الطالب لنفسه وقدراته تعد شرطاً ضرورياً لحصول الطالب على درجات عالية في التحصيل الأكاديمي وإن لم يكن شرطاً كافياً. هناك أطفال لا ينظرون نظرة إيجابية لأنفسهم، فهم لا يثقون بقدراتهم؛ ربما لأنهم لم يجدوا من يشجعهم على المشاركة في الأنشطة الصفية واللعب مع الأقران. وربما لم يجدوا من يشجعهم على اتخاذ قرارات مستقلة بأنفسهم، ولم يعطوا التغذية الراجعة عن أعمالهم. وربما لم يطلب منهم التفكير أو لم يوضعوا في جو يلزمهم بالتفكير المستقل أو أنهم لم يجدوا من يقوّم أفكارهم ويثني عليهم.

فإن الطفل الذي لا يجد من يهتم لأفكاره يتعلم اللامبالاة. والطفل الذي ينظر له بأنه لا يعرف يصبح غير مهتم وغير مبالٍ ثم يتحول إلى شخص عاجز. فإذا لم يعط الطفل الثقة للعمل وإذا لم يسمح له بارتكاب الأخطاء فإنه ربما ينظر لنفسه بأنه إنسان غير قادر على إنجاز ما يطلب منه. وإن عدم الثقة بالنفس تولد السلوك الذي يسعى لتجنب الفشل. ثم يتخندق وراء حجج واهية مثل: لم يخبرني أحد أو لم يطلب مني أحد عمل كذا أو أنا عملت ما طلب مني. وماذا تريدون أكثر من ذلك. فإن الفشل قد يكون أمراً طبيعياً بالنسبة للأطفال الذين يعتبرون أنفسهم أغبياء أو الذين تعودوا أن ينظر لهم الآخرون على أنهم أغبياء. يشير الأدب التربوي إلى أن الأطفال الذين يتمتعون بتقدير عالٍ لأنفسهم يميلون إلى الاستقلالية في التفكير وثبات الشخصية.

وأما أولئك الذين ينظرون إلى أنفسهم نظرة سلبية فإنهم يميلون إلى الشعور بتفاهة أفكارهم وعدم جدواها. والسؤال الذي يطرح نفسه في هذا المقام هو: هل بالإمكان تغيير نظرة الفرد لنفسه ؟ وإذا كان الجواب بالإيجاب كيف يتم ذلك ؟ وبعبارة أخرى هل بالإمكان أن يتحول الأطفال من النظرة السلبية لأنفسهم إلى النظرة الإيجابية فيزداد احترامهم لأنفسهم وثقتهم بقدراتهم ؟.

يشير الأدب التربوي أن السلوك الإنساني يتمتع بمرونة كافية وبخاصة في مرحلة الطفولة بحيث يمكن تغيير نظرة الطفل لنفسه ولإمكاناته. ويشير الأدب التربوي كذلك إلى أن للمعلم دوراً أساسياً في هذا المجال. فإن المعلم الجيد هو الذي يدعو الطفل لحب نفسه واحترامها وتقدير طاقاته وإمكاناته. المعلم الجيد هو الذي يثير إعجاب الطفل بإنجازه ويجعله يفتخر بما قام به من أعمال. كما أن لتوقعات المعلمين من الطفل وكذلك توقعات أولياء الأمور والكبار منه أثراً كبيراً في شحذ همته وتحسين نظرته لنفسه. فعند ما تكون توقعات المعلم من الطفل عالية فإنه يحصل على درجات عالية في تحصيله. فإن التوقعات تشكل دعوة للطفل للتفكير ولمزيد من بذل الجهد والعطاء. أشار عدد من الدراسات أن التوقعات العالية من المعلمين أو من الوالدين كان لها أثر كبير على التفوق الدراسي و التفوق في الحياة فيما بعد .

كما أشارت الدراسات أن التوقعات العالية ليست شرطاً كافياً للتفوق ولكنها على أي حال شرط ضروري. كما أن لنوعية التوقعات أثرها. فإن الوالدين والمعلمين أدرى الناس بقدرات الطفل،ومن الضروري أن تكون توقعاتهم مبنية على فهم نفسية الطفل وإمكاناته وقدراته الممكنة، وتشير الدراسات أن التوقعات العالية لا تعطي نتائج فورية بل تحتاج إلى وقت كافٍ وإلى الفرص المناسبة لتؤتي ثمارها. ولكن كيف نساعد الطفل على تنمية التفكير ؟ لعل من الأمور التي تساعد على تنمية التفكير ما يلي :

بناء احترام الذات

من الأمور التي تساعد في بناء احترام الطفل لنفسه :

- دعوته لتحمل المسؤولية في بعض الأعمال .
- إعطاؤه الحرية لاختيار النشاط الذي يرغب فيه مع احترام رغبته .
- منح الطفل الثقة للقيام بأعماله وحده دون مراقبة أحد .
- احترام أفكار الطفل .

o تقدير اقتراحاته .

o أظهر له الاهتمام بأعماله وإنجازاته .

o لا تقم بالأعمال التي يمكن أن يقوم بها الطفل. ولكن قدم له المساعدة في الأشياء التي لا يستطيع عملها .

o شجع الطفل على تقدير إمكاناته واحترام ذاته والثقة بنفسه .

o شجعه على الافتخار بما هو عليه .

o أظهر محبتك وعطفك عليه وتقديرك لشعوره .

التواصل مع جميع الأطفال

أظهرت نتائج الأبحاث أن المعلم في الغالب يقتصر في الاتصال على عدد محدد من الطلبة الذين يستأثرون باهتمامه ويهمل بقية الطلبة. إن المعلم الجيد هو الذي يتواصل مع جميع الطلبة ولا يقتصر اهتمامه على عدد محدود منهم. شجع الأطفال جميعهم وتواصل معهم جميعاً ولا تهمل أحداً منهم .

الإصغاء باهتمام

إن إحدى الوسائل الهامة في التعرف على مدى التعلم الحاصل أن يسأل المعلم الطفل ثم يستمع إليه بعناية. إن المعلم الذي لا يصغي لطلابه باهتمام يولد لديهم الشعور بالإهمال والإحباط. فالمعلم الجيد هو الذي يستمع لما يقوله الطفل باهتمام، ويفسح له المجال لكي يكمل مقولته ويمنع الآخرين من مقاطعته، ومن الضروري أن يعطي الطالب وجهه في أثناء الحديث. وأن يكون هناك تواصل في النظر معه .

الصميمية

يتعود كثير من المعلمين المدح والثناء على الطلاب بعبارات محددة وقد يبالغ بعضهم في الثناء مما يفقد المدح والثناء قيمته. وتفقد الكلمات معناها بالنسبة للطفل. وحتى يكون المدح مفيداً لا بد أن يكون على شيء حقيقي. وأن يعبر عن إنجاز الطالب المتميز ولا بد أن يذكر المعلم نوع التميز، هل هو في الكمية أم في النوعية، وما هي المعايير التي حكم في ضوئها على التميز. ويجب أن يكون المدح

من صميم قلب المعلم ليكون له أثر طيب في نفس الطفل. إن الثناء لا يتم بالكلام الشفوي أو المكتوب فقط. بل إن نغمة الصوت، وتعابير الوجه، والحركات، ونظرة العين كلها تعطي تعبيرات ومعاني محددة تدعم الكلام الشفوي أو تقلل من قيمته أو تنفيه .

الإيجابية

إن السلوك الإيجابي من المعلم يعني قبول تصرفات الطفل كما هو. ويعني التفاعل مع الواقع كما هو بطريقة بناءة . توقع أن يرفض الطالب أو يقاوم بعض التوجيهات أو الأفكار التي تطرح. لا تنظر للطلاب أنهم يعملون في فريق ضدك. إن تغيير الاتجاهات يحتاج إلى وقت كافٍ، ويحتاج إلى مجهود داخلي من الأطفال. ساعدهم على تخطي العقبات .

الوضوح

يجب أن تكون تعابير المعلم واضحة. وأن تكون دعوته للطلاب للتفكير واضحة وأن يحدد أهداف الموضوع بوضوح لا يحتمل التأويل. حدد لهم المهام. إذا لم يفهم الطفل منك فربما يكون الخطأ في طريقة تعبيرك. أعد التعليمات بعبارات أخرى. راع الفروق الفردية. فما يكون واضحاً بالنسبة لطفل قد لا يكون واضحاً بالنسبة لطفل آخر .

الرغبة في التعلم

أظهر رغبتك في التعلم أمام الأطفال. اطلب منهم أن يشاركوك في هذه الرغبة من خلال إجراء نشاط أو قراءة موضوع. كن قدوة لهم ومارس العمل الذي تطلبه منهم وتحلَّ بالأخلاق والصفات الحميدة التي تحثهم عليها .

إن جو تنمية التفكير هو الجو الذي تسوده عبارات مثل: دعنا نبحث. دعنا نفكر . أنا أيضاً أتعجب من . . . ، ماذا تفكر .، لماذا حدث ... هذا سؤال جيد. أنا أيضاً غير متأكد دعنا نجرب، لا أدري، أحتاج إلى التفكير في هذا الموضوع، هناك وجهات نظر في هذه القضية، يحتاج الموضوع إلى مزيد من

التفكير أو مزيد من البحث، أحترم وجهة نظرك ولكن لي رأي آخر، وهكذا. يجب أن يشعر الطلاب بأن المعلم أيضاً يسعى للتعلم وطلب المعرفة مثلهم .

*** *** ***

المراجع العربية

1. إبراهيم أحمد مسلم (1993) الجديد في أساليب التدريس دار البشير للنشر و التوزيع ، عمان _ الأردن ، ص113-ص120 .
2. بروني ، مايكل (1991) حل المشاكل ، نشرة داخلية مديرية المناهج _ وزارة التربية و التعليم - عمان - الأردن .
3. جابر عبد الحميد ويحيى هندام ، ترجمة لاختبارات التفكير الناقد ، واطسون ، جلازر .
4. جيمس كيف و هوبرت ديلوبرج (1995) التدريسي من أجل تنمية التفكير ، ترجمة عبد العزيز البابطين . منشورات مكتب التربية العربي لدول الخليج - الرياض-المملكة العربية السعودية .
5. دوبونو ، إدوارد . ترجمة عبد اللطيف الخياط (1993) تحسين التفكير بطريقة القبعات الستة - دار إيلاف -بريطانيا .
6. عمر الشيخ (مترجم) (1983م) الذكاء طبيعته و تشكله و عواقبه الاجتماعية ، مناظره علمية بين هانز آيزنك و ليون كامن ، المطبعة الوطنية -عمان-الأردن .
7. فاخر عاقل (1983) الإبداع و تنميته . دار العمل للملايين - لبنان.
8. فاروق عبد السلام ، و ممدوح محمود سليمان (1982) اختبار التفكير الناقد ، جامعة أم القرى - مكة المكرمة .
9. مؤتمر البرلمانيين الدولي بشأن التربية والتعليم والثقافة والاتصال على مشارف القرن الـ 21، (1996م). الوثيقة النهائية. اليونسكو - باريس
10. وزارة المعارف (1998) مجلة المعرفة ، العدد 32 ذو القعدة 1418هـ مارس 1998 . حوار مع الخبير التربوي بيرماجن ديلن (المعرفة) ص91-ص94.
11. يوسف قطامي (1990) تفكير الأطفال تطوره و طرق تعليمه ، الأهلية للنشر و التوزيع ، عمان - الأردن .

المراجع الإنجليزية

1. Adey, P. (1991) "Pulling yourself up by your own thinking", European Journal for High Ability, 2, 28-34.

2. Adey, P. et .al (1989) Thinking Science. Kings college, London. U.K.

3. Bentley, D. & watts, M. (1989) Learning and Teaching in school Science, Open University Press, Great Britain.

4. Blithe, T, and H, Gardner. (1990) "A school for all intellingenes" Educational Leadrship 47,7: 33-37.

5. Bloom, B.S. (Ed.) , (1985). Developing talent in young people. New York : Ballantine Books.

6. Boekaerts. M. (1991). The affective learning process and giftedness. European Journal for High Ability, 2, 146-160.

7. Boyer, E.L. (1990) "Civic Education for Responsihle Citizens, "Eduational Ledership 48, 3:4-7.

8. Brendtro, L. M. Brokenleg, and S. van Bockern. (1990) Reclaining Youth at Risk: Our Hope for the future. Bloomington, Ind: National Education Service.

9. Callagher, J. (1990) . The public and professional perception of the emotional status of gifted children. Journal for the Education of the Gifted. 13, 202-211.

10. Carnegie Council on Adolescent Development. Report of the Task Force on Education of young Adolescents. (1989). Turning Points: preparing American youth for the 21st century. New Yourk: Carnegie Corporation.

11. Carr, M. & Kurtz-Costs, B.E. (1994), Is being smart everything ? The influence of student achievement on teachers' perceptions, British Journal of Educational Psychology, 64, 263-276.

12. Collins, W.A. & Gunner, M.R. (1990), Social and personality development. Annual Review of Psychology, 41, 386-419).

13. Cropley, A.J. (1995), Creative intelligence : a concept of "true" giftedness. In J. Freeman, P. Span & H. Wagner (Eds.) . Actualizing talent : A life-Span approach. London : Cassell.

14. Dalin, R. & Rust, V. (1996) Towards Schooling for the twenty first century cassell, London, UK

15. De Bono, E. (1967) The The CoRT Thinking Programme. New York: Pergamon Press.

16. De Bono, E. (1983) The 5 day course in Thinking penguin books.

17. De Bono, E. (1970) Lateral Thinking. Penguin book. England.

18. De Bono, E. (1977). word Power. Penguin books, England.

19. De Bono, E. (1992) Teach your child How To Think. Penguin Books ltd. England.

20. De Bono, E. (1993). Water Logic. Penguin books . England.

21. De Bono, E. (1995) Teach Yourself To Think. Mc Qua.g Group Inc. Toronto Canaden.

22. Delors, J. & et.al (1996) Learning The Treasure within, Report to UNESCO of the International commission on Education for the twenty first century UNESCO. Paris. France.

23. Department of Education (1995) The National Curriculum HMSO, London, England.

24. DFEE (1995) The English Education System An Over view of structure and Policy.

25. Dohmen Gunther (1996) Lifelong Learning Guidelines for a modern education Policy. Federal Ministry of Education , Science , Research and Technology Bonn, Germany.

26. Dusendury, L.A. and M. Falco. (1997) "School-Based Drug Abuse prevention Strategies: From Research to policy to practice. In gealthy children 2010: enhacing childern's wellness, edited by R.P. weissberg, T.P. Gullotta, R.I. Hampton, B.A. Ryan, and G.R. Adams. Newbury park, Calif: Sage.

27. Elias, M., zins, J, wpissberg, R. Greenderg, M, Hayns, N.

28. Elias, M.J. et. al. (1997) Promoting Social and Emotional Learning. Association for supervision and curriculum Development, Alexandria, Virginia, USA.

29. Elias, M.J.L, Bruene-Butler, L. Blum, and T. schuyler. (1997). "How to Launce a social and Emotional Learning Program". Educational Leadership 54, 8: 15-19.

30. Elshout, J. (1995) Talent : the ability to become an expert. In J. Freeman, P. Span & H. Wagner (Eds.), Actualizing talent : A lifelong challenge. London : Cassell.

31. Eniss, R. (1985) Goals for critical Thinking Curriculum. in Costa (ed.) Developing Minds, Alexandria, VA. ASCD.

32. Eysenck, H.J. (1995). Genius : The natural history of creativity. Cambridge : Cambridge University Press.

33. Fischer, B. & Fischer, L. (1979), Style in Teaching and Learning Educational Leadership, Jan, Vol. 36 No. 4 , P. 79.

34. Fisher, R. (1990) Teaching Children To Think. Basil Black well Ltd. Oxford, England.

35. Freeman, J. (1991). Gifted children growing up. London : Portsmouth NH : Heinemann Educational.

36. Freeman, J. (1992). Quality basic education : The development of competence. Paris : UNESCO.

37. Freeman, J. (1993), Parents and families in nurturing giftedness and talent. In K.A. Heller, F.J. Monks & A. H. Passow (Eds.),

International handbook for research on giftedness and talen. Oxford : Pergamon Press.

38. Freeman, J. (1994). Gifted school performance and creativity. Roeper Review, 17, 15-19.

39. Freeman, J. (1995) Conflicts on Creativity, European Journal For High Ability, 1995, 6, P. 188-200.

40. Freeman, M. (1994). Finding the muse : A social psychological inquiry into the conditions of artistic creativity. Cambridge : Cambridge University Press.

41. Freeman, N. (1995), The emergence of pictorial talents. In J. Freeman, P. Span & H. Wagner (Eds.), Actualizing Talent: A lifelong challenge. London : Cassell.

42. Gallagher, J., & Crowded, T. (1957). The adjustment of gifted chilldren in the regular classroom. Exceptional children .

43. Gcrber, C. ed. (1995) Thinking skills, amirican Education Publishing, Columbus, Ohio, USA.

44. Gilchrist, M.B. (1982). Creative talent and academic competence. Genetic Psychology Monographs, 106, 261-318.

45. Goleman, D. (1995) Emotional Intelligence. New York, Bantam.

46. Goleman, D. (1995) Emotional Iutelligence. New york: Bantam.

47. Hallak, J. & Caillods, F. (1995) Educational Planning, The International Dimension , UNESCO International Institute for Educational Planning. Paris , France.

48. Heaney, J. & Watts,m. (1988) Problem Solving. Longman group ltd. U.K.

49. Heller, K.A. (1991). The nature and development of giftedness : a longitudinal study.European Journal for High Ability, 2, 174-188.

50. Holly, D.(1996) Science Wise, Discovering Scientific process through Problem Solving Critical Thinking Books & Software, CA. ASA.

51. Johnson, D.W. R.T. Johnson, B. Dudley, and R. Burnett. (1992). "Teaching Students to Be peer Mediators". Educational Leadership 50, 1: 10-13.

52. Jung , C.G. (1964) Approaching The Unconscious. In C.G.Jung (ed.) Man and his symbols, London, Aldns Books.

53. Kaufman, F.A. (1992). What educators can learn from gifted adults. In F.J. Monks & W. Peters (Eds.) , Talent for the future. Maastricht : Van Gorcum.

54. Kessler, R., stone, M. & Shriver, T. (1997) Promating social and Emotional Learning. ASCD, Alexanderia, Virginia, USA.

55. Khabti, A. (1998) Metacognetiva Consciosnessn & Reading Comprehesion, Unpublished Research. Riyadh KSA.

56. Landau, E. (1985) Creative questioning for the future. In J. freeman (Ed.), The Psychology of gifted children. Chichester : Wilcy.

57. Langdon, C.A. (1996). "The Third Annual Phi Delta Kappan Poll of Teachers: Attitudes Toward the public schools." Phi Delta Kappan 78, 30: 244-250.

58. Lehwald, G. (1990). Curiosity and exploratory behavior in ability development. European Journal for High Ability. 1,204-210.

59. Lockwood, A. (1993) "A Letter to character Educators." Educational Leadership 51, 3: 72-75.

60. MAIN, J, & Eggen, P.(1991) Developing Critical Thinking Through Science. Critical Thinking Books & Software, CA. USA.

61. Middleton, j. Zidernan, A. & Adams, A. (1996) Skills for Productivity, Vocational Educational training in Developing Countries, The World Bank and oxford University Press.

62. Milligram, R. (1990). Creativity : An idea whose time has come and gone ? In M.A. Runco & R.S. Albert (Eds.), Theories of creativity. Newborn Park, CA : Sage.

63. Milligram, R. (1991). Counseling gifted and talented children New Jersey : Ablex.

64. Perry, B.D. (1996) Maltreated children: Experience, Brain Development, and the Next Generation. New York: Norton.

65. Piaget, J. (1962) . Play. dreams and imitation in childhood. New York : W.W. Norton.

66. Piaget, J. (1971). Structuralism. London : Routledge and Kegan Paul.

67. Poul, R.W. (1987) Critical Thinking and the Critical Person . Thinking : Report on Research, Hillsdale, NJ : ED, U.S.A. P.3 .

68. Radford, J. (1990). Child prodigies and exceptional early achievers. London : Harvester Wheatsheaf.

69. Rogers, C. (1969) Freedom to learn. Ohio : Merrill.

70. Shriver, T.P., and R.P. weissberg. (may 15, 1996) "No New wars!" Education week, pp. 33, 37.

71. Sparks, D. & Hirsh, S. (1997) A New Vision for staff Development. Association for supervision and curriculum Development. Alexandria, Virginia, USA

72. Sternberg, A & R. wagner ed, (1986) Practical Intelligence. New York, Cambridge University Press.

73. Suffolk Education Authority (1985) Teachers Appraisal Study. HMSO, London. U.K.

74. Sutherland, S. (1992), Irrationality : The enemy within. London : Constable. Walleye. D.B. & Gruber, H.E. (1989). Creative people at work Oxford : Oxford University Press .

75. SWARTZ. R.j. & perkins D.N. (1990). Teaching AThinking: Issues & Approaches. Midwest Publications, critical thinking press & software, CA. 93950-0448, USA.

76. Sylwester, R. (1995). A Celebration of Neurous: An educator's Guide to the Human Brain. Alexandria, Va. ASCD.

77. Sylwester, R. (1995). a crlebcation of Neurons : An Educators, Guides to the Human Brain, Alexandria, Va. ASCD.

78. Uniceef & UNESCO (1997) The Learning of those who teach. Tawords a New Paradigm of Teacher Education.

79. Weisberg, R. (1992). Creativity, Beyond the myth of genius. New York : Freeman.

80. Weissberg, R.P., and M.J. Elias. (1993) "enhancing Young people's social competence-Enhancement and prevention programs. "In Handbook of Child Psychology: Vol. 4. Child psychology in practice, 5th ed. Series edited by W. Damon, and volume edited by I.E. Sigel and K.A. Renninger. New York: john wiley and sons.

81. Weissberg, R.P., H.A Barton, and T.P. Shriver. (1997) "The Social-Competence Promotion program for young Adolescents." In Primary Precention works: the lela Rowland Awards, edited by G.W. Albee and T.P. Gullotta. Newbury park, Calif: sage.

82. Wertsch, J.D. (1990). Voices of the mind : A sociocultural approach to mediated action. London : Harvester Wheatsheaf.

83. World Bank (1996) Priorities and strategies for Education, World Bank publications, Washington D.C. USA.

84. http:// www. ascd. org/ study Guide

85. http:// www. cfapress. org/ casel/ casel. html

Printed in the United States
By Bookmasters